FREEZER

&

MICROONDAS

COCINA PARA LA MUJER MODERNA

CHOLY BERRETEAGA

FREEZER & MICROONDAS

COCINA PARA LA MUJER MODERNA

EDITORIAL ATLANTIDA
BUENOS AIRES • MEXICO

Diseño de interior: Natalia Marano

Título original: FREEZER Y MICROONDAS
Copyright © Choly Berreteaga, 1990
Copyright de la primera edición © EDITORIAL ATLÁNTIDA S.A., 1990
Copyright de la decimotercera edición © Editorial Atlántida S.A. 2001.
Derechos reservados para México: Grupo Editorial Atlántida Argentina de México S.A. de C.V.
Derechos reservados para los restantes países de habla hispana: Editorial Atlántida S.A.
Decimotercera edición publicada por Editorial Atlántida S.A.,
Azopardo 579, Buenos Aires, Argentina.
Hecho el depósito que marca la Ley 11.723.
Libro de edición argentina.
Impreso en España. Printed in Spain.
Esta edición se terminó de imprimir en octubre de 2001
en los talleres gráficos I.G. Mármol S.L., Barcelona, España.
Tirada: 9.000 ejemplares

I.S.B.N. 950-08-2619-4

Palabras de la autora

Hacía tiempo que deseaba actualizar mi libro *Freezer y Microondas* con recetas que están de moda en este momento y pueden simplificarse utilizando el microondas. El freezer permite conservarlas durante largo tiempo y disponer así en cualquier momento de deliciosos tacos con guacamole o una buena *caponata, bruschetta, focaccias,* panes, tortas y postres.

He tratado de explicar las técnicas de cocción y conservación de cada plato en la misma receta para evitar los largos textos que a veces, por estar condensados al principio del libro, se pasan por alto.

Espero que encuentren la información y los consejos necesarios para un mejor aprovechamiento del microondas y el freezer. No dejen de consultar las tablas de cocción, calentamiento, congelación y tiempo de conservación.

El cariño de siempre y mis mejores deseos.

Introducción

COCCIÓN DE ALIMENTOS EN MICROONDAS

Las microondas penetran rápidamente en los alimentos y se concentran sobre sus moléculas, que vibran a una gran velocidad frotándose entre sí; así producen "calor por fricción molecular", esto hace que los alimentos se cocinen en sus fibras internas al mismo tiempo que en su exterior.

Esta forma de cocción mantiene el gusto natural de los alimentos, sin que pierdan el color, la forma ni sus valores nutritivos; en cambio, en algunos casos se aumenta la vitamina C y el complejo B.

RECIPIENTES PARA UTILIZAR EN MICROONDAS

Sólo se prohibe utilizar vajilla de metal o que contenga metal. Las microondas no atraviesan el metal y rebotan en su superficie produciendo chispas que pueden llegar a quemar el microondas.

Los recipientes que se pueden utilizar son los siguientes:
- Vidrio térmico
- Plásticos duros (controlar su resistencia)
- Bolsas plásticas resistentes, las especiales para congelar y hervir
- Porcelana (realizar una prueba de control)
- Cerámica (realizar una prueba de control)
- Loza
- Servilletas de papel o algodón (para apoyar y calentar alimentos)
- Cartón (por cortos tiempos)
- Madera (por cortos tiempos)
- Mimbre (por cortos tiempos)
- Vajilla especial para microondas
- Papel de aluminio, pero sólo para envolver los extremos de alas y patas de aves, para evitar que se cocinen antes que el resto del ave. Tener la precaución de que el papel metalizado no toque las paredes del horno.

COCCIÓN EN BANDEJA DORADORA

La bandeja doradora tiene una película interior que absorbe las microondas haciendo que la superficie se ponga muy caliente, lo que permite dorar, tostar y asar los alimentos que están en contacto con la bandeja. Ésta puede pincelarse con aceite o manteca para minimizar el riesgo de que el alimento se pegue, como también para mejorar el sabor.

El alimento debe estar completamente descongelado antes de colocarlo sobre la bandeja para cocinarlo. Sobre la bandeja doradora las comidas deben cocinarse siempre a temperatura máxima, siguiendo las indicaciones de la receta.

La bandeja doradora no debe exponerse a cambios bruscos de temperatura. Tampoco hay que colocarla debajo del chorro de agua fría cuando está caliente y se debe limpiar con detergente y una esponja suave.

Limpieza y mantenimiento de la cocina microondas

Después de cada uso el microondas se debe limpiar para evitar la acumulación de grasas y residuos. No utilizar limpiadores abrasivos o esponjas de acero. Utilizar agua jabonosa, detergentes suaves, esponjas comunes, enjuagar con trapo rejilla, secar bien toda humedad posible. Para eliminar olores, hacer hervir dentro del microondas una taza con agua y jugo de limón durante cinco minutos, luego secar con trapo rejilla.

Sensor de temperatura

El sensor de temperatura permite medir, durante la cocción, la temperatura interna deseada para cada alimento.

El sensor se debe insertar en la parte más gruesa de la carne, o en el centro del alimento, hasta por lo menos la mitad de la longitud del sensor. Para su utilización seguir las instrucciones del manual de cocina.

Tabla de equivalencias de niveles de cocción o potencia

Microondas con 10 Niveles	Microondas con 5 Niveles	Microondas con 2 Niveles
10% entibiar	10%	
20% derretir		
30% descongelar	30%	30%
40% baño de María		
50% hervir lento	50%	
60% hornear		
70% guisar	70%	
80% calentar		
90% rehogar		
100% máximo	100%	100%

Un aliado: el freezer

El freezer es una de las ayudas tecnológicas más avanzadas para la mujer de hoy. Por efecto del intenso frío en los alimentos colocados en él se produce un bloqueo de toda actividad microorgánica y enzimática que los mantiene inalterables, sin que pierdan nada de su textura, aroma y sabor.

Con el freezer es posible realizar compras en grandes cantidades aprovechando lo que abunda en el mercado a menor precio, como también planificar los menús preparando por adelantado las comidas de períodos prolongados.

Un freezer debe alcanzar temperaturas de 18 a 30° bajo cero. Algunos freezers llevan en la puerta una nomenclatura de carácter internacional en forma de estrellas:

★ Mantiene los alimentos a 6°C.
★★ Mantiene los alimentos a 12°C.
★★★ Mantiene los alimentos a 18°C.
★★★★ Congela alimentos a 18°C, o temperaturas aún inferiores.

LA ELECCIÓN DEL FREEZER

Hay que considerar detenidamente el tamaño del freezer que se va a adquirir y tratar de que tenga el mayor tamaño posible, ya que con el uso, uno recién puede tener en cuenta cuánto ahorro se puede hacer congelando frutas y verduras en épocas donde su precio es más bajo. También es prudente tener en cuenta que resulta más costoso mantener una capacidad que permanece siempre semivacía.

Existen en el mercado distintos modelos de freezer, tales como:

• Horizontal o Arcón: Por su formato mantiene más estables las bajas temperaturas, ya que su tapa se abre hacia arriba, evitando en parte la salida del frío y por lo tanto la entrada de aire caliente. En él los alimentos se guardan en canastos superpuestos.

• Vertical: Existen varios modelos, uno que es totalmente freezer, con cajones y una puerta, o el que combina separadamente heladera con freezer donde por lo general el freezer es presentado en la parte superior y la heladera en la parte inferior. También el combinado con dos puertas verticales, donde frecuentemente la de la izquierda es freezer y la de la derecha pertenece a la heladera.

ENVASES

El envase es uno de los requisitos más importantes para lograr una buena conservación de los alimentos congelados. De su hermeticidad depende que el aire frío y seco no absorba la humedad, deshidratando y desmejorando el sabor y el aspecto de los alimentos.

Los diferentes materiales de envases son los siguientes:

• Bolsas de polietileno (de alta densidad): Existen diferentes tamaños de bolsas, según el alimento a congelar. Se debe tener en cuenta su espesor, de aproximadamente 50 micrones.

• Bolsas de polipropileno: Se utilizan igual que las de polietileno, pero con ellas hay que tener la seguridad que han sido elaboradas para congelar alimentos.

• Papel de aluminio: Para mayor seguridad es conveniente hacer una doble envoltura y sellar con cinta adhesiva para congelar.

• Envases de aluminio: Existen diferentes formatos y medidas, incluso hay modelos con tapa. En caso de que el envase no tuviera tapa, reemplazarla por papel de aluminio, ajustando éste bien en los bordes o simplemente colocar el envase dentro de una bolsa para freezer, cerrándola luego herméticamente y sin que quede nada de aire en su interior.

• Envases de plástico rígidos: Los hay nacionales e importados, con diferentes formatos y tamaños, todos con tapa de cierre hermético.

• Papel adherente: Resulta ideal ya que se adhiere al alimento sin peligro de que quede aire, pero luego es conveniente envasarlo dentro de bolsa para freezer o envolverlo nuevamente en papel de aluminio.

EL ÚLTIMO PASO: ETIQUETAR

Etiquetar todos los alimentos, escribiendo con bolígrafo o marcador a prueba de agua, el tipo de alimento, la cantidad de porciones, su estado (crudo o cocido), la fecha de ingreso al freezer y su tiempo de conservación.

Sopas

SOPAS

Las sopas pueden cocinarse perfectamente en microondas y conservarlas hasta 4 o 5 meses en el freezer, siguiendo estas pautas:

• Elegir un recipiente lo suficientemente grande como para poder contener la preparación y evitar que se derrame al hervir.

• Los niveles de potencia por lo general son *"Máximo", Nivel de potencia 100,* para lograr punto de ebullición y a continuación *"Hervir lento", Nivel de potencia 50,* para que se cocine lentamente y concentre los sabores.

• Del mismo modo que al cocinar sobre fuego en forma convencional, para preparar caldos, fondos o algunas sopas, se debe comenzar con agua fría, para que las carnes y los vegetales despidan todos sus nutrientes.

• Durante la cocción, es importante revolver dos a tres veces para que todo se cocine en forma pareja.

• La practicidad del microondas permite cocinar y recalentar en la misma sopera que se va a llevar a la mesa.

• Para congelar sopas o caldos, hay que esperar que estén bien fríos.

• Las sopas o caldos deben guardarse en recipientes rígidos, llenando hasta 2 o 3 cm del borde, ya que los líquidos al congelarse aumentan su volumen y pueden llegar a destapar el recipiente y desbordarse.

• Si no se tiene un recipiente rígido adecuado para congelar la sopa, utilizar una bolsa para freezer de alta densidad, acomodar dentro del recipiente donde se cocinó la sopa, solidificar y luego retirar la bolsa, cerrar sin aire, etiquetar y guardar.

• Para descongelar, colocar el contenido de la bolsa en el mismo recipiente en que se moldeó la sopa y descongelar con ayuda del microondas.

• No olvide que si la sopa lleva yemas o crema, debe congelarse sin estos agregados. Cuando se descongela, recién se le añaden las yemas, crema o almidones, cocinar el tiempo que indica la receta y utilizar.

• Una forma de conservar fondos o caldos, es congelarlos en cubeteras. Cuando estén rígidos, embolsarlos, en esa forma se utiliza sólo la porción necesaria.

Borscht

PORCIONES: 5 A 6   TIEMPO DE PREPARACIÓN: 20´   TIEMPO DE COCCIÓN: 25´

INGREDIENTES

Apio, *3 ramitas*
Zanahorias, *2*
Puerros, *2*
Cebolla, *1*
Papa grande, *1*
Remolacha, *1 kilo*
Tomate triturado,
1 taza
Repollo blanco, *250 g*
Hojas de remolacha,
cantidad necesaria
Panceta ahumada,
150 g
Caldo de ave,
1 y 1/2 litro
Sal, pimienta y
perejil, *a gusto*
Eneldo fresco,
2 cucharadas
Azúcar,
1/2 cucharada
Limón, *1*
Yogur natural, *200 g*

◆ Cortar el apio en rodajas finas, rallar la zanahoria, cortar los puerros en rodajitas, picar fina la cebolla y rallar con procesadora o rallador de verdura la papa y las remolachas peladas. ◆ Colocar todo en un recipiente profundo, añadir el tomate, el repollo cortado en tiras y las hojas de remolacha cortadas en fina juliana. ◆ Agregar la panceta también cortada en tiritas, cubrir con el caldo y cocinar en *"Máximo", Nivel de potencia 100,* hasta que rompa el hervor. ◆ Luego, proseguir la cocción en *"Hervir lento", Nivel de potencia 50,* durante 18´, revolviendo 2 veces durante la cocción. Condimentar con sal, pimienta, 1 cucharada de perejil, el eneldo, el azúcar y el jugo del limón. ◆ Cocinar en *"Máximo", Nivel de potencia 100,* durante 3´ más y dejar reposar 5´. ◆ Servir en cazuelitas con una cucharada de yogur.

CÓMO CONGELAR: Acomodar una bolsa en un molde, verter dentro la sopa fría, cerrar la bolsa y dejar congelar. Sacar la bolsa del molde y etiquetar.
TIEMPO DE CONSERVACIÓN: 2 meses
CÓMO DESCONGELAR: desmoldar en un recipiente, descongelar tapada en *"Calentar".*

 LO QUE USTED NO PUEDE DEJAR DE SABER

Si se desea desgrasar la panceta antes de agregarla a la preparación, se la debe colocar cortada en cubos en un recipiente en *"Máximo", Nivel de potencia 100,* durante 3´. Luego escurrirla, secarla con papel de cocina y utilizarla.

Sopa de calabaza de Paul Bocuse

PORCIONES: 4   TIEMPO DE PREPARACIÓN: 20'   TIEMPO DE COCCIÓN: 30'

INGREDIENTES

Calabacitas del mismo tamaño, 5
Sal, pimienta, nuez moscada y tomillo, *a gusto*
Manteca, *100 g*
Croûtones de pan bien tostado, *2 tazas colmadas*
Queso *gruyère* rallado, *150 g*
Panceta ahumada, *150 g*
Crema de leche, *500 cc*
Caldo de ave, *1 litro*

◆ Cortar a las calabacitas la parte alargada, dejar solamente la parte redondeada. Desechar las semillas y las fibras, condimentar el interior con sal, pimienta, nuez moscada y tomillo, pincelar con la manteca fundida. Cortar una rodaja de la parte alargada para utilizarla como tapa. ◆ Colocar las calabacitas en círculo en el microondas, tapar cada abertura con la rodaja que se cortó, pincelar el exterior de las calabazas con manteca y pincharlo ligeramente. ◆ Cocinar en *"Hornear", Nivel de potencia 60,* durante 12 minutos, moviéndolas 2 veces durante la cocción. ◆ Rellenar el hueco de las calabazas colocando en capas una porción de *croûtones,* otra de queso *gruyère,* otra de panceta cortada en tiritas muy finas, repetir hasta llegar casi al borde. Condimentar la crema con sal, pimienta y nuez moscada. ◆ Verter dentro de las calabazas y espolvorear con el resto de *gruyère* rallado, tapar con la rodaja de calabaza y proseguir la cocción en *"Hornear", Nivel de potencia 60,* durante 15' más, moviendo con cuidado el interior 2 veces durante la cocción. ◆ Servir directamente en las calabacitas acompañando con boles de caldo caliente para que cada comensal le agregue a su calabaza.

CÓMO CONGELAR: las calabazas cocidas pero sin rellenar, colocarles adentro papel metalizado, envolverlas en forma individual en papel film, luego embolsarlas.
TIEMPO DE CONSERVACIÓN: 4 meses
CÓMO DESCONGELAR: en *"Descongelar",* luego rellenarlas como indica la receta y cocinarlas en *"Hornear", Nivel de potencia 60.*

LO QUE USTED NO PUEDE DEJAR DE SABER
Si son muchos comensales y se quiere preparar esta sopa dentro de una calabaza, se le debe cortar una tapa, retirar las semillas y fibras, poncharla por la parte exterior, condimentar el interior con sal, pimienta y manteca o aceite, cubrir con la tapa y cocinar en *"Máximo", Nivel de potencia 100,* durante 12' por kilo de zapallo y en *"Hornear", Nivel de potencia 60,* hasta que al pincharla resulte tierna pero firme.
Para congelarla, dejarla enfriar, rellenarla con papel manteca o film, luego envolverla en el mismo papel y por último en metalizado. El tiempo de conservación es de 4 meses.

Sopa crema de zapallo

PORCIONES: 4   TIEMPO DE PREPARACIÓN: 12´   TIEMPO DE COCCIÓN: 12 A 15´

INGREDIENTES

Cebolla, 1

Puerro, 1

Zapallo sin cáscara, 600 g

Manteca, 20 g

Cubos de caldo concentrado de carne, 2

Leche, 250 cc

Agua, 500 cc

Sal y pimienta, a gusto

◆ Picar la cebolla y el puerro, cortar el zapallo en cubos. Colocar en un recipiente con la manteca, tapar. ◆ Cocinar en *"Rehogar"*, *Nivel de potencia 90*, durante 5′. Revolver en la mitad de la cocción. Agregar los cubos de caldo, la leche y el agua caliente. ◆ Proseguir la cocción en *"Máximo"*, *Nivel de potencia 100*, durante 8′. ◆ Licuar todo o pasar por procesadora, para obtener una crema. ◆ Condimentar con sal y pimienta, servir bien caliente, espolvoreada con briznas de hinojo o perejil picado y queso parmesano rallado.

CÓMO CONGELAR: en recipiente rígido sin llegar al borde o en bolsa.
TIEMPO DE CONSERVACIÓN: 2 meses
CÓMO DESCONGELAR: en *"Calentar".*

LO QUE USTED NO PUEDE DEJAR DE SABER
Los quesos de rallar duros se pueden guardar rallados en bolsa o en recipiente rígido o en porciones envueltos en papel film y luego embolsados hasta 6 meses en el freezer.

Sopa crema de arroz a la griega

PORCIONES: 4   TIEMPO DE PREPARACIÓN: 8´   TIEMPO DE COCCIÓN: 18´

INGREDIENTES

Caldo de gallina, 1 litro

Puerro grande, 1

Arroz, 4 cucharadas colmadas

Huevos, 2

Ralladura de piel de limón, 1/2 cucharada

Pimienta blanca de molinillo, a gusto

◆ Colocar en un recipiente profundo el caldo de gallina (que puede reemplazarse por 1 litro de agua con 2 cubos de caldo de ave), agregar el puerro cortado en rodajitas muy finas. Colocar en el microondas en *"Máximo"*, *Nivel de potencia 100*, durante 6 minutos. ◆ Agregar el arroz, revolver y tapar. Llevar a microondas en *"Hervir lento"*, *Nivel de potencia 50*, durante 10′. Revolver en la mitad de la cocción. ◆ Separar las yemas de las claras, batir ligeramente las yemas y batir las claras a nieve, mezclar yemas y claras suavemente. ◆ Verter en forma lenta la sopa sobre los huevos, mezclando con batidor. Perfumar con la ralladura y dar un toque de pimienta de molinillo. ◆ Calentar en *"Hornear"*, *Nivel de potencia 60*, durante 2′.

CÓMO CONGELAR: en recipiente rígido o en bolsa sin el agregado de los huevos. Etiquetar y guardar.
TIEMPO DE CONSERVACIÓN: 2 meses
CÓMO DESCONGELAR: en *"Calentar"*.

 LO QUE USTED NO PUEDE DEJAR DE SABER

Los huevos con cáscara no pueden congelarse ya que estallarían por aumentar el volumen de su interior al congelarse.

Los huevos enteros pueden congelarse —siempre sin cáscara para que no estallen— ligeramente batidos con sal o azúcar, según el uso que se les dará. De esta manera se pueden congelar también las yemas o las claras por separado.

Sopa crema de papas y arvejas

PORCIONES: 5	TIEMPO DE PREPARACIÓN: 12´	TIEMPO DE COCCIÓN: 17´

INGREDIENTES
Cebolla, *1*
Zanahoria, *1*
Aceite, *1 cucharada*
Manteca, *30 gramos*
Arvejas, *1 lata*
Agua o caldo,
1 y 1/2 litro
Papas medianas, *5*
Sal, pimienta y nuez
moscada, *a gusto*
Crema, *100 cc*
Ciboulette,
3 cucharadas
Queso parmesano
rallado, *50 g.*

◆ Cortar la cebolla y la zanahoria en rodajas finas. Colocar en un recipiente con el aceite y la manteca. ◆ Tapar y cocinar en *"Rehogar"*, *Nivel de potencia 90,* durante 4´, moviendo a los 2 minutos, incorporar las arvejas, el agua o caldo calientes y las papas peladas y cortadas en rodajas finas. Cocinar 8 a 10´ en *"Hervir lento"*, *Nivel de potencia 50,* hasta que las papas estén tiernas. ◆ Condimentar con sal, pimienta y nuez moscada y procesar o licuar. ◆ Mezclar con la crema y colocar en microondas 3´ en *"Hervir lento"*, *Nivel de potencia 50,* revolviendo en la mitad de la cocción. ◆ Servir espolvoreada con *ciboulette* y el queso parmesano rallado.

CÓMO CONGELAR: sin la crema, en recipiente rígido.
TIEMPO DE CONSERVACIÓN: 2 meses
CÓMO DESCONGELAR: en *"Descongelar"*, agregar la crema y en *"Hervir lento"* durante 4´, revolviendo en la mitad de la cocción.

 LO QUE USTED NO PUEDE DEJAR DE SABER

Si se desea realizar esta sopa en menos tiempo, rehogar la cebolla y la zanahoria, incorporar las arvejas y el agua o caldo, procesar o licuar, condimentar. Calentar en *"Máximo"*, *Nivel de potencia 100,* durante 4´ y agregar 3/4 partes de un paquete de puré en copos, mezclar y servir espolvoreado con *ciboulette* y queso rallado.

Sopa austríaca de remolacha

INGREDIENTES

Remolachas cocidas,
1 kilo

Caldo de ave, 1 litro

Dientes de ajo, 2

Cebolla picada,
2 cucharadas

Azúcar, 1 cucharadita

Sal y pimienta blanca,
a gusto

Eneldo,
1/2 cucharadita

Coriandro,
1/2 cucharadita

Crema, 100 cc

Ciboulette,
3 cucharadas

◆ Pelar las remolachas y procesarlas o licuarlas con la mitad del caldo, los dientes de ajo y la cebolla, condimentar con el azúcar, sal, pimienta blanca de molinillo, el eneldo y el coriandro. ◆ Colocar en un recipiente con el resto de caldo, tapar y cocinar en *"Máximo", Nivel de potencia 100,* durante 2´ y proseguir la cocción en *"Hervir lento", Nivel de potencia 50,* durante 7´ más, revolviendo en la mitad de la cocción. ◆ Dejar reposar 3´ y servir bien caliente con una porción de crema y espolvoreada con *ciboulette.*

CÓMO CONGELAR: en recipiente rígido sin llegar al borde. Recordar siempre que los líquidos aumentan su volumen al congelarse.

TIEMPO DE CONSERVACIÓN: 2 meses

CÓMO DESCONGELAR: en *"Calentar",* servir en boles y distribuir la crema y la *ciboulette.*

LO QUE USTED NO PUEDE DEJAR DE SABER

Las remolachas se pueden cocinar en el microondas; para esto, elegirlas del mismo tamaño, lavarlas, dejar un pequeño tronco adherido a las remolachas, acomodarlas en bolsa para freezer y agregar 1/2 vaso de agua. Atar la bolsa pinchada para que salga el vapor y cocinar en *"Máximo", Nivel de potencia 100,* durante 20´, removiéndolas en la mitad de la cocción. Dejar reposar de 4 a 5´ y luego pelarlas y utilizarlas para la receta deseada.

Sopa de cebollas vascofrancesa

PORCIONES: 5   TIEMPO DE PREPARACIÓN: 15´   TIEMPO DE COCCIÓN: 20´

INGREDIENTES

Cebollas, *750 g*
Aceite, *2 cucharadas*
Manteca, *30 g*
Sal, pimienta
y pimentón dulce,
a gusto
Harina, *2 cucharadas*
Vino jerez, *1/2 vaso*
Caldo de ave o de
verduras, *1 y 1/2 litro*
Cubos de pan
tostados, *2 tazas*
Queso *gruyère*
rallado, *100 g*

◆ Pelar y cortar las cebollas por la mitad y luego en rodajas finas, colocarlas en un recipiente grande con el aceite y la manteca, tapar y cocinar en *"Rehogar"*, *Nivel de potencia 90*, durante 4´ removiendo a los 2 minutos. ◆ Condimentar con poca sal, pimienta y 1 cucharadita de pimentón. Agregar la harina diluida en el jerez, mezclar y añadir el caldo caliente. ◆ Cocinar en *"Máximo"*, *Nivel de potencia 100*, durante 10´ revolviendo cada 3 minutos. ◆ Distribuir en 5 tazones, colocar encima los cubos de pan espolvoreado con abundante queso rallado y gratinar en el grill de 5 a 6´ hasta dorar.

CÓMO CONGELAR: en recipiente rígido.
TIEMPO DE CONSERVACIÓN: 3 meses
CÓMO DESCONGELAR: en *"Descongelar"*, distribuir en los tazones, cubrir con los cubos de pan tostado y el queso, colocar en el grill y calentar hasta dorar la superficie.

 LO QUE USTED NO PUEDE DEJAR DE SABER

Para conseguir cubos de pan tostados con buen color, descortezar pan del día anterior, cortar en rodajas, luego en tiras y por último en pequeños cubos. Espolvorearlos con sal y pimentón. Calentar de 8 a 9´ la bandeja doradora en *"Máximo"*, *Nivel de potencia 100*, pincelarla con aceite de oliva y acomodar el pan sin superponerlo o cocinar en grill moviéndolos cada 2 minutos hasta que estén crocantes y dorados.

Sopa crema de apio

INGREDIENTES

Troncos verdes de
apio, *1 taza*
Agua, *500 cc*
Cubo de caldo
de ave, *1*
Troncos de blanco
de apio cortados
finos, *1 taza*
Salsa de soja,
2 cucharadas
Sal y pimienta,
a gusto
Manteca, *25 g*
Harina,
2 cucharadas al ras
Leche, *400 cc*
Queso gruyère
rallado o similar,
2 cucharadas

◆ Colocar en un recipiente profundo el apio verde con el agua y el cubo de caldo, tapar. ◆ Colocar en microondas en *"Hervir lento"*, *Nivel de potencia 50*, durante 15'. ◆ Licuar hasta conseguir una crema. Colocar el licuado en el mismo recipiente, agregar el blanco de apio, la salsa de soja y condimentar con sal y pimienta. ◆ Mezclar la harina con la manteca y la leche, agregar al recipiente y mezclar. ◆ Colocar en el microondas en *"Máximo"*, *Nivel de potencia 100*, durante 8'. Revolver cada 2 minutos con un batidor. Dejar reposar 5'.

CÓMO CONGELAR: en recipiente rígido sin llegar al borde.
TIEMPO DE CONSERVACIÓN: 2 meses
CÓMO DESCONGELAR: en *"Descongelar"* y *"Calentar"*.

LO QUE USTED NO PUEDE DEJAR DE SABER

No hay que olvidar que para congelar alimentos líquidos se debe llenar el recipiente solamente hasta 3 a 4 cm del borde, ya que al congelarse aumentan su volumen y pueden rebalsar el recipiente.

Sopa de verdura

PORCIONES: 5   TIEMPO DE PREPARACIÓN: 15'   TIEMPO DE COCCIÓN: 24'

INGREDIENTES

Zanahorias, 2

Zapallo pelado, 250 g

Puerros, 2

Troncos de apio, 2

Cebolla, 1

Repollo chico, 1

Aceite de maíz, 1 cucharada

Caldo de verdura, 750 cc

Papas, 2

Varios: dientes de ajo, albahaca, aceite de oliva, queso sardo rallado

◆ Cortar las zanahorias y el zapallo en cubos. Cortar los puerros y los troncos de apio en rodajas finas. Picar la cebolla y las hojas de repollo sin las nervaduras gruesas. Colocar todo junto con el aceite en un recipiente térmico y tapar. Cocinar en *"Máximo"*, *Nivel de potencia 100*, durante 6'. ◆ Agregar el caldo caliente y tapar. Cocinar en *"Máximo"*, *Nivel de potencia 100*, durante 7' más. Mezclar y agregar las papas peladas y cortadas en cubos, tapar. Cocinar en *"Máximo"*, *Nivel de potencia 100*, durante 6'. ◆ Procesar 2 dientes de ajo con 10 hojas de albahaca, 3 cucharadas de aceite de oliva y 2 cucharadas de queso rallado y agregar a la sopa. Cocinar en *"Hervir lento"*, *Nivel de potencia 50*, durante 5'. ◆ Rectificar el sabor con sal y un toque de pimienta negra de molinillo, servir bien caliente.

CÓMO CONGELAR: colocar en recipiente rígido sin llenarlo hasta el borde, tapar y etiquetar.

TIEMPO DE CONSERVACIÓN: 3 meses

CÓMO DESCONGELAR: tapado en *"Calentar"*, removiendo 2 o 3 veces después de que se descongele.

 LO QUE USTED NO PUEDE DEJAR DE SABER

Una forma práctica de congelar las sopas es colocarlas en recipientes pequeños para poder descongelar sólo las porciones que se van a utilizar en el momento.

Sopa griega campesina

PORCIONES: 4 A 5   TIEMPO DE PREPARACIÓN: 15′   TIEMPO DE COCCIÓN: 20′

INGREDIENTES

Cebollas, 2

Puerros, 3

Aceite, 2 cucharadas

Panceta ahumada,
150 g

Zanahorias, 2

Zapallitos largos, 3

Papas, 3

Cubos de caldo
de carne, 2

Sal y pimienta,
a gusto

Arroz, 2 cucharadas

Limón, 1

Perejil picado,
2 cucharadas

Queso feta o similar,
200 g

◆ Picar las cebollas y cortar en rodajitas los puerros, incluso la parte verde tierna. Colocar en un recipiente profundo con el aceite y la panceta cortada en tiritas, tapar y cocinar 4′ en "Rehogar", Nivel de potencia 90, removiendo a los 2 minutos. ◆ Agregar las zanahorias, zapallitos y papas cortados en cubitos pequeños, añadir los cubos de caldo diluidos en 850 cc de agua caliente, condimentar con poca sal y pimienta negra de molinillo, tapar y cocinar 8′ en "Máximo", Nivel de potencia 100. ◆ Añadir el arroz, mezclar y cocinar 8′ a "Máximo", Nivel de potencia 100, rociar con el jugo de limón y espolvorear con el perejil. Dejar reposar 5′. ◆ Servir bien caliente con el queso cortado en cubos.

CÓMO CONGELAR: en recipiente rígido sin el queso feta, llegando solamente hasta las 3/4 partes del borde del recipiente, tapar y etiquetar.

TIEMPO DE CONSERVACIÓN: 3 meses

CÓMO DESCONGELAR: en "Calentar".

 LO QUE USTED NO PUEDE DEJAR DE SABER

Los quesos cremosos, para poder ser guardados en el freezer deben tener un porcentaje de 40 a 50% de materia grasa; se los envuelve en papel film y se los embolsa. El tiempo de conservación es de 4 a 5 meses

Sopa pavesa

PORCIONES: 4   TIEMPO DE PREPARACIÓN: 5′   TIEMPO DE COCCIÓN: 6 A 8′

INGREDIENTES

Diente de ajo, 1

Aceite, 1/2 cucharada

Rodajas de pan
lácteo, 4

Caldo, 800 cc

Huevos, 4

Queso rallado, 2
cucharadas

◆ Calentar la bandeja doradora en "Máximo", Nivel de potencia 100. ◆ Frotar sobre la bandeja el diente de ajo y pincelarla con el aceite, acomodar las rodajas de pan y ajustarlas sobre la bandeja. Cocinar en el microondas en "Máximo", Nivel de potencia 100, durante 4 minutos. ◆ A los 2 minutos, levantar las tostadas, pincelar nuevamente la bandeja con el resto del aceite y acomodar el pan del otro lado. ◆ Colocar las tostadas en el fondo de 4 cazuelitas, distribuir encima el caldo que puede ser de carne o ave, cascar en cada cazuela un huevo y espolvorear con el queso, tapar. Colocar caliente en el microondas en *"Máximo", Nivel de potencia 100,* durante 2'. ◆ En la mitad de la cocción dar vuelta las cazuelas, verificar si las claras están coaguladas. ◆ Servir bien caliente.

CÓMO CONGELAR: esta sopa es tan fácil y rápida de preparar que no es útil congelarla.

LO QUE USTED NO PUEDE DEJAR DE SABER

Para preparar un rico caldo en microondas, colocar en un recipiente amplio un trozo de carne vacuna o pollo sin piel, cebolla, apio, zanahoria, dientes de ajo, granos de pimienta y 1 litro de agua, tapar y cocinar 15' a *Nivel de potencia 100.* Destapar, mezclar y proseguir la cocción 8' más a *Nivel de potencia 50.*
Dejar enfriar, retirar la grasa superior y filtrar. Fraccionar en porciones de 200 cc y congelar. Se conserva durante 3 meses. Salar en el momento de utilizar.

Sopa paraguaya

PORCIONES: 10 A 12	TIEMPO DE PREPARACIÓN: 16'	TIEMPO DE COCCIÓN: 28 A 30'

INGREDIENTES

Cebollas, *500 g*
Manteca o
margarina, *150 g*
Agua, *150 cc*
Sal gruesa,
1 cucharada
Leche, *750 cc*
Harina de maíz
o sémola, *500 g*
Huevos, *8*
Queso cuartirolo,
500 g

◆ Cortar las cebollas por la mitad y luego en rodajas finas, colocarlas en un recipiente con la manteca o margarina, tapar y cocinar en *"Rehogar", Nivel de potencia 90,* durante 6', revolver en la mitad de la cocción, agregar el agua hirviente y la harina de maíz en forma de lluvia revolviendo con cuchara de madera. Cocinar 3' a *"Máximo", Nivel de potencia 100,* revolviendo de los bordes hacia adentro al 1 y 1/2 minuto de cocción. ◆ Mezclar con los huevos ligeramente batidos y el queso cortado en cubitos. Aceitar o enmantecar un molde térmico y espolvorear con harina de maíz. Acomodar la preparación y cocinar en *"Hornear", Nivel de potencia 60,* durante 10' y en grill y microondas en *"Hornear", Nivel de potencia 60,* durante 5' más. ◆ Dejar reposar 6 a 7 minutos.

CÓMO CONGELAR: tibia, envuelta en papel film y luego en papel metalizado, etiquetar.
TIEMPO DE CONSERVACIÓN: 2 meses
CÓMO DESCONGELAR: envuelta en el papel film en *"Calentar".*

LO QUE USTED NO PUEDE DEJAR DE SABER

Es muy práctico congelar la sopa paraguaya cortada en porciones; se envuelve cada una de ellas en papel film y luego se embolsa. De esta forma se pueden descongelar las porciones que se van a consumir en ese momento.

Vichyssoise

PORCIONES: 5   TIEMPO DE PREPARACIÓN: 15´   TIEMPO DE COCCIÓN: 20´

INGREDIENTES

Puerros, *750 g*
Cebolla, *1*
Papas medianas, *4*
Manteca, *30 g*
Aceite de maíz,
2 cucharadas
Caldo de ave, *1 litro*
Vino blanco, *1/2 vaso*
Sal, pimienta y nuez
moscada, *a gusto*
Leche, *500 cc*
Crema, *100 cc*
Jamón cocido, *100 g*
Ciboulette,
3 cucharadas

◆ Limpiar los puerros y cortarlos en rodajitas, incluso la parte verde tierna. Picar la cebolla y pelar y cortar las papas en cubitos. ◆ Colocar en un recipiente amplio con la manteca y 1 cucharada del aceite, tapar y cocinar en *"Rehogar"*, *Nivel de potencia 90*, durante 6´, revolviendo en la mitad de la cocción. Agregar el caldo y el vino. ◆ Cocinar 8 minutos en *"Máximo"*, *Nivel de potencia 100*, condimentar con sal, pimienta blanca de molinillo y nuez moscada. ◆ Procesar o licuar hasta formar una crema, mezclar con la leche y la crema y cocinar 6´ en *"Hornear"*, *Nivel de potencia 60*. Servir en boles. ◆ Saltear el jamón cortado en pequeños cubitos con la cucharada de aceite reservada en *"Rehogar"*, *Nivel de potencia 90*, durante 2´. ◆ Distribuir el jamón sobre la sopa y espolvorear con la *ciboulette*.

CÓMO CONGELAR: en recipiente rígido o en bolsa.
TIEMPO DE CONSERVACIÓN: 2 meses
CÓMO DESCONGELAR: en *"Descongelar"*, revolviendo de vez en cuando. Servir fría o tibia. Si hubiera quedado algo densa, aligerarla con caldo o leche.

 LO QUE USTED NO PUEDE DEJAR DE SABER

La leche y la crema pueden congelarse en sachet o en cartón o envasarlas en recipientes rígidos con tapa dejando libre de 1 y 1/2 a 2 cm.
El tiempo de conservación en el freezer es de 1 mes para la leche y de 2 meses para la crema.
Para descongelar la leche, pasarla la noche anterior a la heladera o descongelarla en *"Descongelar"*, *Nivel de potencia 30*, durante 20´ por cada litro.
Para descongelar la crema, pasarla a la heladera y utilizarla para cocinar, ya que no sirve para batirla y hacer chantillí.

Bouillabaise express

INGREDIENTES

Cebolla, *1*
Dientes de ajo, *2*
Puerros, *2*
Aceite de oliva,
2 cucharadas
Tomates perita,
1 lata
Postas de merluza
y brótola, *1 y 1/2 kilo*
Vino blanco seco,
1 copa
Sal y pimienta
blanca, *a gusto*
Azafrán,
1 cucharadita
Mejillones al
natural, *1 lata*
Camarones, *200 g*
Tostadas, *6*
Perejil picado,
2 cucharadas

◆ Picar la cebolla, los dientes de ajo y los puerros, colocar en un recipiente profundo con el aceite, tapar y cocinar 4′ en "Rehogar", Nivel de potencia 90, removiendo la preparación a los 2 minutos. ◆ Agregar los tomates picados, cocinar 3′ más. Acomodar las postas de merluza y de brótola, rociar con el vino y condimentar con sal, pimienta y el azafrán diluido en 500cc de agua caliente. Añadir los mejillones con el agua de la lata y los camarones. Tapar y cocinar en *"Guisar", Nivel de potencia 70,* de 10 a 12′. Dejar reposar 5′. ◆ Retirar con cuidado las postas de pescado, desechar las espinas centrales. Filtrar el caldo. ◆ Servir bien caliente acomodando en el fondo de 6 tazones o cazuelitas las tostadas, distribuir en ellas los trozos de pescado, los mejillones y camarones, y cubrir con el caldo espolvoreado con el perejil.

CÓMO CONGELAR: en recipiente rígido llenando sólo hasta 2 o 3 cm del borde, cerrar y etiquetar.
TIEMPO DE CONSERVACIÓN: 2 meses
CÓMO DESCONGELAR: en *"Descongelar"* y luego en *"Calentar".*

 LO QUE USTED NO PUEDE DEJAR DE SABER

Las tostadas se pueden realizar en el microondas calentando la bandeja doradora a *"Máximo", Nivel de potencia 100,* de 8 a 9′, pincelarla con aceite y dorar las rodajas de pan 1′ de cada lado.
Si se tiene grill, se pueden colocar sobre la parrilla alta hasta dorarlas de ambos lados.

Pastas, arroz y polenta

Pastas, arroz y polenta

- El tiempo de cocción de las pastas en microondas es similar al que se necesita en las cocinas tradicionales.
- El recipiente donde se cocina la pasta debe ser 2 o 3 veces mayor que la cantidad de pasta para evitar que rebalse al hervir el agua.
- Los minutos de cocción se cuentan una vez que el agua esté en ebullición.
- El microondas es un elemento ideal para descongelar y calentar pastas con sus salsas, ya que por la textura y el sabor que adquieren, parecen recién elaboradas.
- En cada una de las recetas de este libro encontrará la explicación de la forma de cocción, congelado, tiempo de conservación y descongelado, como también los pequeños secretos que usted tiene que saber.
- Cualquier tipo de pasta rellena puede congelarse cocida o cruda. Si se congelan ravioles comprados, colocarlos en el freezer en la misma caja abierta, cuando estén bien duros, embolsarlos, cerrar y etiquetar. Para descongelarlos, cocinarlos directamente en agua hirviendo.
- Cuando se cocina arroz, el agua o caldo debe estar hirviente. La proporción aproximada es de una parte de arroz por dos partes de líquido.
- Es importante respetar los minutos de reposo que se indican en cada receta, ya que en ese tiempo el arroz termina de hidratarse y absorber todo el líquido.
- Siempre se debe cocinar el arroz tapado.

Arroz a la financiera

INGREDIENTES

Supremas cocidas, 2
Jamón cocido,
150 g en un trozo
Arroz, 250 g
Jugo de limón,
3 cucharadas
Cubos de caldo
de ave, 2
Manteca, 150 g
Queso parmesano
rallado,
6 cucharadas
Arvejas congeladas,
1 taza
Harina, 2 cucharadas
Leche, 750 cc
Sal, pimienta y nuez
moscada, a gusto
Yemas, 2

◆ Cortar las supremas cocidas y el jamón en tiras finas. ◆ Colocar el arroz en un recipiente con el jugo de limón, los cubos de caldo diluidos en 500 cc de agua hirviendo, tapar y cocinar en *"Máximo", Nivel de potencia 100,* de 8 a 9´, dejar reposar hasta que el arroz haya absorbido el caldo. ◆ Mezclar con la mitad de la manteca y la mitad del queso, agregar el pollo, el jamón y las arvejas. ◆ Aparte, mezclar la harina con el resto de la manteca y la leche, cocinar en *"Máximo", Nivel de potencia 100,* durante 6´, revolviendo cada 2 minutos para que no se agrume, condimentar con sal, pimienta y nuez moscada. ◆ Añadir las yemas disueltas en 2 cucharadas de leche, mezclar. ◆ Colocar la mitad de la salsa en una fuente térmica, distribuir encima el arroz y cubrir con el resto de salsa, espolvorear con el queso rallado restante y gratinar en *"Máximo", Nivel de potencia 100,* en el grill hasta dorar la cubierta.

CÓMO CONGELAR: en la misma fuente térmica, cuando esté bien firme desmoldarlo sobre papel film y envolver. Luego, embolsar.
TIEMPO DE CONSERVACIÓN: 2 meses
CÓMO DESCONGELAR: desmoldar en la misma fuente térmica en *"Descongelar"* y luego en *"Calentar".*

 LO QUE USTED NO PUEDE DEJAR DE SABER

Para cocinar las supremas, desgrasarlas y acomodarlas en una fuente cubiertas por hilos de aceite, sal, pimienta, algunas hierbas y 1 vaso de agua, tapar y cocinar en *"Máximo", Nivel de potencia 100,* de 8 a 10´, dándolas vuelta en la mitad de la cocción.

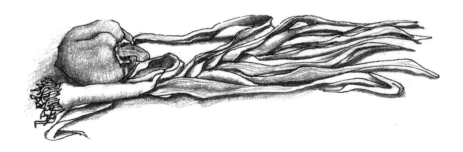

Arroz con pepperoni y zucchini

PORCIONES: 5   TIEMPO DE PREPARACIÓN: 20´   TIEMPO DE COCCIÓN: 18´

INGREDIENTES

Ajíes rojos, 2
Ají verde, 1
Ají amarillo, 1
Cebolla, 1
Dientes de ajo, 2
Aceite de oliva,
2 cucharadas
Zucchini, 600 g
Arroz, 350 g
Caldo, 700 cc
Sal, pimienta, tomillo
y azafrán, a gusto
Manteca, 40 g
Aceitunas negras,
100 g

◆ Limpiar los ajíes, acomodarlos sobre la rejilla y dorarlos en el grill en *"Máximo", Nivel de potencia 100*, dándolos vuelta a medida que se ven tostados. Luego, envolverlos en papel hasta que se enfríen. Por último, pelarlos, desechando las semillas y los centros; cortarlos en tiras. ◆ Picar la cebolla y los dientes de ajo, colocar en una cazuela con el aceite, tapar y cocinar en *"Rehogar", Nivel de potencia 90*, durante 4´, revolviendo a los 2 minutos. ◆ Agregar los zucchini cortados en cubos, tapar y cocinar 4´ más. ◆ Incorporar el arroz y el caldo caliente, condimentar con sal, pimienta, tomillo y 1 cucharadita de azafrán diluido en 1 o 2 cucharadas de agua o caldo y los ajíes. Mezclar, tapar y cocinar en *"Máximo", Nivel de potencia 100*, durante 10´. ◆ Agregar la manteca y las aceitunas fileteadas, mezclar, tapar y dejar reposar de 6 a 7´. ◆ Espolvorear con perejil picado.

CÓMO CONGELAR: en recipiente rígido.
TIEMPO DE CONSERVACIÓN: 3 meses
CÓMO DESCONGELAR: tapado en *"Calentar".*

LO QUE USTED NO PUEDE DEJAR DE SABER

Si la cocina no tiene grill, calentar la bandeja doradora, abrir los ajíes por la mitad, limpiar desechando los centros y las semillas y secar bien los ajíes. Apoyarlos por la parte exterior en la bandeja aceitada, cocinar en *"Máximo", Nivel de potencia 100;* a medida que se vayan dorando, envolverlos en papel, dejarlos entibiar y pelarlos.

Celentano o tirabuzones a la sorrentina

PORCIONES: 4   TIEMPO DE PREPARACIÓN: 20'   TIEMPO DE COCCIÓN: 25'

INGREDIENTES

Celentano o tirabuzones, *350 g*
Sal y aceite, *cantidad necesaria*
Cebolla chica, *1*
Carne picada, *250 g*
Hongos secos, *2 cucharadas*
Vermut, *1/2 vaso*
Pimienta y mejorana, *a gusto*
Tomate triturado, *400 g*
Ricota, *250 g*
Huevos, *2*
Jamón cocido, *100 g*
Queso pecorino o similar, *5 cucharadas*

◆ Colocar en un recipiente 1 y 1/2 litro de agua hirviendo con sal y 1 cucharada de aceite, colocar en el microondas en *"Máximo"*, *Nivel de potencia 100*, hasta que retome el hervor, agregar los tirabuzones, mezclar, tapar y cocinar de 8 a 9' hasta que estén cocidos pero al dente. Dejar reposar 3' y colarlos, pasarlos ligeramente por agua fría. ◆ Aparte, picar la cebolla, colocar en un recipiente con 1 cucharada de aceite, tapar y cocinar en *"Rehogar"*, *Nivel de potencia 90*, durante 3', agregar la carne y proseguir la cocción siempre en *"Rehogar"*, *Nivel de potencia 90*, durante 4' más revolviendo en la mitad de la cocción. ◆ Incorporar los hongos remojados en agua caliente y picados, 2 o 3 cucharadas de agua de los hongos, el vermut y condimentar con sal, pimienta, mejorana y 1/2 cucharadita de azúcar, agregar el tomate, tapar y cocinar en *"Máximo"*, *Nivel de potencia 100*, durante 4', revolviendo en la mitad de la cocción. ◆ Mezclar la ricota con los huevos, el jamón picado y 2 cucharadas del queso rallado, condimentar con sal y pimienta. ◆ En el recipiente en que se coció la salsa colocar la mitad de los fideos, cubrir con la ricota y la mitad de la salsa, acomodar el resto de fideos y cubrir con la salsa, espolvorear con el resto de queso. ◆ Si lo desea, puede distribuir encima 30 gramos de manteca cortada en trocitos, tapar y colocar en *"Calentar"*, *Nivel de potencia 80*, durante 7'. ◆ Si se desea, dorar la superficie, retirar el papel y colocar sobre la rejilla alta en grill en *"Máximo"*, *Nivel de potencia 100*, hasta dorar.

CÓMO CONGELAR: en congelación abierta hasta formar un bloque firme, desmoldar sobre papel film, envolver y embolsar. Etiquetar y guardar.

TIEMPO DE CONSERVACIÓN: 2 meses

CÓMO DESCONGELAR: acomodar en el mismo recipiente en que se armó el plato, tapar y colocar en *"Calentar"*.

 LO QUE USTED NO PUEDE DEJAR DE SABER

Para evitar que los alimentos se resequen, cuando se cocinan o en el momento de descongelarlos, es importante cubrirlos con papel adherente o con tapa si el recipiente la tuviera. Si por alguna razón no puede taparlo, es aconsejable introducir junto al recipiente un vaso de agua dentro del microondas para que se produzca vapor.

Emparedados de maíz con hierbas

PORCIONES: 6   TIEMPO DE PREPARACIÓN: 12'   TIEMPO DE COCCIÓN: 7 A 8'

INGREDIENTES

Leche, *750 cc*
Manteca, *40 g*
Sal, *a gusto*
Perejil y tomillo
picado, *2 cucharadas*
Harina de maíz de
cocimiento rápido,
325 g
Queso sardo rallado,
3 cucharadas
Lomito ahumado,
100 g
Queso fresco, *150 g*
Harina, *1 taza*
Huevos, *2*
Pan rallado, *2 tazas*
Aceite, *3 cucharadas*

◆ Hacer hervir la leche con la manteca, sal, el perejil y el tomillo. Agregar en forma de lluvia la harina de maíz, revolviendo con cuchara de madera. Cocinar en *"Máximo", Nivel de potencia 100*, durante 3´, revolviendo de afuera hacia adentro después de 1 y 1/2 minuto de cocción, agregar el queso rallado, mezclar y extender en una asadera humedecida con agua, debe quedar de aproximadamente 2 cm de grosor. ◆ Dejar enfriar y cortar medallones con ayuda de un cortapasta o cortar en forma de cuadrados. Unirlos de a dos colocando en el medio un trocito de lomito ahumado y una rodajita de queso. ◆ Pasar los emparedados por harina, luego por los huevos batidos y por último por pan rallado. Ajustar bien. ◆ Calentar de 8 a 9´ la parrilla doradora en *"Máximo", Nivel de potencia 100*, pincelarla con aceite y acomodar los emparedados en círculo. Cocinar en *"Máximo", Nivel de potencia 100*, 2 minutos de cada lado.

CÓMO CONGELAR: en recipiente rígido, superpuestos, colocando separadores de papel entre cada capa.
TIEMPO DE CONSERVACIÓN: 2 meses
CÓMO DESCONGELAR: en *"Calentar".*

 LO QUE USTED NO PUEDE DEJAR DE SABER

Es conveniente dorar sobre la bandeja doradora de 4 a 5 emparedados por vez. A medida que se vayan dorando, acomodarlos en una fuente; al finalizar colocarlos tapados en el microondas en *"Calentar", Nivel de potencia 80*, en el momento de servirlos.

Lasañas a la boloñesa

PORCIONES: 4 A 5   TIEMPO DE PREPARACIÓN: 25'   TIEMPO DE COCCIÓN: 24'

INGREDIENTES

MASA
Harina, *250 g*
Sal, *1 cucharadita*
Huevos, *3*
Aceite, *1 cucharada*
RELLENO
Salchicha fresca, *150 g*
Ricota, *250 g*
Queso provolone rallado, *4 cucharadas*
Mozzarella, *150 g*
Salsa boloñesa, *400 g*
Salsa bechamel para salsear, *300 g*

◆ Colocar la harina en corona con la sal, en el centro acomodar los huevos y el aceite, tomar los ingredientes centrales y agregar la harina, amasar bien. Dejar descansar tapada unos minutos, luego estirar la masa bien fina, de menos de 1 mm de espesor, cortar tiras de 6 a 8 cm de largo. ◆ Quitarle la piel a la salchicha, colocarla en un bol tapada en *"Rehogar"*, *Nivel de potencia 90*, durante 4´, moviéndola 2 veces durante la cocción. Escurrir la pulpa de la salchicha de la grasa que haya desprendido, mezclar con la ricota y 2 cucharadas de queso rallado. Cortar la *mozzarella* en cubos. ◆ Preparar la salsa boloñesa y la salsa bechamel siguiendo las indicaciones de las páginas 181 (recuadro) y 175. ◆ Colocar en una asadera o tartera térmica una porción de salsa boloñesa, cubrir con rectángulos de masa sin superponerlos, colocar una porción de salsa bechamel y una porción de ricota, cubrir con rectángulos de masa siempre sin superponerlos, salsear con salsa boloñesa y repetir colocando al final una de las dos salsas, la *mozzarella* y el resto de queso rallado. Tapar y cocinar en *"Máximo"*, *Nivel de potencia 100*, durante 10´ y en *"Hornear"*, *Nivel de potencia 60*, durante 10´ más. Dejar reposar 5´ y servir.

CÓMO CONGELAR: tapizar el recipiente con papel film, armar las lasañas como se indica en la receta, cubrir con papel y colocar en el freezer hasta que esté bien rígido, desmoldar, embolsar o envolver en papel metalizado, etiquetar y guardar.
TIEMPO DE CONSERVACIÓN: 4 meses
CÓMO DESCONGELAR: retirar el papel metalizado y el adherente y colocar en el mismo recipiente en que se moldeó. Tapar y cocinar en *"Calentar"* durante 30´. Dejar reposar por lo menos 8 a 10´.

LO QUE USTED NO PUEDE DEJAR DE SABER
Si las lasañas se cocinan en microondas no es necesario hervir la pasta, sólo se debe tener la precaución de no superponerla al acomodarla en la fuente y cubrir cada capa de pasta con la salsa deseada. Luego, cocinar en *"Máximo"*, *Nivel de potencia 100*, y en *"Hornear"*, *Nivel de potencia 60*, por lo menos de 18 a 20´, con un reposo de 5 a 6´.

Farfalle alla fontana con arvejas

PORCIONES: 4   TIEMPO DE PREPARACIÓN: 12'   TIEMPO DE COCCIÓN: 15'

INGREDIENTES

Farfalle, *350 g*
Sal y aceite,
cantidad necesaria
Yemas, *3*
Crema de leche,
350 cc
Queso fundido
fontina, *200 g*
Jamón cocido, *100 g*
Hojas de albahaca,
2 cucharadas
Arvejas cocidas,
1 taza
Pimienta blanca,
a gusto
Queso sardo rallado,
3 cucharadas

◆ Colocar en un recipiente grande 1 y 1/2 litro de agua hirviendo con 1/2 cucharada de sal gruesa y 1 cucharada de aceite. Colocar en el microondas en *"Máximo"*, *Nivel de potencia 100*, durante 2 o 3 minutos hasta que retome el hervor, agregar los farfalle o moñitos, revolver, tapar y proseguir la cocción en *"Máximo"*, *Nivel de potencia 100*, de 8 a 10', controlar la cocción de la pasta que debe resultar cocida pero al dente. Dejar reposar 3' y colar. ◆ Aparte, mezclar bien en un bol las yemas con la crema y el queso fundido cortado en trocitos. Colocar en *"Hervir lento"*, *Nivel de potencia 50*, durante 5', revolviendo cada 1 y 1/2 minuto hasta obtener una salsa. ◆ Agregar el jamón cortado en juliana, las hojas de albahaca y las arvejas, condimentar con sal y pimienta de molinillo, mezclar con la pasta. ◆ Acomodar en una fuente, espolvorear con el queso rallado y gratinar en grill y microondas en *"Calentar"*, *Nivel de potencia 80*.

CÓMO CONGELAR: en recipiente rígido.
TIEMPO DE CONSERVACIÓN: 2 meses
CÓMO DESCONGELAR: acomodar en una fuente, tapar con papel film y colocar en *"Descongelar"* y luego en *"Calentar"*.

LO QUE USTED NO PUEDE DEJAR DE SABER

La cocción de las pastas en microondas no representa un ahorro de tiempo significativo en comparación con la cocción tradicional, pero siempre el microondas brinda la ventaja de la cocción rápida de las salsas y la utilización de una sola fuente para armar el plato y llevarlo a la mesa. Y sobre todo permite recalentar todas las veces que sea necesario y que resulte como recién hecho, con la misma textura e igual aroma.

Malfatti de espinaca

INGREDIENTES

Espinaca, *450 g*
Cebolla chica, *1*
Manteca, *10 g*
Aceite, *1/2 cucharada*
Queso parmiggiano
rallado, *4 cucharadas*
Miga de pan
remojada en leche,
1/2 taza
Sal, pimienta y nuez
moscada, *a gusto*
Huevos, *2*
Harina, *175 a 200 g*

◆ Lavar las espinacas y colocarlas en una bolsa para freezer, cerrar la bolsa y pincharla. Cocinar en *"Máximo"*, *Nivel de potencia 100,* de 3 a 4´, moviendo la bolsa para distribuir las hojas de espinaca, dejar reposar y escurrir muy bien para sacar todo vestigio de agua. ◆ Picar la cebolla, colocarla en un bol con la manteca y el aceite, tapar y cocinar en *"Rehogar"*, *Nivel de potencia 90, durante 3´,* remover y agregar la espinaca bien picada, cocinar en *"Máximo"*, *Nivel de potencia 100,* durante 1 y 1/2 minuto, mezclar con el queso rallado, la miga de pan bien exprimida y picada, condimentar con sal, pimienta y nuez moscada. Incorporar los huevos ligeramente batidos y la harina por cucharadas mezclando con cuchara de madera, debe obtenerse una pasta liviana. ◆ Colocar agua hirviendo en un recipiente con sal gruesa y 1/2 cucharada de aceite, tapar y colocar en microondas en *"Máximo"*, *Nivel de potencia 100,* durante 2 0 3 minutos hasta que el agua retome el hervor. Con una cucharita tomar porciones e introducirlas en el agua hirviendo. ◆ Tapar y cocinar en *"Máximo"*, *Nivel de potencia 100,* durante 8´, moviéndolos con ayuda de una espumadera en la mitad de la cocción. Dejarlos reposar 2´ y colar. ◆ Servirlos con crema a las hierbas y al limón.

CREMA A LAS HIERBAS Y AL LIMÓN

Mezclar 250 cc de crema de leche con sal, pimienta, 1 cucharada de ralladura de piel de limón y 2 cucharadas de mejorana y orégano. Tapar y cocinar en *"Hervir lento"*, *Nivel de potencia 50,* de 3 a 4 minutos.

CÓMO CONGELAR: cocinarlos sólo 4´. Escurrirlos bien esparcidos en una fuente, secarlos ligeramente y colocarlos en el freezer en congelación abierta, cuando estén bien duros guardarlos en bolsa. Etiquetar.

TIEMPO DE CONSERVACIÓN: 3 meses

CÓMO DESCONGELAR: acomodarlos en una fuente, taparlos y colocarlos en *"Calentar"*, cuando tomen textura, mezclarlos con la crema o la salsa deseada, caliente, y proseguir en *"Calentar"* hasta que tomen la temperatura deseada.

 LO QUE USTED NO PUEDE DEJAR DE SABER

Todos los vegetales se cocinan en *"Máximo"*, *Nivel de potencia 100,* moviéndolos siempre en la mitad de la cocción. Es importante elegir bolsas de alta densidad y no olvidar, al cerrarlas, dejar una pequeña abertura o pinchar la bolsa para que salga el vapor ya que los vegetales de hoja, acelgas o espinacas, se cocinan sólo con el agua del lavado.

Ñoquis de sémola

PORCIONES: 5   TIEMPO DE PREPARACIÓN: 10´   TIEMPO DE COCCIÓN: 8 A 10´

INGREDIENTES
Leche, *1 litro*
Manteca, *40 g*
Sal gruesa,
1 cucharada al ras
Sémola, *550 g*
Yemas, *3*
Queso *gruyère* o
similar, *4 cucharadas*
Pimienta y nuez
moscada, *a gusto*
Varios: *manteca,*
queso rallado,
hojas de salvia

◆ Hacer hervir la leche con la manteca y la sal, agregar la sémola en forma de lluvia revolviendo con cuchara de madera. Cocinar en microondas en *"Máximo", Nivel de potencia 100*, durante 3´, revolviendo de los bordes hacia adentro cada minuto. ◆ Retirar la preparación del microondas y mezclar con las yemas y el queso rallado, rectificar el sabor con un toque de pimienta blanca de molinillo y un toque de nuez moscada. ◆ Extender esta preparación en una placa humedecida con agua, dejar enfriar y cortar medallones del diámetro deseado, acomodarlos ligeramente superpuestos en una fuente térmica enmantecada. Rociarlos con manteca fundida y espolvorear con queso rallado y si lo desea con hojitas de salvia. ◆ Colocar en la rejilla baja y cocinar en grill y microondas en *"Máximo", Nivel de potencia 100*, durante 5´. ◆ Dejar reposar 3 o 4 minutos. Acompañar con tomates secos a la sal.

CÓMO CONGELAR: cortar los ñoquis y acomodarlos en un recipiente, separados uno de otro; superponerlos separándolos con trozos de papel plástico o los separadores especiales.
TIEMPO DE CONSERVACIÓN: 4 a 5 meses
CÓMO DESCONGELAR: armarlos como se indica en la receta, rociarlos con la manteca fundida, el queso rallado y la salvia. En *"Calentar"* y a último momento con grill para dorarlos.

 LO QUE USTED NO PUEDE DEJAR DE SABER
Para secar tomates, cortar tomates perita por la mitad a lo largo, quitarles la pulpa y espolvorearlos con sal gruesa y orégano. Acomodarlos sobre la bandeja doradora precalentada 4´, tapar los tomates con papel de cocina y en microondas en *"Descongelar", Nivel de potencia 30,* cocinarlos o secarlos durante 15´. Darlos vuelta cada 5´. Luego, tapizar una fuente con papel de cocina absorbente, acomodar los tomates y cocinarlos en *"Hornear", Nivel de potencia 60,* durante 4´, dándolos vuelta en la mitad de la cocción. Acomodarlos en un frasco de vidrio alternando con ajos fileteados, ají molido y hojas de laurel, cubrirlos con aceite y mantenerlos en heladera.

Medallones de maíz a la puttanesca

PORCIONES: 5   TIEMPO DE PREPARACIÓN: 18´   TIEMPO DE COCCIÓN: 18´

INGREDIENTES

Agua, *750 cc*
Cubos de caldo, *2*
Manteca, *75 g*
Harina de maíz de cocimiento rápido, *200 g*
Aceite de oliva, *2 cucharadas*
Cebolla, *1*
Ají verde, *1*
Ajo y perejil, *1 cucharada*
Anchoas, *3*
Tomate *concassé, 2 tazas*
Aceitunas negras, *100 g*
Alcaparras, *3 cucharadas*
Sal, pimienta, orégano y azúcar, *a gusto*

◆ Colocar en un recipiente profundo el agua con los cubos de caldo y la manteca, cocinar en *"Máximo"*, *Nivel de potencia 100*, hasta que rompa el hervor, agregar en forma de lluvia la harina de maíz, revolviendo con cucharada de madera. Cocinar en *"Guisar"*, *Nivel de potencia 70*, durante 5´, revolviendo en la mitad de la cocción. Extender en una placa aceitada y dejar entibiar. ◆ Aparte, colocar en un recipiente el aceite con la cebolla picada, tapar y cocinar en *"Rehogar"*, *Nivel de potencia 90*, durante 3´, agregar el ají cortado en juliana y el ajo y perejil, cocinar tapado en *"Rehogar"*, *Nivel de potencia 90*, durante 2´ más. ◆ Añadir las anchoas picadas y el tomate, cocinar en *"Guisar"*, *Nivel de potencia 70*, durante 4´. Por último, incorporar las aceitunas fileteadas, las alcaparras y condimentar con poca sal, pimienta, orégano y una pizca de azúcar. Proseguir la cocción en *"Guisar"*, *Nivel de potencia 70*, durante 3´ más. ◆ Con ayuda de un cortapasta redondo, cortar la polenta en medallones, acomodarlos en una fuente y cubrirlos con la salsa.

CÓMO CONGELAR: apilar los medallones separados con papel manteca en un recipiente rígido. Colocar la salsa en bolsa o recipiente rígido sin agregar las aceitunas y alcaparras.

TIEMPO DE CONSERVACIÓN: 2 meses

CÓMO DESCONGELAR: la salsa, en *"Descongelar"*, añadir las aceitunas, alcaparras y condimento y cocinar en *"Máximo"*, *Nivel de potencia 100*, de 4 a 5´. Los medallones, en *"Calentar"*.

LO QUE USTED NO PUEDE DEJAR DE SABER
Esta salsa *puttanesca* se puede utilizar para pastas en general, como también para arroz o para una pizza.

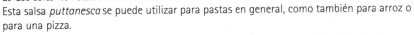

Porciones de milhojas de polenta al queso

PORCIONES: 5   TIEMPO DE PREPARACIÓN: 8′   TIEMPO DE COCCIÓN: 8′

INGREDIENTES

Agua, *750 cc*
Leche, *250 cc*
Manteca, *100 g*
Sal gruesa,
1/2 cucharada
Harina de maíz de
cocimiento rápido,
250 g
Queso roquefort,
100 g
Queso fundido
fontina, *100 g*
Queso fresco, *100 g*
Queso parmesano
rallado, *5 cucharadas*
Tomate, *1*
Orégano y albahaca,
a gusto

◆ Colocar el agua, la leche, la manteca y la sal en un recipiente profundo, cocinar en *"Máximo", Nivel de potencia 100,* hasta que rompa el hervor. Agregar en forma de lluvia la harina de maíz revolviendo con cuchara de madera. Cocinar en *"Máximo", Nivel de potencia 100,* durante 3′, revolviendo de afuera hacia adentro en la mitad de la cocción. Dejar reposar 3′. ◆ Extender la polenta en una asadera aceitada, dejar entibiar y cortar en porciones. Acomodarlas en una fuente plana, superponerlas distribuyendo en el medio el queso roquefort pisado y cubos de queso fresco, en otras el queso fundido fontina y queso fresco hasta finalizar los ingredientes. ◆ Cubrir con porciones de polenta, espolvorear con el queso rallado, acomodar el tomate cortado en rodajas finas y espolvorear con orégano y albahaca fresca. ◆ Gratinar en grill y microondas en *"Máximo", Nivel de potencia 100,* durante 5′.

CÓMO CONGELAR: cortar la polenta en porciones y conservarlas en recipiente rígido superpuestas con papeles separadores entre medio.
TIEMPO DE CONSERVACIÓN: 2 meses
CÓMO DESCONGELAR: en *"Descongelar",* luego armar el plato como se indica en la receta.

LO QUE USTED NO PUEDE DEJAR DE SABER

Casi todos los microondas tienen bandeja giratoria. Este implemento evita tener que rotar los platos durante la cocción. Pero como es difícil mantener una intensidad de radiación pareja, se indica siempre remover los alimentos 1 o 2 veces durante la cocción.

Risotto con espinaca

PORCIONES: 4   TIEMPO DE PREPARACIÓN: 12'   TIEMPO DE COCCIÓN: 11'

INGREDIENTES

Cebolla, *1*
Puerros, *2*
Dientes de ajo, *1*
Aceite de oliva,
1 cucharada
Arroz doble, *300 g*
Caldo de ave, *600 cc*
Hongos, *2 cucharadas*
Vino jerez,
4 cucharadas
Azafrán,
1 cucharadita
Hojas de espinaca,
2 tazas
Sal y pimienta,
a gusto
Queso parmesano
o similar, *a gusto*
Manteca, *30 g*

◆ Picar la cebolla y cortar en rodajitas los puerros y el ajo. Colocar en un recipiente con el aceite, tapar y cocinar en *"Rehogar", Nivel de potencia 90,* durante 6', revolviendo en la mitad de la cocción.
◆ Agregar el arroz, mezclar y añadir el caldo caliente, los hongos remojados con el vino y picados, el azafrán, las hojas de espinaca cortadas en juliana y condimentar con sal y pimienta. Tapar y cocinar en *"Máximo", Nivel de potencia 100,* durante 6 minutos, revolviendo dos veces durante la cocción. ◆ Proseguir la cocción en *"Hornear", Nivel de potencia 60,* durante 5' más, agregando 4 cucharadas de queso rallado y la manteca, mezclar y dejar reposar 7' antes de servir.

Nota

Con la misma forma de cocción, se pueden suplantar la espinaca y los hongos por arvejas y chauchas, o por el contenido de latas de mejillones, almejas o calamares.

CÓMO CONGELAR: en recipiente rígido.
TIEMPO DE CONSERVACIÓN: 2 meses
CÓMO DESCONGELAR: tapado en *"Descongelar"* y luego en *"Calentar".*

 LO QUE USTED NO PUEDE DEJAR DE SABER
Si usted utiliza arroz integral para realizar esta receta, debe calcular, para 225 gramos de arroz, 600 cc de líquido, una cocción de 18 a 20' y un reposo de 10'.

Risotto alla milanesa

INGREDIENTES

Cebolla grande, *1*
Manteca, *125 gramos*
Aceite de oliva,
1 cucharada
Arroz, *400 g*
Vino blanco seco,
100 cc
Caldo de ave, *800 cc*
Azafrán,
1 cucharadita
Queso parmesano
rallado, *75 g*
Arvejas cocidas,
1 taza

◆ Picar fina la cebolla, colocarla en un recipiente térmico con la mitad de la manteca y el aceite, tapar y cocinar en *"Rehogar"*, *Nivel de potencia 90*, durante 5', moviendo la preparación en la mitad de la cocción. Agregar el arroz, mezclar con cuchara de madera y cocinar en *"Rehogar"*, *Nivel de potencia 90*, durante 3', revolviendo cada 1 minuto. ◆ El arroz debe resultar transparente, rociar con el vino y la mitad del caldo caliente y con el azafrán. Tapar y cocinar 5' en *"Máximo"*, *Nivel de potencia 100*. Revolver y añadir el resto de caldo caliente. Proseguir la cocción 5' más. ◆ Incorporar el resto de manteca, el queso rallado y las arvejas. Mezclar y dejar reposar 7'. ◆ Se debe obtener una preparación jugosa, con los granos de arroz separados y brillosos recubiertos con la manteca y el queso.

CÓMO CONGELAR: en recipiente rígido.
TIEMPO DE CONSERVACIÓN: 3 meses
CÓMO DESCONGELAR: en *"Calentar"*, removiendo 2 o 3 veces hasta que el *risotto* esté bien caliente.

LO QUE USTED NO PUEDE DEJAR DE SABER

En general, en microondas el arroz se cocina durante 10' con un reposo de 5'. Si se cocina arroz integral, la cocción será de 18 a 20' con un reposo de 10'.

Spaghetti con salsa tapenade

PORCIONES: 4   TIEMPO DE PREPARACIÓN: 12´   TIEMPO DE COCCIÓN: 15´

INGREDIENTES

Spaghetti, *350 g*
Agua hirviendo,
1 y 1/2 litro
Sal gruesa,
1/2 cucharada
Aceite, *1 cucharada*
Aceitunas negras,
100 g
Alcaparras,
2 cucharadas
Coñac, *1 cucharada*
Anchoas, *4*
Jugo de limón,
1 cucharada
Crema, *200 cc*
Pimienta negra,
a gusto
Queso parmesano
rallado, *4 cucharadas*
Triángulos de pan
tostado, *8*

◆ Colocar en un recipiente grande el agua hirviendo con la sal y el aceite, cocinar en *"Máximo", Nivel de potencia 100,* de 3 a 4´ o hasta que el agua retome el hervor, agregar los spaghetti, mezclar, cubrir el recipiente y cocinar en *"Máximo", Nivel de potencia 100,* de 7 a 8´. Dejar reposar 3 minutos y escurrir. ◆ Aparte, procesar las aceitunas descarozadas, las alcaparras, el coñac, las anchoas y el jugo de limón, mezclar con la crema, agregar un toque de pimienta negra de molinillo. Mezclar con los *spaghetti* y acomodar en una fuente, espolvorear con el queso rallado. ◆ Colocar en grill y *"Calentar", Nivel de potencia 80,* durante 7´, revolviendo ligeramente en la mitad de la cocción. ◆ Acomodar alrededor los triángulos de pan tostado frotados, se les puede agregra un diente de ajo.

CÓMO CONGELAR: en recipiente rígido, cerrar sin nada de aire, etiquetar y guardar.
TIEMPO DE CONSERVACIÓN: 2 meses
CÓMO DESCONGELAR: en *"Descongelar"* y en *"Calentar", Nivel de potencia 80.*

LO QUE USTED NO PUEDE DEJAR DE SABER
En microondas las pastas secas se cocinan en abundante agua hirviendo con sal y 1 cucharada de aceite, en *"Máximo", Nivel de potencia 100,* de 7 a 8 minutos hasta 400 gramos de pasta, con un reposo de 3´ antes de colarlas.
La pasta fresca se cocina en la misma forma *("Máximo", Nivel de potencia 100),* en abundante agua hirviendo con sal y 1 cucharada de aceite pero sólo 5´ hasta 300 gramos de pasta.

Tartas, pizzas y empanadas

TARTAS, PIZZAS Y EMPANADAS

• Las tartas se deben precocinar siempre sin el relleno, para poder secar la masa, luego colocar el relleno y proseguir la cocción.

• La tartera elegida no debe sobrepasar los 24 a 26 cm de diámetro, rociarla con spray o enmantecarla y luego espolvorearla con pan rallado o bizcochos dulces molidos según sea para preparaciones saladas o dulces. Luego, cubrirla con la masa, pinchar el fondo y llevarla por lo menos de 8 a 10′ a la heladera y cocinarla como indica la receta.

• Las tartas rellenas y cocidas pueden congelarse perfectamente, se deben congelar en el mismo molde, cuando estén bien firmes, desmoldarlas, envolverlas en papel film adherente y luego embolsarlas o envolverlas con otro papel metalizado.

• Para conseguir que las pizzas hagan un piso crocante, cocinarlas directamente en la bandeja doradora precalentada en *"Máximo", Nivel de potencia 100,* y ligeramente aceitada.

• También se cocinan perfectamente como si fuera un horno convencional o de pizzería utilizando el sistema de cocción por convección o microondas más convección. Si se utiliza sólo convección, se pueden emplear pizzeras de metal.

• Si desea congelar masa para pizza cruda, debe aumentar un 25% la cantidad de levadura que indica la receta.

• Para cocinar empanadas en microondas es aconsejable emplear la bandeja doradora, más el grill, más el microondas, para conseguir empanadas doradas y que formen base o piso.

• Las empanadas siempre deben pincharse en 2 o 3 partes sobre el relleno para que salga el vapor y evitar que estallen al cocinarlas.

• Las empanadas, al igual que las pizzas y las tartas, se cocinan perfectamente por convección, que es un sistema de circulación de aire muy caliente que se mueve en el interior de la cocina constantemente y a altísimas temperaturas.

• El sistema de convección resulta excelente para descongelar y calentar tartas, pizzas o empanadas, ya que no pierden su textura, y se mantienen crocantes como recién hechas.

Calzone napolitano

PORCIONES: 6   TIEMPO DE PREPARACIÓN: 18´   TIEMPO DE COCCIÓN: 8 A 9´

INGREDIENTES

Levadura de
cerveza, *25 g*
Agua, *180 cc*
Azúcar,
1/2 cucharadita
Harina 000, *350 g*
Sal, *1 cucharadita*
Aceite, *1 cucharada*
Manteca, *30 g*
Ricota, *250 g*
Yema, *1*
Longaniza,
150 g en un trozo
Salame picado fino,
150 g en un trozo
Chorizo colorado, *1*
Mozzarella, *150 g*
Queso sardo
rallado,
4 cucharadas
Hojas de albahaca,
2 cucharadas

◆ Diluir la levadura con el agua tibia y el azúcar, dejar espumar y agregar la harina con la sal, el aceite y la manteca a temperatura ambiente, amasar muy bien y dejar leudar tapada 2´ en *"Entibiar"*, *Nivel de potencia 10*, luego mantener en lugar tibio. ◆ Aparte, mezclar la ricota con la yema, condimentar con poca sal y agregar la longaniza, el salame, el chorizo y la *mozzarella* cortados en cubos pequeños, añadir el queso rallado y la albahaca, mezclar. ◆ Desgasificar la masa, estirándola en forma de círculo de 1 a 1 y 1/2 cm de espesor. Acomodar el relleno en la mitad de la masa, pincelar el reborde con agua y cerrar como si fuera una empanada uniendo los bordes de las masas con un repulgue. ◆ Calentar la bandeja doradora a *"Máximo"*, *Nivel de potencia 100*, de 7 a 8´, pincelar con aceite y colocar el calzone en *"Entibiar"*, *Nivel de potencia 10*, durante 2´, pincelarlo con abundante aceite de oliva y cocinar en grill y *"Máximo"*, *Nivel de potencia 100*, de 8 a 9´.

CÓMO CONGELAR: tibio, envuelto en papel film y luego en papel metalizado.

TIEMPO DE CONSERVACIÓN: 1 mes

CÓMO DESCONGELAR: a temperatura ambiente y en *"Calentar"* y grill.

 LO QUE USTED NO PUEDE DEJAR DE SABER

Se pueden preparar *calzone* individuales. En ese caso, estirar la masa y cortar medallones con ayuda de un cortapasta del diámetro deseado, distribuir el relleno y cerrar como una empanada. Acomodarlos en forma circular sobre la bandeja doradora precalentada y aceitada moviéndolos en la mitad de la cocción, pasando los del centro hacia los bordes. Recordar que aunque la cocina tiene bandeja giratoria se cocinan antes los alimentos ubicados en sus bordes.

Bruschetta di Carmela

INGREDIENTES

Rodajas de pan de aceitunas o pan de campo, 6

Aceite de oliva, 2 cucharadas

Dientes de ajo, 2

Cebollas, 2

Manteca, 20 g

Sal, pimienta y semillas de *kümmel*, a gusto

Camembert o Pont l´éveque, 200 g

Tomates cherry, 10

◆ Calentar la bandeja doradora en *"Máximo", Nivel de potencia 100*, durante 8´. Pincelar la bandeja con aceite y dorar las rodajas de pan de aceitunas (véase pág. 237) o rodajas de pan de campo sobre la bandeja en *"Máximo", Nivel de potencia 100*, de 2 a 3´ de cada lado. Frotar con los dientes de ajo las tostadas. ◆ Aparte, cortar las cebollas por la mitad y luego en rodajas finas, colocarlas en un bol con la manteca, tapar y cocinar en *"Rehogar", Nivel de potencia 90*, durante 4´. ◆ Revolver en la mitad de la cocción, condimentar con sal, pimienta de molinillo y agregar el queso cortado en cubitos. Mezclar y distribuir sobre las tostadas, decorar con los tomates *cherry* cortados en rodajas y espolvorear con semillas de *kümmel* o nueces o almendras tostadas y picadas. ◆ En el momento de servir, colocar en *"Hornear", Nivel de potencia 60*, y grill durante 5´.

Nota

Se pueden variar las bruschette agregado a la cebolla cubos de berenjenas cocidas, atún de lata o jamón crudo; y el sabor de los quesos con fontina o simplemente mozzarella.

CÓMO CONGELAR: envolver cada bruschetta sin los tomates en papel film y luego metalizado, por último embolsar.

TIEMPO DE CONSERVACIÓN: 2 meses

CÓMO DESCONGELAR: a temperatura ambiente y luego colocar los tomates y gratinar en grill y calentar.

 LO QUE USTED NO PUEDE DEJAR DE SABER

Los tomates para decorar no se pueden congelar. Pero preparados en salsas se conservan en recipientes rígidos hasta 12 meses.

Si tiene tomates perita, lavarlos, secarlos bien y luego congelarlos en congelación abierta, es decir sobre una placa. Una vez que estén duros como piedras, embolsarlos.

Cuando se vayan a utilizar, descongelarlos, pelarlos y utilizarlos exactamente como los tomates perita de lata, picados para una salsa *filetto* o para otras preparaciones.

Empanadas cretenses de espinaca

24 EMPANADAS TIEMPO DE PREPARACIÓN: 20´ TIEMPO DE COCCIÓN: 28´

INGREDIENTES

Cebolla, *1*

Aceite de oliva,
2 cucharadas

Hinojo picado, *1*

Espinaca blanqueada,
3 tazas

Queso feta o similar,
150 g

Aceitunas negras,
50 g

Sal, pimienta y nuez
moscada, *a gusto*

Huevo, *1*

Masa *phila*, 250 g

Manteca fundida,
40 g

◆ Picar la cebolla y colocarla en un recipiente con el aceite y la parte tierna del hinojo picado fino, tapar y cocinar en *"Rehogar"*, *Nivel de potencia 90*, durante 5´, moviendo 2 veces la preparación durante la cocción. ◆ Agregar la espinaca bien escurrida y picada. Cocinar 2´ en *"Rehogar"*, *Nivel de potencia 90*, mezclar con el queso feta o cuartirolo cortado en cubitos, las aceitunas fileteadas y condimentar con sal, pimienta negra de molinillo y un toque de nuez moscada, ligar con el huevo ligeramente batido. ◆ Cortar la masa *phila* en tiras de 6 a 7 cm de ancho por 20 cm de largo, superponerlas de a dos pincelándolas con la manteca fundida. ◆ En el extremo de cada una de ellas, colocar una porción de relleno, doblar los bordes hacia adentro y arrollar sin ajustar demasiado, pincelarlas con la manteca, acomodar en una placa pincelada con manteca y cocinar en la parrilla baja del grill y en *"Hornear"*, *Nivel de potencia 60*, durante 18´. ◆ Rotarlas en la mitad de la cocción. Deben resultar crocantes y doradas. Dejar reposar 5´.

CÓMO CONGELAR: tibias, en forma individual, envolverlas con papel adherente y embolsar. Etiquetar y guardar.

TIEMPO DE CONSERVACIÓN: 4 meses

CÓMO DESCONGELAR: en *"Calentar"*, envueltas cada una en papel de cocina absorbente. Luego, retirar el papel y colocarlas en grill 3´ dándolas vuelta para que resulten crocantes.

LO QUE USTED NO PUEDE DEJAR DE SABER

Las verduras frescas, enteras o cortadas, con cáscara o peladas, se pueden congelar previo blanqueo en recipiente con tapa o en bolsas de alta densidad. Si se utilizan bolsas, es necesario no cerrarlas herméticamente para dar salida al vapor y evitar que estallen.

Las hojas de espinaca o acelga se pueden cocinar en bolsa sólo con el agua del lavado 2´ cada 500 g de espinaca en *"Máximo"*, *Nivel de potencia 100*. Luego, sumergir en agua con hielo, escurrir muy bien y guardar hasta 6 meses

Empanadas Ezequiel de masa como la comprada

30 EMPANADAS	TIEMPO DE PREPARACIÓN: 25´	TIEMPO DE COCCIÓN: 8 A 10´

INGREDIENTES

MASA
Harina 0000, *500 g*
Sal, *1 cucharadita*
Margarina, *125 g*
Agua natural, *170 cc*

RELLENO
Jamón cocido, *200 g*
Queso emmenthal, *200 g*
Yema, *1*
Sal, pimienta y nuez moscada, *a gusto*
Queso blanco o ricota, *100 g*
Huevo, *1 (para pintar)*
Pimentón, *1 cucharadita*

◆ Cernir la harina con la sal, agregar 100 g de la margarina a temperatura ambiente y el agua, tomar la masa amasando ligeramente. Se puede realizar en la procesadora. ◆ Estirar la masa hasta que alcance 1/2 cm de espesor, untarla con los 25 g de margarina restante a temperatura ambiente, espolvorearla con harina y doblarla en 3 partes. Dejarla descansar tapada en la heladera durante 20´. Luego, estirarla hasta que alcance un espesor de 3 a 4 mm y cortar medallones con ayuda de un cortapasta. ◆ Picar el jamón y mezclarlo con el queso cortado en cubitos muy pequeños, agregar la yema y condimentar con sal, pimienta, nuez moscada, incorporar el queso blanco o ricota y mezclar bien. ◆ Distribuir una porción en cada disco de masa, pincelar el reborde con el huevo ligado con el pimentón y cerrar las empanadas formando un repulgue, pincelar la superficie con el huevo. Pincharlas ligeramente. ◆ Calentar la bandeja doradora en *"Máximo"*, *Nivel de potencia 100*, durante 8´, pincelarla con aceite y acomodar las empanadas en círculo y cocinarlas en *"Hornear"*, *Nivel de potencia 60*, y grill de 8 a 10´.

CÓMO CONGELAR: tibias, en recipiente rígido, separadas en capas por papel.
TIEMPO DE CONSERVACIÓN: 2 meses
CÓMO DESCONGELAR: en *"Descongelar"* y luego en *"Calentar"*.

LO QUE USTED NO PUEDE DEJAR DE SABER

También es posible congelar las empanadas sin cocinar, separadas por papel, o congelarlas sin tapar, y cuando estén bien duras, embolsarlas. Descongelar a temperatura ambiente y cocinarlas en *"Hornear"*, *Nivel de potencia 60*, y grill, como se indica en la receta; o en convección a 200°C durante 18´.

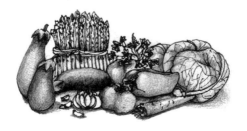

Empanadas federales

INGREDIENTES
MASA
Harina, *1 kilo*
Grasa o margarina,
200 g
Salmuera, *300 cc*
Yemas, *3*
RELLENO
Cebollas blancas, *2*
Cebollas de verdeo, *2*
Ají rojo, *1*
Grasa o margarina,
100 g
Peras, *3*
Carne de pollo o
gallina cocida,
4 tazas
Sal, pimienta, ají
picante y pimentón,
a gusto
Aceitunas verdes y
negras, *100 g*
Huevos duros, *3*

◆ Para la masa, colocar la harina en corona, en el centro acomodar la grasa o margarina a temperatura ambiente, la salmuera y las yemas. Unir los ingredientes centrales y tomar la harina, amasar bien y dejar descansar tapada por lo menos 30 a 40'. ◆ Luego, estirar la masa y cortar medallones más bien grandes con ayuda de un cortapasta número 10 o 12. ◆ Para el relleno, picar las dos clases de cebollas y el ají, colocar en un bol con la grasa o margarina, tapar y cocinar en *"Rehogar", Nivel de potencia 90,* durante 5', revolviendo en la mitad de la cocción. ◆ Agregar las peras peladas y cortadas en cubos, proseguir la cocción en *"Rehogar", Nivel de potencia 90,* durante 3' más. ◆ Añadir la carne de pollo hervida y cortada en trocitos, condimentar con sal, pimienta, ají molido y 1 cucharada de pimentón; se le puede agregar 1/2 cucharadita de comino. Incorporar las aceitunas fileteadas. Dejar enfriar el relleno en la heladera. ◆ Armar las empanadas distribuyendo una porción de relleno sobre cada disco de masa y un trozo de huevo duro y cerrar formando repulgue. Pincelarlas con huevo y pincharlas en la parte del relleno 2 o 3 veces con un palillo. ◆ Calentar la bandeja doradora 8' en *"Máximo", Nivel de potencia 100,* pincelarla con aceite o manteca, acomodar las empanadas en forma circular y cocinar en *"Hornear", Nivel de potencia 60,* y grill durante 10 a 12', moviendo las sempanadas en la mitad de la cocción, las que están en el centro pasarlas a los bordes. ◆ Dejarlas reposar 5'.

COCCIÓN POR CONVECCIÓN

Precalentar la cocina a 250°C. Acomodar la empanadas en una tartera de aluminio enmantecada o rociada con spray vegetal, pincelar las empanadas con huevo, pincharlas con un palillo 2 o 3 veces y cocinarlas de 15 a 16' por convección, siempre a 250°C hasta dorarlas.

CÓMO CONGELAR: sin cocinarlas ni pintarlas con huevo y sin agregar al relleno huevo duro, congelarlas en congelación abiertas, cuando estén duras como rocas embolsarlas y cerrar herméticamente. Etiquetar y guardar.

TIEMPO DE CONSERVACIÓN: 4 a 5 meses

CÓMO DESCONGELAR: acomodar las empanadas sobre una tartera enmantecada o rociada con spray, pincelarlas con huevo y colocarlas en la cocina precalentada a 250°C y cocinar por convección a 200°C durante 20 a 22'.

Empanadas napolitanas

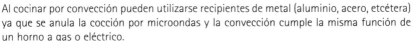

24 EMPANADAS	TIEMPO DE PREPARACIÓN: 12´	TIEMPO DE COCCIÓN: 6 A 8´

INGREDIENTES

Tapas de empanaditas de copetín, *1 paquete (24 tapas)*

Tomates en cubitos, *1 taza*

Queso sardo en trocitos, *150 g*

Mozzarella en trocitos, *150 g*

Aceitunas verdes y negras fileteadas, *100 g*

Hojas de albahaca cortadas, *a gusto*

Huevo, *1*

Queso rallado, *4 cucharadas*

◆ Separar las tapas y acomodar sobre cada una de ellas un trocito de tomate, otro de queso sardo o similar, *mozzarella,* aceitunas y hojas de albahaca. ◆ Pincelar el reborde con huevo y cerrar las empanaditas, ajustando muy bien el reborde, pincelarlas con huevo, espolvorear ligeramente con el queso rallado y pincharlas en la superficie 2 o 3 veces. ◆ Calentar la bandeja doradora en "*Máximo*", *Nivel de potencia 100,* durante 8´. ◆ Acomodar las empanaditas en forma circular y cocinar en "*Hornear*", *Nivel de potencia 60,* y grill de 6 a 8´, moviéndolas de lugar en la mitad de la cocción.

Nota

Se puede enriquecer el relleno con anchoas picadas o cubitos de huevo duro. En el caso de agregar huevo duro, no se puede congelar.

CÓMO CONGELAR: tibias, en recipiente rígido, separadas por capas con separadores especiales de papel; cerrar y etiquetar.

TIEMPO DE CONSERVACIÓN: 4 meses

CÓMO DESCONGELAR: a temperatura ambiente y en "*Calentar*".

Empanadas jugosas de carne

18 EMPANADAS	TIEMPO DE PREPARACIÓN: 30′	TIEMPO DE COCCIÓN: 25′

INGREDIENTES

MASA
Harina, *500 g*
Grasa de pella o
margarina, *130 g*
Salmuera, *1 taza*
Pimentón,
1 cucharadita
RELLENO
Cebolla blanca, *300 g*
Cebolla de verdeo,
250 g
Ají rojo, *1*
Grasa o margarina,
150 g
Carne picada, *600 g*
Pimentón,
1/2 cucharada
Sal, pimienta, ají
molido y comino,
a gusto
Pasas de uva, *60 g*
Huevos duros, *2*
Aceitunas verdes,
50 g

◆ Formar una masa con la harina, la grasa o margarina tibia y la salmuera con el pimentón. Amasar muy bien y dejar descansar tapada sobre la mesada. Luego, separar en bollitos y estirarlos dándoles forma redondeada. Para simplificar esta tarea, se puede estirar la masa y cortar medallones con ayuda de un cortapasta de 10 cm de diámetro. ◆ Picar las dos clases de cebollas y el ají, colocar en un recipiente con la grasa o margarina, tapar y cocinar en *"Rehogar", Nivel de potencia 90,* durante 4′, revolviendo en la mitad de la cocción. ◆ Agregar la carne picada, mezclar bien con las cebollas, tapar y cocinar en *"Máximo", Nivel de potencia 100,* durante 5′, revolviendo al 1 y 1/2 minuto. ◆ Condimentar con el pimentón, sal, pimienta negra de molinillo, ají molido y 1/2 cucharadita de comino. Dejar enfriar tapado en la heladera. ◆ Distribuir una porción de relleno en cada disco de empanada, agregar sobre cada relleno 2 o 3 pasas, un trozo de huevo duro y otro de aceituna, pincelar el reborde con agua y cerrarlas formando el repulgue. Pincharlas ligeramente 2 o 3 veces en la parte del relleno, pincelarlas con huevo. ◆ Calentar la bandeja doradora en *"Máximo", Nivel de potencia 100,* durante 8′, pincelarla con manteca y acomodar las empanadas en forma circular. Cocinar en *"Hornear", Nivel de potencia 60,* y grill de 15 a 16′. Es conveniente cocinar de 8 empanadas cada vez, moviéndolas en la mitad del tiempo de cocción.

CÓMO CONGELAR: es conveniente congelarlas crudas sin el huevo duro.
TIEMPO DE CONSERVACIÓN: 4 meses
CÓMO DESCONGELAR: a temperatura ambiente, pincharlas 2 o 3 veces, luego pintarlas y cocinarlas en *"Hornear", Nivel de potencia 60,* y grill durante 20′ sobre la bandeja doradora precalentada.

LO QUE USTED NO PUEDE DEJAR DE SABER
Si la cocina tiene convección, acomodar las empanadas en una tartera térmica de aluminio enmantecada y aceitada, pincharlas y pincelarlas con huevo. Calentar la cocina a 250°C y cocinar por convección a 250°C de 15 a 16′. Estos tiempos valen si se las cocina en el momento en que se las preparó. Si se las cocina después de congeladas, se debe hacer a 200 a 210°C de 18 a 20′.

Focaccia de panceta, ajos y queso

PORCIONES: 6 A 8   TIEMPO DE PREPARACIÓN: 15'   TIEMPO DE COCCIÓN: 10'

INGREDIENTES

Levadura de cerveza, *15 g*

Agua tibia, *175 cc*

Azúcar, *1/2 cucharadita*

Harina 000, *300 g*

Sal, *1 cucharadita*

Aceite de oliva, *4 cucharadas*

Panceta ahumada, *150 g*

Queso gorgonzola, *150 g*

Dientes de ajo, *3*

Orégano y albahaca, *3 cucharadas*

◆ Diluir la levadura con el agua tibia y el azúcar, dejarla descansar unos minutos hasta que comience a espumar, agregar la harina con la sal y 2 cucharadas de aceite, amasar bien y colocar en un bol tapada en el microondas en *"Entibiar", Nivel de potencia 10,* de 2 a 3'. ◆ Luego, mantener 5 a 6 minutos siempre tapada a temperatura ambiente. ◆ Volver a amasar y estirarla del tamaño de la bandeja doradora, acomodarla sobre una tabla ligeramente aceitada, con el revés de una cuchara de madera o con los dedos, hundir formando pocitos, introducir en cada uno de ellos la panceta cortada en trocitos, el queso también cortado y los ajos fileteados, rociar con el aceite de oliva restante. Dejar puntear.
◆ Aparte, calentar la bandeja doradora en *"Máximo", Nivel de potencia 100,* de 7 a 8', pincelarla con aceite, deslizar sobre ella la focaccia, espolvorearla con el orégano y la albahaca y cocinar en *"Hornear", Nivel de potencia 60,* durante 5' y en *"Máximo", Nivel de potencia 100,* y grill durante 5' más. Dejar reposar 5'.

CÓMO CONGELAR: tibia, entera o cortada en porciones envuelta en papel film y embolsada.
TIEMPO DE CONSERVACIÓN: 3 meses
CÓMO DESCONGELAR: a temperatura ambiente y en *"Calentar"* o en grill.

LO QUE USTED NO PUEDE DEJAR DE SABER

La *focaccia,* como todo alimento de masa, se cocina también perfectamente en convección como en un horno convencional, para ello se debe precalentar el microondas a 250°C y luego cocinar la *focaccia* a temperatura de 220 a 250°C durante 18 a 20'.

Fainá en convección

PORCIONES: 6   TIEMPO DE PREPARACIÓN: 8´   TIEMPO DE COCCIÓN: 18 A 20´

INGREDIENTES
Harina de garbanzos,
500 g
Sal y pimienta,
a gusto
Agua, *1 y 1/2 litro*
Aceite, *1 pocillo
de los de café*

◆ Condimentar la harina de garbanzos con sal y pimienta, agregar el agua lentamente a medida que se va revolviendo con cuchara de madera para evitar que se formen grumos. ◆ Dejar reposar por lo menos 2 horas. Verter el aceite en una pizzera, volcar la preparación y mezclar hasta que el aceite se integre con la harina de garbanzos. Cocinar la fainá en convección: para esto calentar el horno a 250°C y luego cocinarla a esa temperatura de 18 a 20´, espolvorear con pimienta de molinillo.

CÓMO CONGELAR: tibia envuelta en papel film adherente y embolsarla.
TIEMPO DE CONSERVACIÓN: 2 meses
CÓMO DESCONGELAR: a temperatura ambiente o calentar la cocina a 200°C y cocinar por convección durante 4 a 5´.

 LO QUE USTED NO PUEDE DEJAR DE SABER
Si el microondas no tiene convección, calentar la parrilla doradora, verter la preparación y cocinar en *"Máximo", Nivel de potencia 100,* y grill durante 10´.

Pizza de rúcula y jamón crudo

PORCIONES: 8   TIEMPO DE PREPARACIÓN: 12´   TIEMPO DE COCCIÓN: 23´ EN CONVECCIÓN

INGREDIENTES

Levadura de cerveza,
15 g
Azúcar, *1 pizca*
Agua tibia, *150 cc*
Aceite de oliva,
1 cucharada
Manteca, *10 g*
Harina, *250 g*
Sal, *1 cucharadita*
Salsa de tomate,
1 taza
Hojas de rúcula,
2 tazas
Jamón crudo, *150 g*
Aceitunas negras,
50 g
Huevos duros, *2*
Aceite de oliva, sal
y pimienta, *a gusto*

◆ Diluir la levadura con el azúcar y el agua tibia. Dejar fermentar unos minutos y agregar el aceite, la manteca a temperatura ambiente y la harina con la sal, tomar la masa y amasar bien. ◆ Colocar en un bol pincelado con aceite, tapar y leudar en *"Entibiar", Nivel de potencia 10,* de 4 a 5´ hasta que aumente el doble de su volumen. ◆ Estirar la masa y acomodar en una pizzera de aluminio pincelada apenas con aceite, cubrir con la salsa. ◆ Calentar la cocina a 250°C durante 3´, colocar la pizza y cocinar sobre la rejilla baja en convección a 250°C de 15 a 18´. ◆ Acomodar encima las hojas de rúcula, el jamón crudo entre las hojas y decorar con las aceitunas y los huevos duros cortados en cuartos. Rociar con un hilo de aceite y espolvorear con sal y pimienta. Servir en el momento.

CÓMO CONGELAR: después de cocinarla 14´ envolverla en papel metalizado o embolsarla.
TIEMPO DE CONSERVACIÓN: 3 a 4 meses
CÓMO DESCONGELAR: precalentar la cocina en convección a 250°C, cocinar en convección 6 a 7´. Luego, cubrir con los ingredientes indicados.

 LO QUE USTED NO PUEDE DEJAR DE SABER

Si la cocina no tiene convección, calentar la bandeja doradora a *"Máximo", Nivel de potencia 100,* pincelar con aceite y acomodar la masa sobre ella, cubrir con la salsa y cocinar en grill y en *"Máximo", Nivel de potencia 100,* de 10 a 12´. Dejar reposar 5´ y cubrir con los ingredientes indicados.

Pizza de espinaca a los cuatro quesos

PORCIONES: 6	TIEMPO DE PREPARACIÓN: 15'	TIEMPO DE COCCIÓN: 17'

INGREDIENTES

Levadura de cerveza, 15 g

Agua, 150 cc

Hojas de espinaca cruda, 1/2 taza

Sal, 1 cucharadita

Harina, 250 g

Aceite de oliva, 2 cucharadas

Tomate, 1

Queso atuel, 50 g

Queso emmenthal, 50 g

Queso gongonzola o roquefort, 50 g

Queso parmesano, 50 g

Crema de leche, 100 g

Yema, 1

Nueces, 2 cucharadas

Pimienta negra, a gusto

◆ Colocar en la procesadora la levadura con el agua y la espinaca, procesar, agregar la sal con la harina y 1 cucharada de aceite, procesar nuevamente hasta formar el bollo de masa. ◆ Colocar en un bol tapado en el microondas en "Entibiar", Nivel de potencia 10, durante 3'. Luego, mantener la masa tapada hasta que aumente el doble de su volumen, lejos de corrientes de aire. ◆ Cuando haya leudado, estirarla y acomodarla en una pizzera de aluminio, pincelada con aceite. ◆ Cortar el tomate en rodajas bien finas y acomodar sobre la masa, rociar el tomate con el resto de aceite. Precalentar la cocina a 250°C, colocar la pizzera y cocinar en convección a 250°C durante 9'. ◆ Aparte, procesar los cuatro quesos con la crema y la yema, distribuir sobre la pizza, espolvorear con las nueces y con un toque de pimienta negra de molinillo, llevar nuevamente al microondas y cocinar en convección a 250°C durante 8' más.

CÓMO CONGELAR: la masa de pizza cocida 8', tibia, envuelta en papel film y luego metalizado o embolsarla. Los quesos procesados en recipiente rígido.

TIEMPO DE CONSERVACIÓN: 3 meses

CÓMO DESCONGELAR: precalentar la cocina a 250°C y cocinar la pizza por convección de 3 a 4'. Descongelar los quesos en microondas en "Calentar", Nivel de potencia 80, distribuirlos sobre la masa de pizza y finalizar la cocción en convección a 250°C de 8 a 10'.

 LO QUE USTED NO PUEDE DEJAR DE SABER

Esta pizza de cuatro quesos se puede congelar con toda la cubierta, cuando esté bien dura, envolerla en papel film y luego en papel metalizado o embolsarla.

Tarta a la crema de queso azul

PORCIONES: 6   TIEMPO DE PREPARACIÓN: 20´   TIEMPO DE COCCIÓN: 38´

INGREDIENTES

MASA

Harina 0000, *350 g*

Sal, *1 cucharadita*

Pimienta de molinillo, *a gusto*

Tomillo, *1 cucharadita*

Manteca fría, *110 g*

Agua, *100 cc*

RELLENO

Cebollas, *2*

Puerros, *2*

Aceite, *2 cucharadas*

Crema de leche, *250 cc*

Queso azul, *250 g*

Huevos, *4*

Queso de máquina, *100 g*

◆ Colocar en la procesadora o en un bol, la harina con la sal, un toque de pimienta y el tomillo. ◆ Agregar la manteca y procesar o desmigarla con la harina hasta formar arena. Agregar el agua fría y formar un bollo tierno, envolverlo y colocar en el freezer 15´. ◆ Aparte, cortar las cebollas por la mitad y luego en rodajas finas, cortar en la misma forma los puerros. Colocar todo en un recipiente con el aceite, tapar y cocinar en *"Rehogar", Nivel de potencia 90,* durante 4´, revolver a los 2 minutos. ◆ Agregar la crema y el queso azul elegido cortado en trocitos, tapar y colocar en *"Hervir lento", Nivel de potencia 50,* durante 4´, removiendo de vez en cuando hasta que el queso esté fundido. ◆ Dejar pasar el calor fuerte y mezclar con los huevos ligeramente batidos. ◆ Estirar la masa y tapizar una tartera rociada con spray vegetal o enmantecada y espolvoreada con pan rallado. Pinchar la base de la masa y cocinar en *"Hornear", Nivel de potencia 60,* y grill de 8 a 10´. ◆ Cubrir el fondo de la masa con el queso de máquina. Rellenar con la preparación de queso y cocinar en la rejilla baja en *"Hornear", Nivel de potencia 60,* durante 12´ y en *"Calentar", Nivel de potencia 30,* y grill durante 8´. ◆ Dejar reposar 5 minutos.

CÓMO CONGELAR: colocar la tarta fría en el freezer 1 o 2 horas. Cuando esté firme, desmoldarla y envolverla en papel film y luego en bolsa para freezer, cerrar y etiquetar.

TIEMPO DE CONSERVACIÓN: 2 meses

CÓMO DESCONGELAR: cubrir la tartera que se había utilizado con papel absorbente de cocina y acomodar dentro la tarta, descongelar en *"Calentar".* Dejar reposar 5´.

LO QUE USTED NO PUEDE DEJAR DE SABER

Las masas en general se pueden congelar. Para esto darles forma chata, envolverlas en papel film y luego embolsarlas.

El tiempo de conservación es de 2 a 3 meses, para utilizarla se debe dejar a temperatura ambiente y cuando toma textura se estira y utiliza.

Tarta de hongos del bosque

PORCIONES: 6 TIEMPO DE PREPARACIÓN: 12' TIEMPO DE COCCIÓN: 28'

INGREDIENTES

Disco de pascualina, 1

Pan rallado,
2 cucharadas

Mostaza,
1/2 cucharada

Puerros, 2

Manteca, *25 g*

Hongos secos,
2 cucharadas

Jerez, *3 cucharadas*

Champiñones, *250 g*

Gírgolas, *200 g*

Sal, pimienta y *curry,
a gusto*

Crema, *200 cc*

Huevos, *3*

Queso *gruyère* o
emmenthal,
4 cucharadas

◆ Rociar una tartera con spray vegetal y espolvorearla con el pan rallado. Tapizar la tartera con el disco de pascualina, untar el fondo con la mostaza y pinchar el fondo de la masa. ◆ Cocinar en grill y microondas en *"Hornear", Nivel de potencia 60,* durante 8 minutos en la rejilla baja. ◆ Cortar los puerros en rodajas finas, colocarlos en un bol con la manteca, tapar y cocinar en *"Rehogar", Nivel de potencia 90,* durante 4 minutos, revolver en la mitad de la cocción. ◆ Agregar los hongos remojados en jerez y picados, los champiñones y las gírgolas fileteados. Condimentar con sal, pimienta y 1 cucharadita de curry diluido en el jerez de los hongos. Tapar y cocinar en *"Máximo", Nivel de potencia 100,* durante 4 minutos revolviendo en la mitad de la cocción. Mezclar con la crema, los huevos y el queso rallado. ◆ Verter dentro de la tarta y cocinar en la rejilla baja en grill y microondas en *"Hornear", Nivel de potencia 60,* de 13 a 14´. ◆ Dejarla reposar 5´.

CÓMO CONGELAR: colocarla tapada en el freezer en el mismo molde, cuando esté firme, desmoldarla, envolverla, etiquetar y guardar.
TIEMPO DE CONSERVACIÓN: 2 meses
CÓMO DESCONGELAR: cubrir la misma tartera con papel de cocina, acomodar la tarta y descongelar en *"Calentar".* Dejar reposar de 4 a 5´ y servir.

LO QUE USTED NO PUEDE DEJAR DE SABER

El freezer y el microondas son las dos ayudas tecnológicas más avanzadas para la mujer de hoy. El intenso frío del freezer (18 a 30°C bajo cero) produce en los alimentos un bloqueo de la actividad microorgánica y enzimática sin que pierdan su sabor y textura.

Tarta de la Toscana

PORCIONES: 8   TIEMPO DE PREPARACIÓN: 18'   TIEMPO DE COCCIÓN: 28'

INGREDIENTES

Harina 000, *300 g*
Manteca, *150 g*
Sal, *1 cucharadita*
Agua, *130 cc*
Mostaza,
1 cucharadita
Berenjenas, *3*
Aceite de oliva,
cantidad necesaria
Tomate *concassé,*
1 taza
Anchoas, *4*
Aceitunas negras,
50 g
Mozzarella, *150 g*
Huevos, *3*
Leche, *250 cc*
Queso parmesano
rallado, *3 cucharadas*
Sal y pimienta,
a gusto
Hojas de albahaca,
8 a 10

◆ Procesar la harina con la manteca y la sal para obtener un granulado, añadir lentamente el agua a medida que se procesa para conseguir un bollo de masa tierno. ◆ Dejarlo descansar tapado en la heladera durante 20', luego estirar la masa y tapizar una tartera de 24 a 26 cm de diámetro, enmantecada o rociada con spray vegetal y espolvoreada con pan rallado. Llevar a la heladera por lo menos 15'. ◆ Pincelar el fondo de la masa con la mostaza y cocinar en *"Hornear", Nivel de potencia 60,* durante 10'. ◆ Pelar las berenjenas y cortarlas en rodajas finas. Calentar la bandeja doradora en *"Máximo", Nivel de potencia 100,* durante 9', pincelarla con aceite. Secar las berenjenas con papel de cocina y cocinarlas sobre la bandeja en *"Máximo", Nivel de potencia 100,* durante 1' de cada lado. ◆ Acomodar las berenjenas cocidas dentro de la tarta, alternando con el tomate, las anchoas picadas, las aceitunas fileteadas y la *mozzarella* cortada en cubitos. Batir ligeramente los huevos con la leche, el queso rallado, poca sal, un toque de pimienta y la albahaca. ◆ Verter dentro de la tarta y cocinar en la rejilla baja en grill y microondas en "Calentar", Nivel de potencia 80, de 12 a 14' o en grill y *"Máximo", Nivel de potencia 100,* durante 8 a 10'. Dejar reposar 5 minutos.

CÓMO CONGELAR: dejar enfriar y en congelación abierta, desmoldarla cuando esté bien firme, envolverla en papel film y embolsarla.

TIEMPO DE CONSERVACIÓN: 2 meses

CÓMO DESCONGELAR: dentro de la misma tartera en grill y microondas en *"Calentar"*.

LO QUE USTED NO PUEDE DEJAR DE SABER

Cuando se preparan tartas rellenas, sean éstas dulces o saladas, debe precocinarse primero la masa sola, luego rellenarlas y proseguir la cocción. Si se cocinan junto con el relleno, la masa puede resultar cruda.

Tarta cremosa de zapallitos

INGREDIENTES

Disco de pascualina, 1
Zapallitos, 1/2 kilo
Cebolla de verdeo, 1
Huevos, 3
Aceite, 1/2 taza
(tamaño desayuno)
Sal, pimienta y nuez
moscada, a gusto
Queso rallado,
1/2 taza
Mostaza,
1/2 cucharada
Queso y pan rallado,
4 cucharadas
Manteca, 20 g

◆ Enmantecar ligeramente un molde para tarta, espolvorear con pan rallado, colocar el disco de masa y pinchar el fondo de la masa. ◆ Colocar en microondas en *"Hornear", Nivel de potencia 60*, durante 10'. ◆ Dejar pasar el calor fuerte, desmoldar y dar vuelta la masa, es decir apoyarla sobre sus mismos bordes. ◆ Llevar a microondas en *"Máximo", Nivel de potencia 100*, durante 3'. Otra forma de cocinar la tarta es directamente sobre la rejilla baja en grill y microondas en *"Hervir lento", Nivel de potencia 50*, durante 10' ◆ Cortar los zapallitos en cubos y colocarlos en un recipiente tapado o en una bolsa con 1/2 pocillo de agua y sal. Colocar en el microondas en *"Máximo", Nivel de potencia 100*, durante 7'. ◆ En la mitad de la cocción, darlos vuelta. Luego, escurrirlos y colocarlos en el vaso de la licuadora con la cebolla cortada y los huevos, licuar y agregar lentamente el aceite como si se estuviera haciendo mayonesa. Condimentar con sal, pimienta, nuez moscada y el queso rallado. ◆ Untar el fondo de la masa con mostaza. Verter la preparación y espolvorear con el pan rallado y el queso, rociar con la manteca fundida y cocinar en *"Hornear", Nivel de potencia 60*, y grill durante 15'. Dejar reposar 5'.

Nota

En la misma forma que se prepara la tarta cremosa de zapallitos, se puede realizar tarta de bróccoli o de coliflor.

CÓMO CONGELAR: colocar la tarta fría destapada en el freezer 1 o 2 horas. Cuando esté bien firme, desmoldarla y envolverla en papel film. Luego, colocar en una bolsa para freezer, cerrarla y etiquetar.
TIEMPO DE CONSERVACIÓN: 2 meses
CÓMO DESCONGELAR: acomodar la tarta en la tartera, cuya base debe estar cubierta con papel absorbente para sacar la humedad de la masa. Descongelar en *"Calentar"* y dejar reposar 5'.

LO QUE USTED NO PUEDE DEJAR DE SABER

Los discos de pascualina comprados se pueden congelar dejándolos en el envase original, enrollarlos y colocarlos en bolsa para freezer o en el mismo envase sin enrollar, envuelto en papel metalizado; etiquetar. El tiempo de conservación es de 2 a 3 meses. Para descongelar, dejar a temperatura ambiente o en *"Descongelar", Nivel de potencia 30*, de 2 a 3'.

Tarta de zanahorias y arvejas

PORCIONES: 6   TIEMPO DE PREPARACIÓN: 15'   TIEMPO DE COCCIÓN: 30 A 35'

INGREDIENTES

Disco de pascualina, *1*
Cebolla, *1*
Aceite, *1 cucharada*
Zanahorias, *600 g*
Sal, pimienta y nuez
moscada, *a gusto*
Crema de leche,
100 g
Cubo de caldo
de carne, *1*
Huevos, *3*
Queso rallado,
3 cucharadas
Arvejas cocidas,
1 taza
Huevos duros, *2*

◆ Untar ligeramente con manteca o aceite un molde de tarta, espolvorearla con semolín o pan rallado, tapizarlo con la masa y pinchar la base de la masa. ◆ Colocar en el microondas sobre la rejilla baja y cocinar en grill y microondas en *"Hervir lento", Nivel de potencia 50,* durante 15'. ◆ Picar la cebolla, colocarla en un recipiente con el aceite y tapar. Cocinar en el microondas en *"Rehogar", Nivel de potencia 90,* durante 3 minutos. ◆ Agregar las zanahorias peladas y ralladas con rallador de verduras o procesadora y tapar. ◆ Colocar en el microondas en *"Guisar", Nivel de potencia 70,* durante 10'. ◆ En la mitad de la cocción, revolver, condimentar con sal, pimienta y nuez moscada, y añadir la crema y el cubo de caldo. Tapar. Proseguir la cocción en el microondas en *"Guisar", Nivel de potencia 70,* durante 3'. ◆ Agregar los huevos ligeramente batidos, el queso y, si se desea, las arvejas frescas cocidas o arvejas de lata. Acomodar dentro de la masa cocida en el molde. ◆ Colocar en el microondas en *"Hornear", Nivel de potencia 60,* durante 18 minutos. ◆ Espolvorear con los dos huevos duros rallados.

CÓMO CONGELAR: seguir las indicaciones de la tarta cremosa de zapallitos o cortar la tarta en porciones y envolver en forma individual con papel film. Acomodar en recipiente rígido.
TIEMPO DE CONSERVACIÓN: 2 meses
CÓMO DESCONGELAR: con el mismo papel film en *"Calentar".*

LO QUE USTED NO PUEDE DEJAR DE SABER
Es muy importante respetar los tiempos de reposo de todos los alimentos que se cocinan en microondas ya que la fricción molecular, es decir, la cocción, prosigue unos minutos después de haber retirado el alimento del microondas.

Vegetales

VEGETALES

• El microondas y el freezer son dos elementos que nos permiten conservar vegetales durante todo el año sin depender de las estaciones.

• Los vegetales en general deben pasar por un proceso de blanqueado antes de congelarlos.

• El blanqueado es una cocción corta que inactiva las enzimas y hace que los vegetales no pierdan su color, su sabor ni sus valores nutritivos.

• Los vegetales se cocinan pocos minutos, pues deben mantenerse turgentes, luego se filtran y se sumergen en un baño de María inverso, es decir en agua helada, el doble del tiempo que estuvieron en cocción.

• Para congelarlos hay que escurrirlos y secarlos muy bien, luego se envasan en recipientes rígidos o bolsas para freezer.

TABLA DE BLANQUEADO Y CONGELACIÓN DE VEGETALES

Vegetales	Blanqueado	Envasado	Cómo descongelar	Tiempo de conservación
Acelga o espinaca 500 gramos	Cocinar las hojas en bolsa con el agua del lavado durante 3´ en "Máximo", Nivel de potencia 100. Enfriar 6´ en agua con hielo.	Secar bien, envasar en bolsa.	Cocinarlas de 5 a 6´ en "Máximo", Nivel de potencia 100.	10 a 12 meses
Alcauciles	Enteros, o los corazones. Se blanquean con jugo de limón o ácido ascórbico (1 cucharadita) de 7 a 8´.	Guardar en bolsas, los corazones en recipientes rígidos separados por papel.	Cocinar durante 5 a 6´ en "Máximo", Nivel de potencia 100.	6 meses
Arvejas peladas, 500 gramos	Lavar y poner en un bol con 50 cc de agua. Tapar y cocinar en "Máximo", Nivel de potencia 100, de 2 a 5´. Enfriar de 4 a 10´ en agua con cubitos.	Congelar al descubierto hasta solidificar. Embolsar.	Cocinar en un bol con tapa de 6 a 9´ en "Máximo", Nivel de potencia 100.	12 meses

Vegetales	Blanqueado	Envasado	Cómo descongelar	Tiempo de conservación
Berenjenas, 500 gramos	Lavar y cortar en rodajas de 2 cm de espesor. Cocinar en bol tapado con 50 cc de agua durante 4´ en "Máximo", Nivel de potencia 100. Enfriar en agua con hielo. Escurrir y secar.	Envasar en recipientes rígidos intercalando entre capa y capa papel separador.	Para servirlas frías en la heladera o cocinar en un bol tapado de 5 a 7´, en "Máximo" Nivel de potencia 100.	12 meses
Brócoli, 500 gramos	Separar las florcitas, lavar y cocinar 3´ en "Máximo", Nivel de potencia 100, en un bol tapado. Enfriar 6´ en agua con hielo. Escurrir y secar.	Envasar en un recipiente con tapa.	En "Máximo", Nivel de potencia 100, de 5 a 7´.	12 meses
Cebolla, 500 gramos	Picarla.	Embolsar formando ladrillos de 1 cm de espesor.	En un bol con manteca o aceite, cocinar en "Máximo", Nivel de potencia 100, de 4 a 6´.	3 meses
Coliflor, 500 gramos	Separar en ramitas, lavar, cocinar en un bol con 50 cc de agua de 3 a 5´ en "Máximo", Nivel de potencia 100. Enfriar de 6 a 10´ en agua con hielo. Escurrir y secar.	En bolsas.	En la bolsa de 6 a 8´ en "Máximo", Nivel de potencia 100.	6 meses

Vegetales	Blanqueado	Envasado	Cómo descongelar	Tiempo de conservación
Espárragos, 500 g	Cortar el tronco duro, pelar y lavar. Cocinar de 3 a 5´ en "Máximo", Nivel de potencia 100, en un recipiente rectangular, superponiendo las puntas en el centro. Enfriar de 6 a 10´ en agua con hielo. Escurrir y secar.	En bolsas o recipientes con tapa.	En un bol tapado, de 5 a 7´ en "Máximo", Nivel de potencia 100.	9 meses
Pimiento rojo y verde	Congelar cortados al medio, en tiras o picados. No se cocinan.	En bolsas o recipientes con tapa.	Cocinar en un bol tapado con manteca o aceite de 4 a 6´ en "Máximo", Nivel de potencia 100.	10 meses
Remolachas, 500 gramos	Lavar y cocinar sin pelar en un bol tapado con 100 cc de agua de 7 a 10´ en "Máximo", Nivel de potencia 100, hasta que estén tiernas. Enfriar y pelar.	En recipientes con tapa.	Cocinar en un bol tapado en "Máximo", Nivel de potencia 100, de 8 a 12´.	6 meses

Vegetales	Blanqueado	Envasado	Cómo descongelar	Tiempo de conservación
Repollitos de Bruselas, 500 gramos	Cortar las hojas amarillas y poner en un bol con 50 cc de agua de 3 a 4´ en "Máximo", Nivel de potencia 100. Enfriar de 6 a 8´en agua con hielo.	En bolsas.	Descongelar en la bolsa de 5 a 8´ en "Máximo", Nivel de potencia 100.	12 meses
Zanahorias, 500 gramos	Pelar y cortar en rodajas. Cocinar en un bol tapado con 50 cc de agua de 3 a 5´ en "Máximo", Nivel de potencia 100. Enfriar.	En recipientes con tapa o en bolsas.	En un recipiente con tapa o en la bolsa de 6 a 9´ en "Máximo", Nivel de potencia 100.	12 meses

Caponata

PORCIONES: 5   TIEMPO DE PREPARACIÓN: 15´   TIEMPO DE COCCIÓN: 14´

INGREDIENTES

Cebollas, *2*
Aceite de oliva,
1 cucharada
Blanco de apio,
2 tronquitos
Dientes de ajo, *2*
Berenjenas, *1 kilo*
Tomate cubeteado,
1 taza
Sal y pimienta,
a gusto
Azúcar, *1 cucharadita*
Aceitunas negras
y verdes, *100 g*
Anchoas saladas, *4*
Vinagre de manzana,
2 cucharadas
Caldo o agua,
cantidad necesaria

◆ Picar las cebollas y colocarlas en un recipiente donde se puedan cocinar todos los ingredientes. ◆ Agregar el aceite, el apio cortado en rodajas bien finas y los ajos fileteados, tapar y cocinar en *"Rehogar", Nivel de potencia 90,* durante 5´, revolviendo en la mitad de la cocción. ◆ Pelar las berenjenas y cortarlas en cubitos, añadirlas a las cebollas, tapar y cocinar en *"Máximo", Nivel de potencia 100,* durante 3´, revolviendo cada minuto y medio. Incorporar el tomate y condimentar con muy poca sal, pimienta negra de molinillo y el azúcar. Agregar las aceitunas descarozadas, las anchoas picadas, el vinagre y 4 o 5 cucharadas. de caldo o agua. Cocinar en *"Guisar", Nivel de potencia 70,* durante 6 minutos, revolviendo 2 veces durante la cocción. Dejar reposar 5 minutos. ◆ Servir la *Caponata* en cazuelitas o sobre tostadas espolvoreadas con hojas de albahaca. ◆ Se puede servir tibia o fría.

CÓMO CONGELAR: en recipiente rígido.
TIEMPO DE CONSERVACIÓN: 3 meses
CÓMO DESCONGELAR: en *"Descongelar"* y luego en *"Calentar"* si se desea servirla tibia o pasarla a heladera el día anterior y terminar de descongelar a temperatura ambiente.

 LO QUE USTED NO PUEDE DEJAR DE SABER

Si se va a preparar este u otro plato para luego directamente congelarlo, aconsejo bajar 1 minuto a 1 y 1/2 minuto cada uno de los tiempos de cocción. Recordar que el intenso frío ablanda los alimentos igual que el descongelamiento.

Budín agridulce de zanahorias

PORCIONES: 5   **TIEMPO DE PREPARACIÓN:** 15′   **TIEMPO DE COCCIÓN:** 30′

INGREDIENTES

Zanahorias, *750 g*
Cebolla, *1*
Aceite de oliva,
1 cucharada
Huevos, *4*
Queso parmesano,
4 cucharadas
Leche, *100 cc*
Harina leudante,
3 cucharadas
Sal, pimienta y nuez
moscada, *a gusto*

CARAMELO
Azúcar, *150 g*
Agua, *5 cucharadas*
Jugo de limón,
1 cucharada

◆ Pelar las zanahorias y la cebolla, cortarlas en rodajas, colocarlas en una bolsa para microondas o en un recipiente, condimentar con sal y agregar 1/2 vaso de agua. ◆ Cocinar en microondas en *"Máximo", Nivel de potencia 100,* durante 10 minutos. ◆ Mover en la mitad de la cocción, dejar reposar 2 o 3 minutos. ◆ Cuando los vegetales estén cocidos, escurrirlos y colocarlos en la procesadora con el aceite, los huevos, el queso, la leche y la harina. Condimentar con sal, pimienta de molinillo y nuez moscada. procesar y verter en una budinera acaramelada. ◆ Cocinar en microondas a *Nivel de potencia 40* durante 8′ y en *"Máximo", Nivel de potencia 100,* durante 12′. ◆ Dejar reposar de 5 a 6 minutos y desmoldar.

CARAMELO

◆ Colocar el azúcar en un bol, remojado con el agua y el jugo de limón. Cocinar en microondas en *"Máximo", Nivel de potencia 100,* entre 6 y 7′. ◆ A los 4 minutos, verificar la cocción y cuando falte 1 minuto para finalizar, controlar cada 20 o 30 segundos. Dejar reposar de 3 a 4′ y hacer deslizar el caramelo por la budinera. Dejar enfriar antes de verter la preparación.

CÓMO CONGELAR: se puede congelar el budín entero pero es más práctico cortarlo en porciones y envolverlas en forma individual en papel adherente. Colocar en freezer y cuando estén rígidos, embolsarlos y etiquetar.

TIEMPO DE CONSERVACIÓN: 3 a 4 meses

CÓMO DESCONGELAR: colocar las porciones en el plato sin el papel, cocinarlas de 6 a 7 minutos en potencia 80%.

 LO QUE USTED NO PUEDE DEJAR DE SABER

Si los alimentos no se envasan correctamente para congelarlos, perderán la humedad y cambiarán su aspecto y su sabor. Por ese motivo se aconseja, siempre que sea posible, envolver el alimento en papel film adherente, que tiene la propiedad de eliminar el aire, y luego embolsar o envolver en papel metalizado. Estos envoltorios deben ser resistentes a muy bajas temperaturas para evitar que se rompan.

Cazuela de lentejas a la vizcaína

PORCIONES: 5   TIEMPO DE PREPARACIÓN: 12'   TIEMPO DE COCCIÓN: 30'

INGREDIENTES

Lentejas, *2 tazas*
Agua, *4 tazas*
Cebolla, *1*
Ají rojo, *1*
Dientes de ajo, *2*
Aceite, *3 cucharadas*
Panceta ahumada, *150 g*
Tomate triturado, *2 tazas*
Sal, pimienta y orégano, *a gusto*
Chorizo colorado, *1*

◆ Remojar las lentejas en un bol cubiertas con el agua durante 3 horas por lo menos. Taparlas. Cocinar en la misma agua del remojo 7' a *Nivel de potencia 100.* Revolver en la mitad de la cocción.
◆ Picar la cebolla, el ají y los dientes de ajo, colocar en una cazuela con el aceite. ◆ Cocinar en *"Rehogar", Nivel de potencia 90,* durante 4 minutos, revolviendo en la mitad de la cocción. ◆ Agregar la panceta cortada en tiritas y el tomate, condimentar con sal, pimienta y el orégano. Si se desea se puede añadir una pizca de azúcar. Tapar. Cocinar 6' en *"Guisar", Nivel de potencia 70,* durante 6 minutos, revolviendo en la mitad de la cocción. ◆ Incorporar el chorizo cortado en rodajas y las lentejas escurridas, añadir media taza de agua de remojo de las lentejas y tapar. Cocinar 12' en *"Guisar", Nivel de potencia 70,* revolver en la mitad de la cocción. ◆ Dejar reposar 5 minutos y servir espolvoreada con perejil picado.

CÓMO CONGELAR: dejar enfriar y acomodar una bolsa en un recipiente, colocar las lentejas, cerrar y etiquetar. Cuando esté congelado, retirar la bolsa del recipiente y mantener en el freezer.

TIEMPO DE CONSERVACIÓN: 6 meses

CÓMO DESCONGELAR: colocar en una cazuela y descongelar tapada en *"Calentar",* moviendo de vez en cuando la preparación.

LO QUE USTED NO PUEDE DEJAR DE SABER

Las legumbres no deben salarse durante el tiempo de remojo ni en la primera cocción con agua para que no se abran y pierdan su cubierta exterior.

Emparedados de berenjenas

INGREDIENTES
Berenjenas, *4*
Sal, *cantidad necesaria*
Cebolla chica, *1*
Puerro, *1*
Aceite de oliva, *2 cucharadas*
Jamón cocido, *100 g*
Queso cuartirolo o *mozzarella, 200 g*
Albahaca, *2 cucharadas*
Salsa de tomate, *250 g*
Aceitunas negras, *50 g*
Queso sardo o similar rallado, *4 cucharadas*

◆ Pelar las berenjenas y cortarlas a lo largo en rodajas de 1 cm de espesor, espolvorearlas con sal dentro de un colador, dejarlas macerar 15', luego lavarlas y secarlas. ◆ Aparte, picar fina la cebolla y cortar el puerro en rodajitas finas. Colocar en un recipiente con 1 cucharada de aceite. Cocinar en *"Rehogar", Nivel de potencia 90*, durante 6', removiendo en la mitad de la cocción. ◆ Acomodar las berenjenas en un recipiente, rociarlas con el resto de aceite de oliva, taparlas y cocinarlas en *"Máximo", Nivel de potencia 100*, durante 6'. ◆ Elegir una tartera, pincelarla con aceite y acomodar la mitad de las berenjenas sin que se superpongan. Distribuir sobre ellas la cebolla y el puerro, el jamón picado, rodajas de queso y hojas de albahaca. Cubrir cada una de ellas con el resto de berenjenas, ajustar ligeramente. Cubrir con la salsa y salpicar con las aceitunas fileteadas y el queso rallado. ◆ Finalizar la cocción colocando la tartera en la rejilla baja en grill y microondas a *Nivel de potencia 80* durante 9'.

CÓMO CONGELAR: antes de cubrir con la salsa, envolver cada emparedado con papel film. Luego, embolsar o acomodar en recipiente rígido o envolver en papel metalizado.
TIEMPO DE CONSERVACIÓN: 3 meses
CÓMO DESCONGELAR: para descongelar, acomodar en una tartera pincelada con aceite, cubrir con la salsa, las aceitunas y el queso y colocar en el microondas en *"Descongelar"* y en *"Hornear", Nivel de potencia 60*, durante 8'.

 LO QUE USTED NO PUEDE DEJAR DE SABER
Cuando se envuelven alimentos con papel metalizado, si se hace con el brillo del papel hacia fuera termina la cocción, y si se deja el brillo del papel hacia adentro mantiene el calor 40 a 45 minutos.

Flan florentino

PORCIONES: 6   **TIEMPO DE PREPARACIÓN:** 12´   **TIEMPO DE COCCIÓN:** 23´

INGREDIENTES

Espinaca, *1 paquete*
Echalottes, *3*
(o 1 cebolla de verdeo)
Manteca, *20 g*
Queso blanco, *200 g*
Miga de pan, *la de 1 pancito*
Crema de leche o leche, *200 g*
Huevos, *4*
Queso parmesano o similar, *4 cucharadas*
Sal, pimienta de molinillo y casis, *a gusto*
Nueces picadas, *4 cucharadas*

◆ Lavar y cortar en trozos las espinacas, picar las *echalottes* o la cebolla de verdeo, colocar en un recipiente con la manteca y tapar. Llevar a microondas en *"Rehogar", Nivel de potencia 90,* durante 7´. ◆ En la mitad de la cocción, remover. Luego, mezclar con el queso blanco. ◆ Remojar la miga de pan en la crema o leche, desmenuzarla bien y agregar a la preparación. Incorporar los huevos ligeramente batidos, el queso y condimentar con sal, pimienta, casis y las nueces. ◆ Verter en una flanera enmantecada y espolvoreada con pan rallado o bizcochos molidos y tapar. Colocar en microondas en *"Baño de María", Nivel de potencia 40,* durante 8´ y luego en *"Máximo", Nivel de potencia 100,* 8 minutos más. ◆ Dejar reposar 5 minutos y desmoldar. Cubrir con salsa de tomate a la albahaca.

Nota

El casis puede reemplazarse por nuez moscada.

SALSA DE TOMATE

Picar fina 1 cebolla, colocar en un recipiente con 1 cucharadita de aceite, tapar y cocinar en microondas en *"Rehogar", Nivel de potencia 90,* durante 4 minutos. En la mitad de la cocción, revolver. Agregar 1 taza de pulpa de tomate, condimentar con sal, pimienta, una pizca de azúcar y 1 cucharada de albahaca picada. Perfumar con 1 cucharada de vermut, tapar y llevar a microondas en *"Máximo", Nivel de potencia 100,* durante 3´.

CÓMO CONGELAR: se puede congelar envuelto en papel film y luego metalizado o cortar en 6 porciones y envolverlas en forma individual, congelarlas y guardarlas en bolsa.
TIEMPO DE CONSERVACIÓN: 3 a 4 meses
CÓMO DESCONGELAR: retirar el papel film, ubicar en la misma flanera, cubrir y colocar en "Calentar". Si se cortó en porciones, con el mismo papel film, descongelar 5 o 6´ en "Calentar".

 LO QUE USTED NO PUEDE DEJAR DE SABER

Cómo adaptar las recetas tradicionales y poder cocinarlas en microondas:
Reducir el tiempo de cocción a 1/4 parte de lo que indica la receta convencional, por ejemplo, la receta indica 1 hora, en microondas será 15´.
Cuando las cantidades se duplican, el tiempo de cocción se duplica restándole 1/4 parte del tiempo, por ejemplo: 500 gramos se cocinaban en 10´, 1 kilo se cocinará en 15´.
Recordar también reducir los líquidos 1/4 parte de lo que contenga la receta original, si llevaba 1 litro, en microondas llevará 750 cc.

Gratín de humita superexpress

PORCIONES: 5   TIEMPO DE PREPARACIÓN: 12'   TIEMPO DE COCCIÓN: 12'

INGREDIENTES

Cebolla blanca, *1*
Cebollas de verdeo, *2*
Aceite de oliva,
2 cucharadas
Tomate triturado,
1 taza
Calabaza cortada en
cubitos, *2 tazas*
Sal, pimienta, azúcar
y comino, *a gusto*
Choclo cremoso,
1 lata
Choclo entero,
1 lata
Crema de leche,
150 cc
Queso rallado, *100 g*

◆ Picar la cebolla blanca y cortar en rodajitas las cebollas de verdeo, colocarlas en una tartera térmica con el aceite, tapar y cocinar 6' en *"Rehogar", Nivel de potencia 90,* moviendo las cebollas en la mitad de la cocción. ◆ Agregar el tomate y la calabaza, condimentar con sal, pimienta de molinillo, 1 cucharadita de azúcar y 1/2 de cucharadita de comino. Tapar y cocinar en *"Guisar", Nivel de potencia 70,* durante 6', moviendo la preparación a los 3 minutos. ◆ Incorporar el choclo cremoso y el choclo entero escurridos, la crema mezclada con la mitad del queso, espolvorear con el resto de queso y cocinar en la rejilla baja en grill y en *"Guisar", Nivel de potencia 70,* durante 6' más. ◆ Dejar reposar 5'.

CÓMO CONGELAR: antes de agregar la crema y el queso. Congelar en la misma tartera, cuando esté rígida, desmoldar y guardar en bolsa o envolver en papel film y papel metalizado.

TIEMPO DE CONSERVACIÓN: 3 meses

CÓMO DESCONGELAR: acomodar en la misma tartera en *"Descongelar",* cuando se haya conseguido ese punto, mezclar con la crema y la mitad del queso, espolvorear con el resto de queso y cocinar en la rejilla baja en grill y en *"Máximo", Nivel de potencia 100,* durante 6'. Dejar reposar 5'.

 LO QUE USTED NO PUEDE DEJAR DE SABER

No se puede volver a congelar un alimento que ya fue descongelado, salvo si cambia de estado, es decir, si se descongeló una comida cruda, se puede volver a congelar después de cocida.

Pastel de papas, hongos y tomates secos

PORCIONES: 5 | TIEMPO DE PREPARACIÓN: 20' | TIEMPO DE COCCIÓN: 22'

INGREDIENTES

Papas medianas, 5
Tomates secos, 8 a 10
Hongos portobello, 200 g
Sal y pimienta, a gusto
Tomillo, 1 cucharada
Crema de leche, 250 cc
Huevos, 3
Queso sardo rallado, 4 cucharadas

◆ Pelar las papas y cortarlas muy finas, se puede utilizar la mandolina o un cuchillo filoso. Hidratar los tomates y cortarlos en tiras, cortar también los hongos. ◆ Pincelar con aceite o manteca una tartera de 22 cm de diámetro, acomodar una capa de papas, algunos tomates y hongos, condimentar con sal, pimienta y tomillo. Repetir papas, tomates, hongos y condimento hasta finalizar. ◆ Batir la crema con los huevos y el queso, condimentar con poca sal, un toque de pimienta y tomillo. ◆ Verter sobre la preparación, abriendo un poco las papas para que el batido se deslice entre los ingredientes. Colocar en la parrilla baja y cocinar tapado en *"Hornear"*, *Nivel de potencia 60*, durante 18'. Agregar grill, destapar y cocinar en *"Máximo"*, *Nivel de potencia 100*, durante 4' más. Dejar reposar 6'.

CÓMO CONGELAR: se puede desmoldar, colocar en el freezer tapado hasta que tome rigidez y embolsar. Etiquetar y guardar.

TIEMPO DE CONSERVACIÓN: 2 meses

CÓMO DESCONGELAR: tapado en *"Calentar"* dentro de la misma tartera.

LO QUE USTED NO PUEDE DEJAR DE SABER

Este pastel se puede precocinar tapado 6' en *"Máximo"*, *Nivel de potencia 100*, antes de cubrir con la crema, los huevos y el queso. Luego, cubrir con la crema y huevos y cocinar destapado en *"Hornear"*, *Nivel de potencia 60*, y grill durante 10 a 12'. En esa forma, se reducen los tiempos de cocción.

Papas a la crema

INGREDIENTES

Papas medianas, 6
Cebolla, 1
Sal y pimienta,
a gusto
Hierbas aromáticas
(salvia, perejil,
estragón),
1 cucharada
Crema de leche,
200 g
Harina, *1 cucharadita*
Queso *gruyère*
rallado, *3 cucharadas*

◆ Pelar las papas y la cebolla y cortarlas en rodajas más bien finas. Colocarlas en un recipiente cubiertas apenas con agua. Condimentar con sal, tapar y cocinar en *"Máximo", Nivel de potencia 100,* durante 8´. ◆ Luego, escurrirlas y acomodarlas en una fuente. Condimentar la crema con sal, pimienta, las hierbas y agregar la harina y el queso. Verter sobre las papas. ◆ Cocinar en el microondas a temperatura *"Hornear", Nivel de potencia 60,* durante 7´ y sobre la rejilla alta en grill 7´ más hasta dorar.

Nota

Esta preparación de papas es la guarnición clásica del lomo a la pimienta.

CÓMO CONGELAR: en la misma fuente tapada con papel aluminio. Cuando esté congelado, desmoldar sobre el mismo papel y colocar en bolsa.

TIEMPO DE CONSERVACIÓN: 3 meses

CÓMO DESCONGELAR: acomodar en la misma fuente, tapar y en *"Calentar"* de 8 a 10´.

LO QUE USTED NO PUEDE DEJAR DE SABER

Para tener siempre a mano hierbas aromáticas: colocar en el freezer en congelación abierta, ramitas de perejil, de salvia o de estragón. Cuando estén bien duras, triturar las hojas con las manos, desechar los troncos y guardar las hojas por porciones en paquetitos de papel metalizado y luego embolsarlas.

Rösti

INGREDIENTES

Papas grandes, *5*
Sal y pimienta
blanca, *a gusto*
Cebolla chica, *1*
Manteca, *50 g*
Panceta ahumada
en un trozo, *100 g*

◆ Lavar las papas, pincharlas y colocarlas en una bolsa, pinchar la bolsa y cocinar en *"Máximo", Nivel de potencia 100,* durante 12´, moviéndolas 2 veces durante la cocción. Dejarlas reposar de 6 a 7´. Pelarlas y dejarlas enfriar, luego rallarlas con rallador grueso de verdura, condimentarlas con sal y pimienta. ◆ Aparte, rallar o picar muy fina la cebolla, colocarla en un recipiente con la mitad de la manteca, agregar la panceta picada. Tapar y cocinar 3´ en *"Rehogar", Nivel de potencia 90,* moviendo la preparación en la mitad de la cocción. Mezclar con las papas ralladas tratando de no deshacerlas. ◆ Calentar la bandeja doradora 8´ en *"Máximo", Nivel de potencia 100,* pincelarla con el resto de manteca y acomodar la preparación en 5 porciones, aplanarlas con el revés de una cuchara dándoles forma redondeada. ◆ Cocinar en *"Máximo", Nivel de potencia 100,* durante 2 y 1/2 minutos, dar vuelta las tortillas y cocinar otros 2 y 1/2 minutos. ◆ Deben resultar doradas de ambos lados.

CÓMO CONGELAR: superpuestas con separadores de papel en recipiente rígido.
TIEMPO DE CONSERVACIÓN: 1 mes
CÓMO DESCONGELAR: en *"Calentar".*

LO QUE USTED NO PUEDE DEJAR DE SABER

Para poder rallar las papas sin correr el riesgo de que se forme un puré, es conveniente cocinarlas, dejar que se entibien, luego envolverlas en papel metalizado y por último colocarlas por lo menos 2 horas en el freezer.

Musaka de berenjenas

INGREDIENTES

Cebolla grande, *1*
Aceite,
3 cucharadas
Carne picada, *600 g*
Tomate triturado,
1/2 taza
Dientes de ajo, *3*
Sal, pimienta y
menta, *a gusto*
Berenjenas, *4*
Salsa bechamel
para salsear, *2 tazas*
(véase pág. 175)
Queso rallado,
3 cucharadas
Manteca,
1/2 cucharada

◆ Picar la cebolla muy fina o rallarla, colocarla en un recipiente con la mitad del aceite y la carne. Tapar y cocinar en *"Máximo"*, *Nivel de potencia 100*, durante 6´, revolviendo cada 2 minutos la preparación. ◆ Agregar el tomate, los dientes de ajo picados a crema y condimentar con sal, pimienta negra y si lo desea con 2 o 3 hojas de menta picadas. Tapar y cocinar en *"Guisar"*, *Nivel de potencia 70*, durante 4´. Remover en la mitad de la cocción. ◆ Pelar las berenjenas y cortarlas a lo largo en rodajas finas, acomodarlas en un colador espolvoreadas con sal, dejarlas macerar 10´. Luego, lavarlas y secarlas bien, colocarlas sin superponer en una fuente pincelada con aceite, taparlas y cocinarlas en *"Máximo"*, *Nivel de potencia 100*, durante 4´, dándolas vuelta a los 2 minutos. Repetir hasta cocinar todas las berenjenas. ◆ Armar la *musaka* colocando en una tartera aceitada una capa de berenjenas, distribuir encima el picadillo de carne, repetir berenjenas y picadillo hasta finalizar los ingredientes. Cubrir con la salsa bechamel, espolvorear con el queso y rociar con la manteca fundida. Colocar en el estante bajo y cocinar en *"Hornear"*, *Nivel de potencia 60* y grill durante 12´.

CÓMO CONGELAR: tapar ligeramente la tartera y congelar, cuando esté bien firme, desmoldar sobre papel film y luego papel de aluminio.

TIEMPO DE CONSERVACIÓN: 2 meses

CÓMO DESCONGELAR: retirar el papel y colocar en la misma tartera, tapar y descongelar en *"Calentar"*.

 LO QUE USTED NO PUEDE DEJAR DE SABER

Las berenjenas se pueden precocinar en la bandeja doradora. Para esto, macerarlas con la sal, lavarlas y secarlas muy bien. Luego, calentar la bandeja doradora 8´ en *"Máximo"*, *Nivel de potencia 100*, pincelar con aceite la bandeja y apoyar una capa de berenjenas. Cocinar en *"Máximo"*, *Nivel de potencia 100*, de 1 a 1 y 1/2 minuto de cada lado. Para cocinar otra capa de berenjenas, calentar previamente la bandeja 2 o 3 minutos más.

Ragout de Bruselas, puerros y panceta

PORCIONES: 4 A 5   TIEMPO DE PREPARACIÓN: 18´   TIEMPO DE COCCIÓN: 26´

INGREDIENTES

Repollitos de Bruselas, *750 g*

Sal, *a gusto*

Puerros, *500 g*

Aceite de oliva, *2 cucharadas*

Panceta ahumada en un trozo, *200 g*

Crema de leche, *100 cc*

Pimienta y salvia, *a gusto*

Queso parmesano, *4 cucharadas*

◆ Cortar los cabitos de los repollitos y desechar las primeras hojas, lavarlos y colocarlos en una bolsa o recipiente con 1 taza de agua, cerrar la bolsa dejando una pequeña abertura para que salga el vapor, cocinar en *"Máximo"*, *Nivel de potencia 100*, de 8 a 9´, mezclar en la mitad de la cocción. Dejar reposar 3 o 4 minutos y escurrir, condimentar con sal. ◆ Aparte, cortar en rodajas bien finas los puerros, incluso la parte verde tierna, colocar en un recipiente con el aceite, tapar y cocinar 3´ en *"Rehogar"*, *Nivel de potencia 90*, mezclar en la mitad de la cocción. ◆ Cortar la panceta en tiritas, acomodarla sobre papel de cocina, taparla con papel y desgrasarla en *"Máximo"*, *Nivel de potencia 100*, durante 3 a 4´. Colocar la panceta con los puerros y agregar los repollitos, tapar y cocinar en *"Guisar"*, *Nivel de potencia 70*, durante 6´, mezclar a los 3 minutos. Acomodar en 4 o 5 cazuelitas individuales. ◆ Condimentar la crema con sal, pimienta, 1 cucharadita de salvia y el queso rallado. Verter sobre la preparación, mezclar, cocinar en grill durante 6 a 7´ y servir.

CÓMO CONGELAR: en el mismo recipiente, desmoldar sobre papel film y luego envolver en papel metalizado.

TIEMPO DE CONSERVACIÓN: 3 meses

CÓMO DESCONGELAR: en *"Calentar"* dentro del mismo recipiente.

 LO QUE USTED NO PUEDE DEJAR DE SABER

Si se congelan repollitos, coliflor o brócoli sólo blanqueados (es decir precocidos en agua hirviente y luego sumergidos en agua helada), secos y embolsados, los tiempos de conservación son más largos que cocidos con otros elementos, por ejemplo los repollitos pueden llegar a conservarse hasta 10 a 12 meses.

Terrina de espárragos

INGREDIENTES

Espárragos, *400 g*

Echalottes, 4

Manteca, *30 g*

Aceite de maíz,
1 cucharada

Crema de leche,
150 cc

Sal, pimenta y macís
o nuez moscada,
a gusto

Queso blanco, *200 g*

Queso parmesano
rallado, *100 g*

Huevos, *3*

◆ Limpiar los espárragos desechando las partes duras, acomodarlas en una tartera superponiendo las puntas en el centro y dejando las partes gruesas en el reborde del molde, agregar una taza de agua, sal y cubrir con papel film. Cocinar en *"Máximo"*, *Nivel de Potencia 100*, durante 7′. ◆ Picar las *echalottes* y colocarlas en un recipiente con la manteca y el aceite, tapar y cocinar en *"Rehogar"*, *Nivel de Potencia 90*, durante 3′, revolviendo en la mitad de la cocción. ◆ Procesar las 3/4 partes de los espárragos con las echalottes y la crema. Condimentar con sal, pimienta blanca o verde y nuez moscada o macís. Agregar el queso blanco, el queso rallado y los huevos, mezclar y distribuir en 5 moldes individuales enmantecados y espolvoreados con pan rallado, taparlos y acomodarlos en forma circular. ◆ Cocinar a *"Baño de María"*, *Nivel de Potencia 50*, durante 15′ y en *"Máximo"*, *Nivel de Potencia 100*, durante 4′ más. ◆ Dejar reposar 5′ y desmoldar. Decorar los platos con el resto de los espárragos y salsear con mayonesa aligerada con jugo de pomelo rosado.

CÓMO CONGELAR: en los moldes hasta que tomen rigidez, luego desmoldar y envolverlas en forma individual en papel film y embolsarlas.

TIEMPO DE CONSERVACIÓN: 3 meses

CÓMO DESCONGELAR: colocarlos en los mismos moldes en *"Calentar".*

LO QUE USTED NO PUEDE DEJAR DE SABER

Cuando los recipientes se tapan con papel film o adherete se deben realizar pequeñas perforaciones para que pueda salir el vapor de los alimentos.

Papas a la crema de roquefort

PORCIONES: 4   **TIEMPO DE PREPARACIÓN:** 12'   **TIEMPO DE COCCIÓN:** 30'

INGREDIENTES

Papas grandes, *4*
Leche, *2 tazas*
Sal, pimienta y nuez
moscada, *a gusto*
Perejil picado,
2 cucharadas
Aceite, *1/2 cucharada*
Cebolla mediana, *1*
Queso roquefort,
150 g
Crema de leche,
100 g
Queso rallado,
2 cucharadas

◆ Pelar las papas y cortarlas en rodajas de 1/2 cm de espesor. Condimentar la leche con poca sal, pimienta y nuez moscada. ◆ Aceitar una fuente de horno, acomodar una capa de papas rociar con leche, distribuir una parte de la cebolla cortada en rodajas muy finas, espolvorear con perejil. Repetir una capa de papas, perejil, leche y cebolla hasta terminar, cubriendo finalmente con leche y tapar. Colocar en el microondas en *"Máximo"*, *Nivel de potencia 100*, durante 15 minutos. ◆ En la mitad de la cocción, mover las papas con cuidado, llevar las de los bordes al centro. Luego, pisar el roquefort y mezclar con la crema de leche y el queso rallado. Verter sobre la preparación y tapar. ◆ Colocar en microondas en *"Guisar"*, *Nivel de potencia 70*, y grill durante 15 minutos. ◆ Dejar reposar 5 minutos.

SUGERENCIAS

El queso roquefort puede ser suplantado por queso fundido fontina.
Esta preparación puede emplearse como plato caliente de entrada o como guarnición para acompañar platos de carne o ave.

CÓMO CONGELAR: de la misma forma que las papas a la crema (véase pág. 80).
TIEMPO DE CONSERVACIÓN: 2 meses
CÓMO DESCONGELAR: en *"Calentar"*.

LO QUE USTED NO PUEDE DEJAR DE SABER
Las papas pueden cocinarse con su piel, bien lavadas; para esto, pincharlas varias veces en su superficie, envolverlas individualmente en papel o colocarlas en bolsa para freezer atada en forma floja, cocinarlas en *"Máximo"*, *Nivel de potencia 100*. Calcular para 4 papas de 10 a 12', moviéndolas en la mitad de la cocción. Dejar que pase el calor fuerte y quitar la piel.

Tortilla de papas a la española

PORCIONES: 6   TIEMPO DE PREPARACIÓN: 12´   TIEMPO DE COCCIÓN: 26 A 28´

INGREDIENTES

Papas, *3/4 kilo*
Cebolla, *1*
Chorizo colorado, *1/2*
Huevos, *5*
Sal, pimienta y
pimentón, *a gusto*
Queso rallado,
2 cucharadas
Aceite y pan rallado,
cantidad necesaria

◆ Pelar y cortar las papas en rodajas finas, colocarlas en un bol con la cebolla picada y cubrir. ◆ Cocinar en microondas en *"Máximo", Nivel de potencia 100* durante 14´. Remover en la mitad de la cocción y agregar el chorizo picado, proseguir la cocción los minutos restantes. ◆ Batir ligeramente los huevos, condimentar con sal, pimienta, 1 cucharadita de pimentón y el queso. ◆ Escurrir la preparación de papas si tuviera jugo y mezclarla muy bien con los huevos. ◆ Aceitar y espolvorear con pan rallado una tartera, distribuir la preparación. Cocinar en microondas en *"Máximo", Nivel de potencia 100* durante 8 minutos. Dejar reposar 2 o 3 minutos. ◆ Para que resulte dorada se la puede cocinar en la rejilla alta en grill y microondas en *"Máximo", Nivel de potencia 100*, de 6 a 7´. ◆ Servirla en la misma tartera o desmoldarla. Si se desea, distribuir encima rodajas finas de tomate, espolvorear con queso rallado, un hilo de aceite y colocar en la parrilla alta en grill durante 5 minutos.

CÓMO CONGELAR: cuando esté bien fría, envolverla en papel film y luego en bolsa o papel metalizado. También se puede congelar cortada en porciones.
TIEMPO DE CONSERVACIÓN: 2 meses
CÓMO DESCONGELAR: sin el papel metalizado en *"Calentar"*, dejar reposar 5´.

 LO QUE USTED NO PUEDE DEJAR DE SABER

Si se desea una tortilla más jugosa, agregar al batido de huevos 3 o 4 cucharadas de leche y acortar la cocción 1 o 2 minutos.

Pudding de berenjenas

PORCIONES: 6   TIEMPO DE PREPARACIÓN: 15′   TIEMPO DE COCCIÓN: 25′

INGREDIENTES

Berenjenas, *1/2 kilo*
Cebolla, *1*
Aceite, *1/2 cucharada*
Ricota, *250 g*
Huevos, *3*
Sal, pimienta y nuez moscada, *a gusto*
Queso *gruyère* rallado o similar, *3 cucharadas*
Sémola fina, *2 cucharadas*
Manzanas Rome, *1*

◆ Pelar las berenjenas y cortarlas en cubos pequeños. Picar la cebolla, mezclar con las berenjenas, colocar todo en un recipiente con aceite y tapar. Llevar a microondas en *"Máximo"*, *Nivel de potencia 100*, durante 7′. ◆ En la mitad de la cocción, dar vuelta y mezclar bien. Incorporar luego la ricota, los huevos ligeramente batidos y condimentar con sal, pimienta y la nuez moscada, agregar el queso y la sémola en forma de lluvia. Por último, añadir la manzana pelada y rallada con rallador de verdura. ◆ Aceitar una budinera y espolvorearla con pan rallado o bizcochos molidos o azúcar. Verter la preparación y tapar. ◆ Colocar en el microondas en *"Baño de María"*, *Nivel de potencia 40*, durante 8 minutos y en *"Máximo"*, *Nivel de potencia 100*, durante 10 minutos rotando la budinera en la mitad de la cocción. ◆ Dejar reposar 5′ y desmoldar. Cubrir con una salsa de tomate si se sirve caliente, o con salsa mayonesa si se sirve frío.

CÓMO CONGELAR: envolver en papel film y después en metalizado.
TIEMPO DE CONSERVACIÓN: 4 meses
CÓMO DESCONGELAR: colocar nuevamente en la budinera y descongelar en *"Calentar".*

LO QUE USTED NO PUEDE DEJAR DE SABER

Cuando el horno no está provisto de bandeja giratoria, se debe rotar el envase en 45° dos o tres veces durante el tiempo de cocción.
Si en cambio tiene bandeja doradora giratoria y el envase es rectangular y toca las paredes del horno al dar vueltas, invertir el plato giratorio para que no gire, esto no perjudica a la cocina.

Carnes

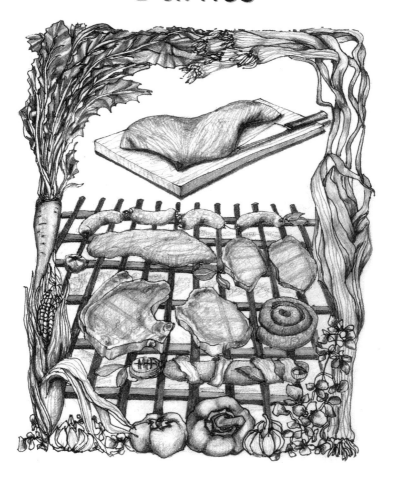

CARNES

• El microondas permite descongelar y cocinar todo tipo de carnes de diversas formas: utilizando la bandeja doradora, el grill o convección; también guisadas combinadas con vegetales, cocidas por hervido o en salsas.

• No se pueden cocinar carnes congeladas, sólo cortes muy finos como milanesas o hamburguesas casi duplicando el tiempo de cocción.

• Es conveniente no salar las carnes al principio de la cocción para evitar que pierdan sus jugos.

• Si se cocina utilizando la bandeja doradora, secar muy bien la carne con papel de cocina.

• Algunas cocinas están provistas de sensor de temperatura, que permite cocinar a una temperatura determinada sin calcular el tiempo de cocción. El sensor debe ubicarse en la parte más gruesa de la carne y esperar que la cocina avise que la carne ha llegado a la temperatura programada.

TABLA DE COCCIÓN DE CARNES POR TIEMPO

	Muy jugosa	Jugosa	A punto	Muy cocida
1 kilo de carne	de 14 a 15', en "Máximo", Nivel de potencia 100	de 16 a 17', en "Máximo", Nivel de potencia 100	de 18 a 19', en "Máximo", Nivel de potencia 100	de 20 a 21', en "Máximo", Nivel de potencia 100

TABLA DE COCCIÓN DE CARNES CON SENSOR

	Muy jugosa	Jugosa	A punto	Muy cocida
1 kilo de carne	64°C, en "Máximo", Nivel de potencia 100	67°C, en "Máximo", Nivel de potencia 100	70°C, en "Máximo", Nivel de potencia 100	75°C, en "Máximo", Nivel de potencia 100

TABLA DE CONGELACIÓN DE CARNES CRUDAS

Carnes	Envasado	Tiempo de conservación
Asado	Cortado del tamaño de la parrilla o asadera sin enrollarlo, envuelto en papel de aluminio recubriendo los huesos, embolsarlo y etiquetar.	8 meses
Carne de caza	Envolver los trozos de dos a tres kilos, aislar los huesos que sobresalgan con papel metalizado y guardar en bolsas o en recipiente rígido. Las enteras se envuelven en varias capas de papel de aluminio y se sobreenvuelven en bolsa.	6 meses

Carnes	Envasado	Tiempo de conservación
Cerdo	Envolver bien apretado en papel de aluminio y luego en bolsa.	4 meses
Cordero	Envolver en papel de aluminio, recubriendo con él los huesos que sobresalgan. Sobreenvolver con papel aluminio, y guardar en bolsas o en recipientes rígidos.	8 meses
Hígado	Se envuelve en papel de aluminio y luego en bolsas para congelar.	3 meses
Parrilla, chorizos, mollejas, riñones	Envolver cada clase por separado con papel metalizado o en bolsas y se guardan en recipiente rígido.	3 meses
Salchichas	Se envasan en cantidades utilizables, en bolsas para congelar o recipientes rígidos.	1 mes

Bifes a la criolla

INGREDIENTES

Bifes de nalga o paleta cortados finos, *1/2 kilo*

Cebolla grande, *1*

Cebollas de verdeo, *2*

Ají verde, *1*

Tomates medianos, *2*

Aceite, *2 cucharadas*

Sal y pimienta, *a gusto*

Ajo y perejil picados, *2 cucharadas*

Orégano y comino, *a gusto*

Papas medianas, *4*

Caldo, *250 cc*

Pimentón dulce, *1 cucharadita*

◆ Desgrasar los bifes, si fueran demasiado grandes, cortarlos por la mitad. ◆ Cortar las cebollas, el ají y los tomates en rodajas finas. ◆ Pincelar una cazuela térmica con 1 cucharada del aceite, acomodar una capa de cebollas, ají, tomate, condimentar con sal, pimienta, ajo y perejil, orégano y un toque de comino, colocar bifes y volver a condimentar, repetir los vegetales, condimentos y los bifes hasta finalizar, cubrir con las papas cortadas en rodajas más bien finas. ◆ Mezclar el caldo con el pimentón y verter sobre la preparación, tapar. ◆ Cocinar en *"Máximo", Nivel de potencia 100,* durante 10´ y en *"Guisar", Nivel de potencia 70,* de 12 a 14´, removiendo la preparación en la mitad de las cocciones.

CÓMO CONGELAR: tapado sin las papas.

TIEMPO DE CONSERVACIÓN: 1 mes

CÓMO DESCONGELAR: tapado en *"Descongelar"*, agregar las papas, el pimentón con el caldo y cocinar como se indica en la receta, 10´ en *"Máximo", Nivel de potencia 100,* y de 14 a 16´ en *"Guisar", Nivel de potencia 70.*

LO QUE USTED NO PUEDE DEJAR DE SABER

Si se desea congelar la carne a la criolla cocida, ya lista para descongelar, calentar y servir, reemplazar las papas por rodajas finas de zanahorias, cubitos de calabaza y de *zucchini*, vegetales que pueden cocinarse, congelarse y luego consumirse sin que pierdan la buena textura.

Bismark rellenos

INGREDIENTES

Carne desgrasada
picada, *500 g*
Sal y pimienta,
a gusto
Cebolla grande, *1*
Aceite, *1 cucharada*
Cubo de caldo
de carne, *1*
Agua hirviendo, *100 cc*
Miga de pan, *1 taza*
Leche, *4 cucharadas*
Panceta ahumada,
100 g
Ciruelas pasas
presidente, *8*
Harina,
cantidad necesaria

◆ Condimentar la carne con poca sal y pimienta negra de molinillo. Picar fina la cebolla, colocarla en un bol con el aceite, tapar y cocinar en *"Rehogar"*, *Nivel de potencia 90*, durante 4', remover en la mitad de la cocción. ◆ Mezclar la cebolla con la carne. Diluir el cubo de caldo en el agua hirviendo, agregar la miga de pan y la leche, añadir a la carne picada y mezclar con la mano o en la procesadora hasta integrar todo muy bien. ◆ Aparte, envolver con panceta cada ciruela descarozada. ◆ Dividir la carne en 8 porciones, acomodar sobre 4 porciones de carne 2 ciruelas envueltas en panceta, cubrirlas con las otras porciones de carne, darles forma circular, ajustar bien y pasarlas por harina. ◆ Calentar la bandeja doradora en *"Máximo"*, *Nivel de potencia 100*, de 7 a 8'. Pincelar con aceite y colocar los bismark, cocinarlos en *"Máximo"*, *Nivel de potencia 100*, durante 2' de cada lado. Proseguir la cocción en *"Hornear"*, *Nivel de potencia 60*, de 6 a 8', dándolos vuelta en la mitad de la cocción. ◆ Acompañar con puré de batatas (véase Guarniciones, pág. 167).

CÓMO CONGELAR: los *bismark* crudos, superpuestos, separados por separadores de papel y luego embolsados sin nada de aire. Los *bismark* cocidos, guardados en la misma forma que los crudos.
TIEMPO DE CONSERVACIÓN: crudos: 2 a 3 meses; cocidos: 4 a 5 meses
CÓMO DESCONGELAR: crudos: cocinarlos congelados primero en la bandeja doradora 3' de cada lado y luego en *"Hornear"*, *Nivel de potencia 60*, durante 12'. Cocidos; en *"Calentar"*.

LO QUE USTED NO PUEDE DEJAR DE SABER

Los *bismark* son bifes de carne picada, algo diferentes a las clásicas hamburguesas, ya que son más gruesos y llevan otros ingredientes, por ese motivo, aparte de dorarlos en la bandeja doradora, hay que finalizar la cocción en *"Hornear"*, *Nivel de potencia 60*. Pero recomiendo que si se desea la carne más o menos cocida, se regule el tiempo de hornear de estos *bismark*.

Boeuf a la Bourgignonne

PORCIONES: 5   TIEMPO DE PREPARACIÓN: 18´   TIEMPO DE COCCIÓN: 19´

INGREDIENTES

Recortes de lomo (como cordón y cabeza), *700 g*
Harina, *cantidad necesaria*
Dientes de ajo, *2*
Cebolla grande, *1*
Echalottes, 3
Aceite, *1 cucharada*
Panceta salada, *100 g*
Coñac, *1 cucharada*
Vino borgoña, *250 cc*
Cubo de caldo de carne, *1*
Sal, pimienta y estragón, *a gusto*
Beurre manie, *20 g*

◆ Cortar los recortes de lomo en cubos no muy grandes, espolvorearlos con la harina. ◆ Aparte, picar los dientes de ajo, la cebolla y las *echalottes*, colocar en un bol con el aceite y la panceta cortada en tiritas, tapar y cocinar en *"Rehogar", Nivel de potencia 90*, durante 4´, removiendo en la mitad de la cocción, agregar la carne y proseguir la cocción durante 3´ más, removiendo en la mitad de la cocción. ◆ Calentar en un bol el coñac y el vino durante 2´ en *"Máximo", Nivel de potencia 100*, verter sobre la carne, agregar el cubo de caldo y 60 cc de agua, condimentar con sal, pimienta y estragón a gusto, cocinar tapado en *"Guisar", Nivel de potencia 70*, de 6 a 7´. Agregar la *beurre manie* y cocinar en *"Guisar", Nivel de potencia 70*, durante 3´, revolviendo cada minuto hasta conseguir que la salsa se vuelva untuosa.

BEURRE MANIE

Pisar partes iguales de manteca y harina. Formar un cilindro y envolver en papel film, cortar porciones, envolverlas por separado en papel film y luego embolsarlas.

CÓMO CONGELAR: en recipiente rígido.
TIEMPO DE CONSERVACIÓN: 3 a 4 meses
CÓMO DESCONGELAR: en *"Calentar".*

 LO QUE USTED NO PUEDE DEJAR DE SABER
Es práctico tener porciones de *beurre manie* en el freezer para poder utilizarla cuando sea necesaria.

Carbonada criolla

PORCIONES: 4 A 6   TIEMPO DE PREPARACIÓN: 15′   TIEMPO DE COCCIÓN: 21′

INGREDIENTES
Cebollas de verdeo, *3*
Ají verde o rojo, *1/2*
Aceite, *1/2 cucharada*
Choclos tiernos, *2*
Nalga o paleta, *500 g*
Batatas medianas, *2*
Caldo, *2 pocillos*
Zapallo cortado en cubos, *2 tazas*
Duraznos frescos, *4*
Sal, pimienta, pimentón y tomillo, *a gusto*

◆ Picar las cebollas y el ají, colocar en una cazuela, rociar con el aceite y tapar. ◆ Colocar en el microondas en *"Rehogar", Nivel de potencia 90*, durante 3 minutos. ◆ Revolver en la mitad de la cocción. ◆ Agregar los choclos cortados en ruedas, la carne y las batatas cortadas en cubos, cubrir con el caldo y tapar. ◆ Colocar en el microondas en *"Máximo", Nivel de potencia 100*, durante 8 minutos. ◆ Revolver y agregar el zapallo y los duraznos, condimentar con sal, pimienta, el tomillo y tapar. Proseguir la cocción en el microondas en *"Guisar", Nivel de potencia 70*, durante 10 minutos más. ◆ Revolver en la mitad de la cocción y dejar reposar 5 minutos.

SUGERENCIAS

La carbonada puede servirse dentro de una calabaza. En ese caso, no agregar zapallo a la preparación.

Cocción de la calabaza: Cortar una tapa de la calabaza, quitar las semillas y las fibras, pincelar el interior con aceite y condimentar con sal, pimienta y una cucharada de azúcar. Pinchar la cáscara y su interior y finalmente cubrir con la tapa.

Colocar en el microondas en *"Máximo", Nivel de potencia 100*, de 18 a 20 minutos.

Verificar si la pulpa está tierna y colocar la carbonada dentro de la calabaza.

CÓMO CONGELAR: dejar enfriar y acomodar una bolsa para freezer en un recipiente, colocar la carbonada, cerrar la bolsa sin dejar aire y congelar. Luego, retirar la bolsa del recipiente, etiquetarla y guardarla.

TIEMPO DE CONSERVACIÓN: 2 meses

CÓMO DESCONGELAR: colocar la bolsa en agua caliente, en microondas o en horno convencional.

LO QUE USTED NO PUEDE DEJAR DE SABER

No congelar la carbonada dentro del zapallo. Por un lado, congelar la carbonada como se indicó con anterioridad. Rellenar el interior de la calabaza cocida con papel manteca o film para evitar la acumulación de aire, luego envolverla en papel film y luego metalizado.

Chop suey

PORCIONES: 5   TIEMPO DE PREPARACIÓN: 18´   TIEMPO DE COCCIÓN: 18´

INGREDIENTES

Carne de cerdo sin hueso, *350 g*
Dientes de ajo, *2*
Cebolla china o de verdeo, *2*
Aceite, *2 cucharadas*
Zanahoria, *1*
Blanco de apio, *1 taza*
Col o repollo, *2 tazas*
Sal, *1 cucharadita*
Glutamato monosódico, *1/2 cucharadita*
Jengibre rallado, *1/2 cucharadita*
Azúcar, *1/2 cucharadita*
Brotes de soja, *1 taza*
Caldo, *1/2 taza*
Almidón de maíz, *1/2 cucharada*

◆ Cortar la carne de cerdo en tiras finas, machacar los dientes de ajo y picar las cebollas. ◆ Colocar 1 cucharada del aceite en un bol con los dientes de ajo y las cebollas, tapar y cocinar en *"Rehogar"*, *Nivel de potencia 50*, durante 3´ moviendo en la mitad de la cocción. ◆ Cortar la zanahoria pelada a lo largo en tajadas muy finas y luego en tiras al bies. Cortar en la misma forma el blanco de apio y en juliana la col o repollo. ◆ Colocar todo en un recipiente con el resto de aceite, tapar y cocinar 4´ en *"Rehogar"*, moviendo la preparación en la mitad de la cocción. Agregar la carne, las cebollas y los ajos rehogados, condimentar con sal, glutamato, jengibre y azúcar. ◆ Volver a tapar y saltear 4´. Revolver y agregar los brotes de soja y la mitad del caldo, tapar y cocinar 4´ a *Nivel de potencia 70*. ◆ Por último, diluir el almidón en el resto de caldo y agregar a la preparación. Revolver bien. Cocinar a *Nivel de potencia 70* durante 3´, revolviendo de los bordes hacia adentro cada minuto. ◆ Dejar reposar 5´ y servir.

Nota

El nombre comercial del glutamato monosódico es Ají no moto.

CÓMO CONGELAR: tapado, en recipiente rígido.
TIEMPO DE CONSERVACIÓN: 2 meses
CÓMO DESCONGELAR: en *"Descongelar"* y *"Calentar"*.

LO QUE USTED NO PUEDE DEJAR DE SABER

Para quien no le agrada picar cebolla, aconsejo picar cada tanto, con ayuda del pulsador de la procesadora, 1 o 2 kilos de cebolla, luego acomodar sobre una placa tapizada con papel film o metalizado formando un rectángulo de 1 a 2 cm de altura, cubrir con el mismo papel. Cuando esté bien duro, embolsar.

Siempre que se necesite cebolla picada, cortar la porción necesaria y, sin descongelarla, utilizarla cocinándola unos minutos más de lo que indica la receta.

Cerdo con salsa de uvas

INGREDIENTES

Carré de cerdo,
1 y 1/2 kilo
Sal y pimienta,
a gusto
Panceta ahumada
cortada fina, *100 g*
Ciruelas
descarozadas, *7*
Gelatina
sin sabor, *7 g*
Uvas, *2 tazas*
Manteca, *25 g*
Vino marsala o
similar, *3 cucharadas*
Mostaza,
1 cucharada

◆ Extender el *carré* bien desgrasado, condimentar con pimienta. Acomodar encima las tiras de panceta y las ciruelas descarozadas. ◆ Espolvorear con la gelatina, arrollar la carne y atarla presionando bien. Secar la carne con servilleta de papel absorbente. ◆ Calentar la bandeja doradora en *"Máximo"*, *Nivel de potencia 100*, pincelarla con aceite. Colocar el carré sobre la bandeja. Llevar al microondas en *"Máximo"*, *Nivel de potencia 100*, durante 18´. ◆ En la mitad de la cocción, dar vuelta el *carré* y salarlo. Sacarles las semillas a las uvas y, si es posible, el hollejo, colocarlas en un recipiente. Agregar la manteca, el vino, la mostaza y tapar. ◆ Colocar en el microondas en *"Saltear"*, *Nivel de potencia 90*, durante 3 minutos. ◆ Acomodar el carré en la salsa y tapar. ◆ Colocar en el microondas en *"Guisar"*, *Nivel de potencia 70*, durante 9 minutos. ◆ Dejar reposar 5 minutos. Servir el *carré* cortado, con la salsa de uva.

CÓMO CONGELAR: en recipiente rígido o envolver el *carré* en papel film y metalizado y colocar la salsa en una bolsa para freezer. Etiquetar.

TIEMPO DE CONSERVACIÓN: 2 a 3 meses

CÓMO DESCONGELAR: en microondas o en horno convencional.

LO QUE USTED NO PUEDE DEJAR DE SABER

Si quedó un trozo de *carré* sobrante, cortarlo en rodajas y acomodarlo en un recipiente o envuelto en papel, separada cada rodaja con papel separador. Guardar la salsa aparte en bolsa o recipiente rígido.

Cordero al chilindrón

PORCIONES: 6 TIEMPO DE PREPARACIÓN: 18' TIEMPO DE COCCIÓN: 22 A 25'

INGREDIENTES
Cordero, *2 kilos*
Harina, *3 cucharadas*
Aceite, *1 cucharada*
Manteca, *20 g*
Sal y pimienta negra,
a gusto
Salvia y romero,
2 cucharadas
Cebolla grande, *1*
Dientes de ajo, *2*
Tomate triturado,
1 taza
Azúcar,
1/2 cucharadita
Vino jerez o similar,
1 vaso
Jamón cocido o
crudo, *100 g*
Morrones, *1 lata*
Perejil, *3 cucharadas*
Nueces (optativo),
4 cucharadas

◆ Cortar el cordero en presas no muy grandes, pasarlas ligeramente por la harina, colocarlas en una cazuela con el aceite y la manteca, cocinar en *"Máximo", Nivel de potencia 100*, durante 8', removiendo las presas cada 2 minutos, condimentarlas con sal, pimienta, la salvia y el romero. ◆ Procesar la cebolla con los dientes de ajo y el tomate, condimentar con sal, pimienta y el azúcar, verter sobre el cordero, rociar con el vino y añadir el jamón cortado en tiras finas y los morrones en tiras gruesas. ◆ Espolvorear con el perejil, tapar y cocinar en *"Guisar", Nivel de potencia 70*, de 13 a 15', removiendo 2 veces durante la cocción. ◆ Dejar reposar 8 minutos y servir, si se desea, con las nueces picadas.

MORRONES EN ACEITE
Para preparar usted mismo los morrones en aceite: Lavar 3 ajíes rojos y secarlos. Calentar la bandeja doradora 8' en *"Máximo", Nivel de potencia 100*, pincelar con aceite y apoyar los ajíes en la bandeja, cocinar de 15 a 18' en *"Máximo", Nivel de potencia 100*, rotándolos cada 3'. Luego, envolverlos en papel de cocina y una vez que estén tibios quitarles la piel, los centros y las semillas. Cortarlos en tiras gruesas y acomodarlos en un bol con 1 cucharada de aceite de oliva, tapar y cocinar en *"Hervir lento", Nivel de potencia 50*, durante 5', moviéndolos en la mitad de la cocción.

CÓMO CONGELAR: si este plato de cordero se prepara para congelarlo directamente, cocinar unos minutos menos, por ejemplo en *"Guisar", Nivel de potencia 70*, de 10 a 12', ya que el intenso frío de la congelación y luego el descongelado ablanda las carnes.
TIEMPO DE CONSERVACIÓN: 2 meses
CÓMO DESCONGELAR: tapado en *"Descongelar"* y luego en *"Calentar"*.

 LO QUE USTED NO PUEDE DEJAR DE SABER
Los morrones en aceite se pueden guardar en frascos, cubiertos con aceite, en la heladera hasta 2 o 3 días o en un recipiente rígido en freezer hasta 10 meses.

Cazuela de mondongo

INGREDIENTES

Mondongo,
1 y 1/2 kilo
Sal, a gusto
Jugo de medio limón
Diente de ajo, 1
Cebolla, 1
Ají rojo, 1
Aceite, 1/2 cucharada
Pulpa de tomate,
1 taza
Vino blanco, 1/2 vaso
Perejil picado,
1 cucharada
Panceta ahumada,
150 g
Caldo, 1 taza
Papas medianas, 4
Zanahoria, 1
Aceitunas verdes,
50 g

◆ Lavar bien el mondongo, colocarlo en un recipiente cubierto con agua, sal y el jugo de limón; tapar y colocar en el microondas en *"Máximo", Nivel de potencia 100,* durante 15 minutos. ◆ Darlo vuelta en la mitad de la cocción. Cortar el mondongo en tiras o cuadrados del tamaño de una nuez grande. ◆ Aparte, picar el diente de ajo, la cebolla y cortar en juliana el ají. Colocar en una cazuela, rociar con el aceite y tapar. Colocar en el microondas en *"Rehogar", Nivel de potencia 90,* durante 4 minutos. ◆ Agregar el tomate, el vino, el perejil y la panceta cortada en tiras. Condimentar con sal y 1/2 cucharadita de azúcar. Colocar en el microondas en *"Máximo", Nivel de potencia 100,* durante 2´. ◆ Incorporar a la cazuela el mondongo, el caldo, las papas cortadas en cubos y la zanahoria cortada en rodajitas finas. Añadir las aceitunas descarozadas y tapar. ◆ Proseguir la cocción en el microondas en *"Guisar", Nivel de potencia 70,* durante 15 minutos y luego cambiar a *"Máximo", Nivel de potencia 100,* durante 5´. Dejar reposar 5´.

CÓMO CONGELAR: en recipiente rígido o en bolsa para freezer.
TIEMPO DE CONSERVACIÓN: 2 meses
CÓMO DESCONGELAR: en microondas, en horno convencional o, si se congeló en bolsa, colocarla dentro de agua.

 LO QUE USTED NO PUEDE DEJAR DE SABER

Si se cocina la cazuela directamente para congelarla, omitir colocar las papas y las zanahorias. Cuando se descongela, en el momento de utilizarla, agregar las papas y las zanahorias cortadas y cocinar como se indica en *"Guisar", Nivel de potencia 70,* durante 12 a 15´.

Cuadril a las tres pimientas con vegetales de la huerta

PORCIONES: 5   TIEMPO DE PREPARACIÓN: 12´   TIEMPO DE COCCIÓN: 18´

INGREDIENTES

Pimienta blanca, negra y verde, *3 cucharadas*

Colita de cuadril, *1 kilo*

Mostaza de Dijon, *1 cucharada*

Aceite de maíz, *6 cucharadas*

Cebolla, *1*

Apio, *3 troncos*

Zucchini, *3*

Calabaza en rodajas, *2 tazas*

Zanahorias, *2*

Cebolla de verdeo, *2*

Sal, romero y laurel, *a gusto*

Ajo y perejil, *2 cucharadas*

Vino blanco seco, *1/2 vaso*

◆ Moler las pimientas hasta conseguir un granulado. ◆ Untar la colita de cuadril con la mostaza y adherirle la pimienta, levantar la parte fina de la carne y adherirla a la parte superior sujetándola con palillos. ◆ Cortar los vegetales en rodajas más bien finas y disponerlos en una asadera aceitada, condimentar con sal, romero y laurel, espolvorear con ajo y perejil y rociar con 2 cucharadas de aceite y el vino. ◆ Acomodar encima la carne, cocinar en la parrilla baja en grill y microondas en *"Máximo", Nivel de potencia 100,* durante 10´, remover los vegetales y dar vuelta la carne, salarla y untarla nuevamente con mostaza y rociar todo con el resto de aceite. proseguir la cocción en grill y microondas en *"Máximo", Nivel de potencia 100,* durante 8´ más. ◆ Dejar reposar tapada de 6 a 8´.

CÓMO CONGELAR: envolver la carne en papel film y luego embolsar y etiquetar. Los vegetales, en recipiente rígido.

TIEMPO DE CONSERVACIÓN: 5 meses

CÓMO DESCONGELAR: en *"Calentar",* los vegetales junto con la carne.

 LO QUE USTED NO PUEDE DEJAR DE SABER

Cuando las piezas de carne que se van a cocinar no tienen grosor parejo, por ejemplo la colita de cuadril, es necesario levantar el extremo fino hacia la parte gruesa para que se cocine todo al mismo tiempo (véase dibujo).

También se debe recordar salar las piezas de carne recién cuando se dan vuelta para evitar que se deshidraten si se salan al principio.

Chorizos a la pomarola

TIEMPO DE PREPARACIÓN: 8´

PORCIONES: 5	TIEMPO DE PREPARACIÓN: 8´	TIEMPO DE COCCIÓN: 20´

INGREDIENTES

Chorizos, 5
Cebolla, 1
Ají, 1
Diente de ajo, 1
Aceite, 2 cucharadas
Sal, pimienta, laurel y azúcar, *a gusto*
Tomate triturado, *1 taza*
Vino blanco seco, *150 cc*

◆ Pinchar toda la superficie de los chorizos con un tenedor o un palillo, secarlos con papel de cocina y acomodarlos en la bandeja doradora precalentada durante 7´. ◆ Cocinar 6 minutos en *Nivel de potencia 100,* dándolos vuelta durante la cocción. ◆ Colocar en un recipiente la cebolla, el ají y el ajo picados, rociar con el aceite. ◆ Cocinar 4 minutos en *Nivel de potencia 100,* revolver en la mitad de la cocción. ◆ Condimentar con sal, pimienta, el orégano y una pizca de azúcar, agregar el tomate y el vino. ◆ Cocinar en *Nivel de potencia 100,* durante 5 minutos, revolver en la mitad de la cocción. ◆ Acomodar los chorizos en la salsa, tapar. ◆ Cocinar 10´ en *"Guisar", Nivel de potencia 70.* Dejar reposar 5 minutos y servir acompañado con puré de papas.

CÓMO CONGELAR: en bolsa o recipiente rígido.
TIEMPO DE CONSERVACIÓN: 2 meses
CÓMO DESCONGELAR: en recipiente tapado primero en *"Descongelar"* y luego en *"Calentar".*

 LO QUE USTED NO PUEDE DEJAR DE SABER

Si el microondas no tiene bandeja doradora, cocinar los chorizos previamente pinchados directamente en *"Máximo", Nivel de potencia 100,* durante 6´, dándolos vuelta en la mitad de la cocción. Este precocimiento se realiza para desgrasar los chorizos antes de colocarlos en la salsa.

Goulash con arroz

INGREDIENTES
Paleta o nalga,
1,250 kg
Harina, 2 cucharadas
Cebollas, 2
Diente de ajo, 1
Aceite, 2 cucharadas
Paprika dulce,
1 cucharada
Caldo de carne,
250 cc
Sal, kümmel y laurel,
a gusto
Pimienta rosa,
cantidad necesaria

◆ Cortar la carne en bifes, luego cada bife en tiras y por último en cubos, espolvorear la carne con la harina. ◆ Picar las cebollas y el ajo, colocar en un recipiente con el aceite, tapar y cocinar en "Rehogar", Nivel de potencia 90, durante 6′, moviendo la preparación a los 3′. ◆ Colocar la carne en un colador y moverla para desechar el excedente de harina, agregar a la cebolla. Cocinar en "Máximo", Nivel de potencia 100, durante 4′, moviendo la carne 2 veces durante la cocción, agregar la páprika diluida en el caldo caliente, condimentar con sal, una pizca de kümmel o comino, 1 hoja de laurel y pimienta rosa de molinillo. Tapar y cocinar en "Guisar", Nivel de potencia 70, durante 12′, moviendo cada 4′. ◆ Acompañar con arroz a la manteca.

ARROZ A LA MANTECA

Colocar en un recipiente 600 cc de agua caliente con 1 diente de ajo machacado, 1 hoja de laurel, 1 cubo de caldo de carne desmenuzado y 300 g de arroz, mezclar, cubrir y cocinar en "Máximo", Nivel de potencia 100, durante 9′. Remover en la mitad de la cocción. Mezclar con 50 g de manteca y 3 cucharadas de queso parmesano rallado. Dejar reposar 7 u 8′ y servir.

CÓMO CONGELAR: el goulash, en recipiente rígido o en bolsa.
TIEMPO DE CONSERVACIÓN: 3 meses
CÓMO DESCONGELAR: en "Calentar".

 LO QUE USTED NO PUEDE DEJAR DE SABER
Cuando se cocina arroz en la forma convencional, sobre la llama, se debe calcular 1 parte de arroz y 3 de agua.
Cocinando en microondas, se debe calcular 1 parte de arroz y 2 de agua. En microondas el tiempo de reposo es muy importante ya que la acción de cocinar por fricción molecular prosigue después de sacar el alimento del microondas, y en el caso del arroz se termina de absorber el caldo.

Cordero paquistaní con tandori

INGREDIENTES

Pata de cordero, *1*
Sal, pimienta y
tandori, *a gusto*
Aceite de oliva,
2 cucharadas
Cerveza blanca,
250 cc
Miga de pan
procesada, *2 tazas*
Perejil picado,
3 cucharadas
Queso rallado,
3 cucharadas

◆ Desgrasar la pata de cordero, frotarla con sal, pimienta y el tandori, acomodarla en una fuente y rociarla con el aceite y la mitad de la cerveza. ◆ Cocinar en la rejilla baja en grill y en microondas en *"Máximo", Nivel de potencia 100,* durante 18´, dándola vuelta en la mitad de la cocción y rociándola con el resto de la cerveza. ◆ Mezclar la miga de pan procesada con sal, pimienta, el perejil y el queso. Distribuir sobre la pata y cocinar 7´ más en grill y *"Hornear", Nivel de potencia 60.* ◆ Dejar reposar 5 minutos y servir acompañada con batatas y zanahorias glaseadas (véase pág. 169)

Nota

El tandori es una mezcla de especias parecida al curry.

CÓMO CONGELAR: dejar enfriar, envolver en papel film y embolsar. Etiquetar.

TIEMPO DE CONSERVACIÓN: 3 meses

CÓMO DESCONGELAR: con el papel film en *"Descongelar",* retirar el papel cuando esté bien descongelada y proseguir en *"Calentar".*

 LO QUE USTED NO PUEDE DEJAR DE SABER

La pata de cordero se puede cocinar con sensor. En ese caso, no salar la pata, insertar el sensor en la parte más gruesa y cocinar a 67°C en *"Máximo".* Rotar la pata a los 40°C y 55°C, rociada siempre con la cerveza, en ese momento salar y cubrir con la mezcla de miga de pan. Finalizar la cocción en grill y en *"Hornear",* durante 6´.

Entrecôt a la fermière

INGREDIENTES

Entrecôte, 4 de 400 g cada uno

Panceta ahumada, 100 g

Aceite, 1 cucharada

Pimienta negra y sal, a gusto

Vino blanco, 1/2 vaso

Fondo de caldo de vegetales, 250 cc

Zanahorias, 4

Papas, 4

Manteca, 110 g

Champiñones, 400 g

Perejil picado, a gusto

◆ Retirar el hueso de cada bife, acomodar alrededor las tiras de panceta y atarlas algo flojas con hilo para cocina, evitando que la carne pierda la forma y la panceta no se corra. ◆ Calentar la bandeja doradora 9´ en *"Máximo"*. Secar los *entrecôte* con papel de cocina y condimentarlos con pimienta molida en el momento. Pincelar la bandeja doradora con el aceite y acomodar la carne ajustándola a la bandeja. ◆ Cocinar en *"Máximo"*, *Nivel de potencia 100*, durante 3 y 1/2 minutos, darlos vuelta y salarlos. Proseguir la cocción 3 y 1/2 minutos más, siempre en *"Máximo"*, *Nivel de potencia 100*. Retirar la carne y colocarla en una fuente, sacar el hilo y verter en la bandeja el vino raspando el fondo. Cocinar 1´ en *"Máximo"*, *Nivel de potencia 100*, verter sobre la carne. ◆ Colocar en un recipiente las zanahorias cortadas en cubitos, rociar con 80 cc de fondo o caldo, agregar 40 g de manteca, tapar y cocinar en *"Máximo"*, *Nivel de potencia 100*, durante 8´, removiendo en la mitad de la cocción. ◆ Cocinar las 4 papas cortadas en cubos con 80 cc de fondo o caldo y 40 g de manteca en *"Máximo"*, *Nivel de potencia 100*, durante 6´, removiendo en la mitad de la cocción. ◆ Cocinar los champiñones con 30 g de manteca tapados en *"Máximo"*, *Nivel de potencia 100*, durante 4´, removiendo en la mitad de la cocción. ◆ Distribuir los vegetales alrededor de los *entrecôte*, tapar y cocinar en *"Hornear"*, *Nivel de potencia 60*, durante 6´. ◆ Dejar reposar 5 a 6´ y servir espolvoreados con perejil.

Nota

Se llama entrecôte a trozos de carne vacuna más o menos gruesos, ubicados entre las costillas. Generalmente, la forma de cocción es asarlos.

CÓMO CONGELAR: los *entrecôte*, envueltos en papel film, luego embolsarlos. Los vegetales, en recipiente rígido.

TIEMPO DE CONSERVACIÓN: 3 meses

CÓMO DESCONGELAR: todo junto en *"Descongelar"*, después en *"Calentar"*.

 LO QUE USTED NO PUEDE DEJAR DE SABER

Cuando se revuelve se disminuye el tiempo de cocción porque se iguala la temperatura de los alimentos. Las porciones más calientes de los bordes se mueven hacia el centro y las más frías del centro hacia los bordes, donde la cocción es más rápida.

Hamburguesas a la napolitana

PORCIONES: 4   TIEMPO DE PREPARACIÓN: 8´   TIEMPO DE COCCIÓN: 7 A 8´

INGREDIENTES

Carne picada, *600 g*
Sal y pimienta,
a gusto
Perejil picado,
1 cucharada
Cebolla rallada,
3 cucharadas
Zanahoria rallada
fina, *3 cucharadas*
Huevo, *1*
Harina,
1/2 cucharada
Aceite, *1 cucharadita*
Salsa de tomate,
4 cucharadas
Queso fresco,
4 rodajas

◆ Condimentar la carne con sal y pimienta, agregar el perejil, la cebolla, la zanahoria y el huevo. Mezclar muy bien con la mano o en batidora, dividir en 4 porciones, darles forma de hamburguesas, pasarlas por harina y sujetarlas bien. ◆ Calentar la bandeja doradora durante 6 minutos. Pincelar la bandeja y acomodar las hamburguesas, cocinarlas en *"Máximo"*, *Nivel de potencia 100*, durante 4´, darlas vuelta en la mitad de la cocción. Cubrirlas con la salsa y el queso. ◆ Proseguir la cocción en el microondas en *"Máximo"*, *Nivel de potencia 100*, durante 2' más o en grill sobre la rejilla alta durante 4´. ◆ Dejar reposar 5 minutos.

CÓMO CONGELAR: superponerlas después de cocidas, entre separadores de papel, envolverlas sin aire en papel metalizado o en bolsa.
TIEMPO DE CONSERVACIÓN: 3 meses
CÓMO DESCONGELAR: en microondas, en *"Descongelar"*, cubrir con la salsa y el queso y gratinar sobre la rejilla alta en grill y en microondas en *"Calentar"*, Nivel de potencia 80, durante 3´.

 LO QUE USTED NO PUEDE DEJAR DE SABER

Conviene tener armada, sin cocinar, una doble preparación de hamburguesas. Guardarlas separadas entre sí en bolsas o en recipiente rígido para poder ir utilizándolas a medida que se necesitan. Tiempo de conservación: 6 meses.
Cocinar en la bandeja doradora sin descongelar durante 3´ de cada lado, luego cubrir con la salsa y el queso y cocinar nuevamente en *"Calentar"*, *Nivel de potencia 80*, y en grill durante 5´.

Lomo emperador

PORCIONES: 4   TIEMPO DE PREPARACIÓN: 15´   TIEMPO DE COCCIÓN: 30´

INGREDIENTES
Bifes de lomo, *8*
Sal y pimienta negra,
a gusto
Manteca, *30 g*
Aceite de oliva,
2 cucharadas
Cebolla, *1*
Puerros, *2*
Blanco de apio, *1*
Champiñones, *250 g*
Vino blanco seco,
150 cc
Harina, *1 cucharadita*
Caldo o fondo de
carne, *150 cc*
Extracto de carne,
1 cucharadita
Zanahorias en
rodajas, *2 precocidas*
Papas en cubitos,
3 precocidas
Ramitos de coliflor,
8 precocidos
Arvejas de lata, *1 lata*
Manteca y *ciboulette*,
cantidad necesaria

◆ Cortar 8 bifes de lomo de 2 a 3 cm de espesor, condimentarlos con sal y pimienta negra y acomodarlos en una fuente algo profunda ligeramente superpuestos. ◆ Aparte, colocar la manteca y el aceite en un bol con la cebolla picada y los puerros y el blanco de apio cortados en rodajitas finas. Tapar y cocinar en *"Rehogar"*, *Nivel de potencia 90*, durante 6´ moviéndolos en la mitad de la cocción, agregar los champiñones fileteados y cocinar tapado 2´ en *"Rehogar"*, *Nivel de potencia 90*. Rociar con el vino y agregar la harina diluida en el caldo o fondo y el extracto. ◆ Cocinar en *"Máximo"*, *Nivel de potencia 100*, durante 5´, revolviendo cada minuto y medio. Debe obtenerse una salsa fluida pero cremosa. ◆ Colocar alrededor del lomo las zanahorias, las papas, los ramitos de coliflor y las arvejas, cubrir con la salsa de champiñones y distribuir encima 25 g de manteca cortada en trocitos y espolvorear con 2 cucharadas de *ciboulette*. ◆ Tapar herméticamente con papel film y cocinar en *"Máximo"*, *Nivel de potencia 100*, durante 17´, moviendo los ingredientes 2 veces durante la cocción. ◆ Servir el lomo tapado con el papel para abrirlo delante de los comensales.

CÓMO CONGELAR: envolver los bifes crudos en papel film en forma individual, preparar la salsa y colocarla en recipiente rígido. Precocinar los vegetales en bolsas: las zanahorias, 3´ en *"Máximo"*, *Nivel de potencia 100*; los ramitos de coliflor, 3´ en *"Máximo"*, *Nivel de potencia 100;* las papas, 4´ en *"Máximo"*, *Nivel de potencia 100*. Guardarlos por separado en bolsas para freezer.

TIEMPO DE CONSERVACIÓN: bifes, 8 meses; vegetales, 6 meses; salsa, 6 meses

CÓMO DESCONGELAR: en *"Descongelar"* y luego cocinar siguiendo las instrucciones de la receta.

 LO QUE USTED NO PUEDE DEJAR DE SABER

El microondas y el freezer son dos aliados de nuestro tiempo. Pero, en algunos casos como el del Lomo emperador, es práctico tener los vegetales blanqueados. Descongelar la salsa lleva casi el mismo tiempo que cocinarla directamente, por lo tanto he puesto este plato como ejemplo de que, a veces, no vale la pena congelar algunos alimentos.

Lomo en croûte de queso, pan y hierbas
(con sensor de temperatura)

PORCIONES: 5   TIEMPO DE PREPARACIÓN: 15´   TIEMPO DE COCCIÓN: 20´

INGREDIENTES

Lomo, la parte central, *1 kilo*

Aceite, *1 cucharada*

Sal y pimienta, *a gusto*

Miga de pan rallado, *4 cucharadas colmadas*

Hierbas frescas, albahaca, tomillo, orégano, *4 cucharadas colmadas*

Queso *gruyère* o similar rallado, *4 cucharadas colmadas*

◆ Desgrasar el lomo, pincelarlo con el aceite, insertar el sensor de temperatura en la parte más gruesa de la carne y cocinar a 50°C en *"Máximo", Nivel de potencia 100,* rotar la carne a los 30°C y a los 40°C; condimentarla. ◆ Procesar la miga de pan con las hierbas, el queso, adherir al lomo caliente, colocar en la parrilla baja y cocinar en grill y microondas en *"Máximo", Nivel de potencia 100,* durante 4 a 5´. ◆ Dejar reposar y cortar en rodajas.

CÓMO CONGELAR: envolver el lomo frío en papel adherente y luego en metalizado. Etiquetar y guardar.

TIEMPO DE CONSERVACIÓN: 3 a 4 meses

CÓMO DESCONGELAR: envuelto en papel film en *"Calentar".*

 LO QUE USTED NO PUEDE DEJAR DE SABER

Si la cocina no tiene sensor, secar bien el lomo con papel de cocina, precalentar la bandeja doradora de 6 a 7´, pincelar con el aceite y acomodar el lomo presionando la carne sobre la bandeja. Cocinar de 10 a 12´ en *"Máximo", Nivel de potencia 100,* dando vuelta la carne 2 veces durante la cocción, condimentar con sal y pimienta. Procesar la miga de pan con las hierbas y el queso, adherir esta preparación a la carne y proseguir la cocción en grill y microondas en *"Máximo", Nivel de potencia 100,* durante 4´. Dejar reposar 5 minutos y cortar en rodajas.

Lomo Strogonoff

PORCIONES: 5 A 6   TIEMPO DE PREPARACIÓN: 15'   TIEMPO DE COCCIÓN: 23'

INGREDIENTES

Lomo, *1 kilo*
Pimienta negra de
molinillo, *a gusto*
Manteca y aceite,
cantidad necesaria
Coñac, *4 cucharadas*
Cebollas, *2*
Champiñones, *250 g*
Pimentón dulce
o páprika,
1 cucharadita
Azúcar, *1 cucharadita*
Sal, *a gusto*
Caldo de carne,
150 cc
Crema de leche,
100 cc
Perejil y estragón,
1 cucharada

◆ Cortar el lomo en bifes a lo largo en dirección transversal a la carne, luego cortar los bifes en bastones finos. Condimentar con pimienta recién molida. ◆ Colocar en un recipiente 20 g de manteca y 1 cucharada de aceite, acomodar la carne y cocinar en *"Rehogar", Nivel de potencia 90*, durante 5', moviendo la carne 2 veces durante la cocción. ◆ Colocar el coñac en un cucharón, encenderlo sobre la llama y verter sobre la carne, revolver hasta que se apague. ◆ Aparte, picar las cebollas bien finas, colocar en una cazuela térmica con los champiñones fileteados, 20 g de manteca, y 1 cucharada de aceite, tapar y cocinar en *"Rehogar", Nivel de potencia 90*, durante 4', moviendo en la mitad de la cocción, agregar la carne y condimentar con el pimentón, el azúcar, la sal y rociar con el caldo. ◆ Tapar y cocinar en *"Guisar", Nivel de potencia 70*, durante 10' moviendo en la mitad de la cocción, añadir la crema, el perejil y el estragón. Cocinar en *"Guisar", Nivel de potencia 70*, durante 4' más. ◆ Dejar reposar de 6 a 7 minutos y servir acompañado con arroz blanco a la manteca (véase pág.   ).

Nota

Se aconseja cortar el lomo primero en bifes a lo largo en la dirección transversal de la carne, luego cada bife en bastones y si se desea por último en cubos.
Este corte se realiza para evitar que la carne se contraiga al cocinarla.

CÓMO CONGELAR: en recipiente rígido o en bolsa.
TIEMPO DE CONSERVACIÓN: 4 meses
CÓMO DESCONGELAR: tapado en *"Calentar"*, moviendo de vez en cuando hasta calentar bien.

LO QUE USTED NO PUEDE DEJAR DE SABER
La profundidad del recipiente que se vaya a utilizar es tan importante como el tamaño y la cantidad de los alimentos que se pongan dentro. Si el recipiente tiene una base lo suficientemente grande para que la preparación no esté demasiado amontonada y la superficie de los alimentos resulte más expuesta a la energía de las microondas, se cocina más rápidamente.
Es importante que se verifique con cada receta el tamaño adecuado porque pueden variar los tiempos de cocción.

Matambre a la crema

INGREDIENTES

Matambre, *1 kilo*
Sal y pimienta,
a gusto
Orégano,
2 cucharadas
Crema de leche, *200 g*
Pulpa de tomate,
1 taza
Queso *gruyère* rallado
o similar,
*1 taza tamaño
desayuno*

◆ Desgrasar bien el matambre. Elegir, en lo posible, un trozo parejo en el grosor. ◆ Cortar el matambre en 8 porciones, condimentarlo con sal y pimienta, acomodar en una fuente, espolvorear con la mitad del orégano, la mitad de la crema y de la pulpa de tomate, la mitad del queso y tapar. ◆ Colocar en microondas en *"Máximo", Nivel de potencia 100*, durante 12'. ◆ Dar vuelta el matambre, espolvorear con el resto de orégano y de queso. Rociar con el resto de crema y de la pulpa de tomate. Colocar en microondas en *"Máximo", Nivel de potencia 100*, durante 12'. ◆ Verificar la cocción y dejar reposar 5 minutos.

Nota

La pulpa de tomate debe estar cocida y condimentada.

CÓMO CONGELAR: en bolsa para freezer o en recipiente rígido.
TIEMPO DE CONSERVACIÓN: 2 a 3 meses
CÓMO DESCONGELAR: tapado en la fuente térmica que se va a servir.

 LO QUE USTED NO PUEDE DEJAR DE SABER

Recordar que en microondas se pueden utilizar recipientes de loza o porcelana sin filetes dorados o plásticos, vidrio térmico, moldes de papel para bizcochuelo, pero nunca recipientes de aluminio.

Matambre a la crema de orégano y queso

PORCIONES: 5   TIEMPO DE PREPARACIÓN: 15´   TIEMPO DE COCCIÓN: 33´

INGREDIENTES
Matambre,
1 y 1/2 kilo
Sal, pimienta y ají
molido, *a gusto*
Orégano, *2
cucharadas colmadas*
Queso sardo o similar
rallado, *100 g*
Leche, *400 cc*
Crema de leche,
200 cc
Nuez moscada,
1/2 cucharadita

◆ Desgrasar el matambre y cortarlo en porciones, condimentarlo con poca sal, pimienta y ají molido. ◆ Acomodarlo en una fuente sin superponer las porciones, espolvorear con la mitad del orégano y la mitad del queso, rociar con la mitad de la leche, tapar y cocinar en *"Hornear", Nivel de potencia 60,* durante 14´. ◆ Dar vuelta las porciones y espolvorear con el resto de orégano y de queso, rociar con el resto de leche, tapar y proseguir la cocción en *"Hornear", Nivel de potencia 90,* durante 14´ más. ◆ Retirar el papel y verter la crema condimentada con poca sal, pimienta y nuez moscada. Cocinar destapado en grill y *"Máximo", Nivel de potencia 100,* durante 5' más. ◆ Dejar reposar 5 minutos, servir decorado con rodajas de tomate y acompañar con vegetales al natural.

CÓMO CONGELAR: en recipiente rígido sin la crema, superpuestas con separadores.

TIEMPO DE CONSERVACIÓN: 3 meses

CÓMO DESCONGELAR: en *"Descongelar",* agregar la crema y cocinar en grill y *"Hornear", Nivel de potencia 60,* de 10 a 12´.

 LO QUE USTED NO PUEDE DEJAR DE SABER

En microondas pueden obtenerse carnes cocidas jugosas y doradas.

Si tiene bandeja doradora, secar bien la carne, calentar 8 o 9 minutos la bandeja a *Máximo,* luego pincelar con aceite o manteca la bandeja y apoyar la carne presionándola para que se dore la superficie. No salar al principio porque la carne se deshidrata humedeciendo con su jugo la bandeja. Recién en la mitad de la cocción, cuando se da vuelta, debe salarse.

Si la cocina tiene grill se simplifican totalmente los pasos, ya que se puede cocinar en un medio líquido y dorar al mismo tiempo.

Matambre a la pizzaiola

INGREDIENTES

Matambre,
1 y 1/2 kilo
Sal, pimienta y
vinagre, *a gusto*
Huevos crudos, *2*
Ajo y perejil picado,
3 cucharadas
Queso provolone
rallado, *1 taza*
Gelatina sin sabor, *7 g*
Ají rojo, *1*
Tomate triturado,
2 tazas
Vino blanco, *1/2 vaso*
Hojas de albahaca,
2 cucharadas
Aceitunas verdes,
100 g
Caldo de carne, *250 cc*

◆ Desgrasar bien el matambre y condimentarlo con sal, pimienta y vinagre, dejarlo macerar 20 o 30 minutos. ◆ Mezclar los huevos con el ajo y perejil y el queso rallado. ◆ Escurrir el matambre con la parte de la grasa hacia arriba, cubrir la mitad de la carne con la mezcla de huevos, espolvorear con la gelatina y distribuir el ají cortado en tiras finas, doblar la otra parte del matambre, cubriendo el relleno, sujetar los bordes con palillos aceitados, colocar en una tartera térmica aceitada. ◆ Cocinar el tomate con el vino, la albahaca y las aceitunas descarozadas, tapado en *"Máximo", Nivel de potencia 100,* durante 3´. Condimentar con poca sal y pimienta. verter sobre el matambre, rociar con el caldo caliente, tapar y cocinar en *"Máximo", Nivel de potencia 100,* durante 3´ y en *"Hervir lento", Nivel de potencia 50,* de 35 a 40´. ◆ Verificar la cocción, la carne debe resultar tierna. Dejar reposar 5 minutos.

CÓMO CONGELAR: en bolsa para freezer o en recipiente rígido.
TIEMPO DE CONSERVACIÓN: 4 a 5 meses
CÓMO DESCONGELAR: en la misma bolsa en *"Descongelar"* y luego en *"Calentar".*

LO QUE USTED NO PUEDE DEJAR DE SABER
No se deben cocinar carnes congeladas, salvo las que tienen poco espesor, por ejemplo milanesas o hamburguesas finas. Los otros tipos de carne deben estar descongelados antes de cocinarlos. Los matambres, como todos los cortes de fibras, se deben cocinar en *"Hervir lento", Nivel de potencia 50,* para que resulten bien tiernos.

Ojo de bife asado con compota de cebolla al romero

PORCIONES: 4	TIEMPO DE PREPARACIÓN: 12´	TIEMPO DE COCCIÓN: 22´

INGREDIENTES

Ojo de bife, 800 g
Pimienta, romero, ajo
y perejil, a gusto
Cebollas grandes, 4
Aceite de oliva,
cantidad necesaria
Vino blanco, 1 vaso
Vinagre de manzana,
3 cucharadas
Tomillo, 1
Romero, 3 ramitas
Tomates secos, 10
Sal, a gusto
Caldo o agua, 150 cc

◆ Condimentar los bifes con pimienta, ajo y perejil picados y hojas de romero, tapar la carne y colocarla en la heladera por lo menos 1 hora. ◆ Cortar las cebollas por la mitad y luego en rodajas más bien finas, colocar en un bol y agregar 2 cucharadas de aceite, tapar y cocinar en *"Máximo"*, *Nivel de potencia 100*, durante 4´, revolver en la mitad de la cocción, agregar el vino y cocinar destapado en *"Guisar"*, *Nivel de potencia 70*, durante 3´, añadir el vinagre y proseguir cocinando en *"Guisar"*, *Nivel de potencia 70*, 2 minutos más. ◆ Condimentar con el tomillo y el romero y añadir los tomates previamente hidratados unos minutos en agua caliente, escurridos y cortados en tiras. Condimentar con sal y rociar con el caldo o agua, cocinar siempre en *"Guisar"*, *Nivel de potencia 70*, 8´. Las cebollas deben quedar muy tiernas. ◆ Retirar los bifes de la marinada, limpiarlos, reservar la marinada y secarlos con papel de cocina. ◆ Calentar la bandeja doradora en *"Máximo"*, *Nivel de potencia 100*, durante 9´, pincelarla con aceite y apoyar los bifes. Cocinar en *"Máximo"*, *Nivel de potencia 100*, 2 y 1/2 minutos, darlos vuelta, salarlos y cocinar otros 2 y 1/2 minutos más. ◆ Agregar al adobo de los bifes 2 cucharadas de aceite de oliva, sal y pimienta y distribuir sobre la carne. Acompañar con la compota de cebolla y, si se desea, algunas hojas verdes.

CÓMO CONGELAR: los bifes crudos, separados entre sí con papel y envueltos en film, embolsados. Cocidos, en la misma forma.

TIEMPO DE CONSERVACIÓN: bifes crudos: 6 a 8 meses; bifes cocidos: 3 meses; compota de cebollas: 3 meses

COMO DESCONGELAR: los bifes crudos, sin descongelar, en la bandeja doradora o en el grill. Otra forma es en *"Descongelar"*, *Nivel de potencia 30*, de 2 a 3´ de cada lado y luego cocinarlos en bandeja doradora; si están cocidos, en *"Descongelar"*, *Nivel de potencia 30*, y luego dar un "golpe" para dorarlos en la bandeja doradora. La compota, en *"Calentar"*.

LO QUE USTED NO PUEDE DEJAR DE SABER

Los bifes se deben cocinar de a dos o de a cuatro, según el tamaño de la bandeja.
Recordar siempre secar bien la carne antes de asarla y salarla recién cuando se da vuelta para evitar que se deshidrate al principio. Como es muy importante el tiempo de reposo, es conveniente, en este caso, que se cocinan bifes sobre la bandeja doradora, dejarlos reposar de 3 a 4´ tapados con papel metalizado.

Lengua a la vasca con chocolate

INGREDIENTES

Lengua de ternera, 1

Sal gruesa,
1/2 cucharada

Panceta fresca o
ahumada, 100 g

Cebolla, 1

Puerros, 2

Aceite de oliva,
1 cucharada

Vino blanco seco,
1/2 vaso

Pan frito o tostado,
2 rodajas

Chocolate de taza,
2 barritas

Almendras, 50 g

◆ Lavar la lengua y colocarla en un recipiente cubierta con agua caliente, agregar la sal, tapar y cocinar en *"Máximo", Nivel de potencia 100,* durante 10´ y en *"Hervir lento", Nivel de potencia 50,* durante 15´ más, moviendo la lengua 2 veces durante la cocción. ◆ Dejar entibiar y pelarla completamente desechando el exceso de grasa. Cortar la panceta en tiras y mechar la superficie de la lengua. ◆ Aparte, picar la cebolla y los puerros, colocar en una cazuela con el aceite, tapar y cocinar en *"Rehogar", Nivel de potencia 90,* durante 3´, removiendo en la mitad de la cocción. ◆ Agregar la lengua cortada en rodajas más bien finas, rociar con el vino y cocinar tapado en *"Hervir lento, Nivel de potencia 50,* durante 5´ más. ◆ En un mortero o procesadora triturar el pan frito o tostado, el chocolate y las almendras, verter sobre la lengua y proseguir la cocción en *"Hervir lento", Nivel de potencia 50,* durante 6´ más removiendo en la mitad de la cocción.

Nota

Si la salsa se hubiera espesado demasiado, añadir 1 copa de agua o caldo de carne.

CÓMO CONGELAR: en recipiente rígido.

TIEMPO DE CONSERVACIÓN: 2 meses

CÓMO DESCONGELAR: en *"Descongelar"* y en *"Calentar",* añadiendo, si fuera necesario, más agua o caldo.

LO QUE USTED NO PUEDE DEJAR DE SABER

Cuando la lengua se cocinó durante 10´ en *"Máximo", Nivel de potencia 100,* doblar la parte fina sobre la parte más gruesa de la lengua y sujetarla con un palillo.
También se puede cocinar la lengua con el sensor de temperatura. Para esta forma de cocción, colocar la lengua en un recipiente, cubierta con agua caliente y sal. Insertar el sensor en la parte más gruesa de la lengua y cocinar a temperatura de 80 a 85°C en *"Guisar", Nivel de potencia 70.* A los 45 o 50°C dar vuelta la lengua y completar la cocción. Luego, dejar entibiar y proceder como se indica en la receta.

Peceto a la crema de choclo

INGREDIENTES

Peceto, *600 g*
Sal y pimienta, *a gusto*
Mostaza, *1/2 cucharada*
Aceite, *1/2 cucharada*
Lomito ahumado, *100 g*
Queso fresco, *150 g*
Manteca, *20 g*
Puerro, *2*
Leche, *500 cc*
Harina, *2 cucharadas*
Nuez moscada, *a gusto*
Choclo cremoso, *1 lata*
Queso rallado, *2 cucharadas*

◆ Atar el peceto para que no pierda la forma y secarlo con papel de cocina. Calentar la bandeja doradora de 7 a 8´. ◆ Pincelar la bandeja con el aceite y colocar la carne. Cocinar en el microondas en *"Máximo", Nivel de potencia 100*, durante 18 minutos. ◆ Dar vuelta el peceto en la mitad de la cocción y condimentarlo con sal y pimienta y untarlo con la mostaza. Después de los 18 minutos de cocción, dejarlo reposar 5´ y cortarlo en rodajas. ◆ Acomodarlo en una fuente alternando las rodajas de carne con el lomito ahumado y el queso cortado en láminas. ◆ Finalmente, picar los puerros, colocar en un recipiente con la manteca y tapar. ◆ Cocinar en el microondas en *"Rehogar", Nivel de potencia 90*, durante 2´. ◆ Agregar la harina, mezclar y añadir la leche caliente. Revolver. Colocar en el microondas en *"Máximo", Nivel de potencia 100*, durante 5´. ◆ Revolver 2 veces durante la cocción, condimentar con sal, pimienta y la nuez moscada. Agregar el choclo y el queso rallado, mezclar bien y cubrir con esta salsa el peceto. ◆ Colocar en el microondas en *"Calentar", Nivel de potencia 80*, durante 5 minutos.

Nota

La base de la salsa de puerro y choclo es la salsa bechamel. Para preparar ésta, calentar la manteca, agregar la harina, mezclar y añadir la leche caliente. Cocinar en microondas en "Máximo", Nivel de potencia 100, durante 5 minutos, revolviendo dos veces durante la cocción de afuera hacia adentro. Condimentar con sal, pimienta y nuez moscada.

CÓMO CONGELAR: sin el lomito y el queso y separadas las rodajas de peceto entre sí con papel. Envolver en papeles film y metalizado. Conservar la salsa aparte.

TIEMPO DE CONSERVACIÓN: 3 meses

CÓMO DESCONGELAR: tapado en *"Calentar"* rotando la carne 2 o 3 veces.

 LO QUE USTED NO PUEDE DEJAR DE SABER

Este peceto se puede cocinar después de condimentado en una tartera térmica con 1/2 vaso de caldo o agua en la rejilla baja en grill más microondas en *"Guisar", Nivel de potencia 70*, durante 20 a 22´, dando vuelta la carne 2 o 3 veces durante la cocción. Agregar el fondo de cocción filtrado a la salsa de puerros.

Pastel de papas a la criolla

INGREDIENTES

Cebolla, *1*
Ají rojo, *1*
Aceite, *1 cucharada*
Carne picada, *500 g*
Sal, pimienta,
pimentón, *a gusto*
Ajo y perejil picados,
2 cucharadas
Aceitunas verdes, *50 g*
Huevos duros, *2*
Papas, *750 g*
Manteca, *30 g*
Yema, *1*
Queso rallado,
3 cucharadas
Nuez moscada,
a gusto

◆ Colocar en un bol la cebolla y el ají picados con el aceite, tapar. ◆ Cocinar 5 minutos en *"Máximo"*, *Nivel de potencia 100*, revolver en la mitad de la cocción. ◆ Agregar la carne picada, mezclar y condimentar con sal, pimienta, 1 cucharadita colmada de pimentón diluido en 50 cc de agua, y el ajo y perejil, tapar. Cocinar 8´ en *"Máximo"*, *Nivel de potencia 100*, revolver en la mitad de la cocción. ◆ Agregar al preparado de carne, las aceitunas fileteadas y los huevos duros picados gruesos. ◆ Lavar las papas y cortarlas en cubos, acomodarlas en un recipiente amplio para que no se superpongan demasiado, rociarlas con agua y tapar el recipiente. Cocinar 15 minutos en *"Máximo"*, *Nivel de potencia 100*, revolver en la mitad de la cocción, dejar reposar 5 minutos. ◆ Destapar y pisar las papas formando un puré, mezclar con la manteca, la yema y condimentar con sal, pimienta, 1 cucharada de queso rallado y una pizca de nuez moscada. ◆ Pincelar con aceite o manteca una fuente térmica, acomodar la carne y distribuir encima el puré, espolvorear con el resto del queso y colocar la fuente en la parrilla superior. ◆ Cocinar en microondas en *"Hornear"*, *Nivel de potencia 60*, y grill, durante 8´. ◆ Dejar reposar 5 minutos y servir.

CÓMO CONGELAR: si se va a preparar el pastel para congelarlo, evitar agregar los huevos duros. Guardar el picadillo obtenido en bolsa o en la fuente térmica elegida, tapar, dejar congelar y desmoldar. Envolver en papel film y metalizado. Etiquetar y congelar.

TIEMPO DE CONSERVACIÓN: 3 meses

CÓMO DESCONGELAR: acomodar en el mismo molde térmico, descongelar en *"Calentar"*, distribuir encima los huevos duros picados y preparar el puré de papas como se indica en la receta, colocar sobre la carne, espolvorear con el queso rallado y cocinar 8´ en *"Hornear"*, *Nivel de potencia 60* y grill.

 LO QUE USTED NO PUEDE DEJAR DE SABER

Si el microondas no tiene parrilla doradora, se puede utilizar el horno convencional o espolvorear la cubierta del puré con una mezcla de queso y pimentón o con una cucharada de polvo de sopa crema de tomate.

Tripes a la mode de Caen

INGREDIENTES

Mondongo, *2 kilos*
Patitas de cordero, *3*
Cebollas, *2*
Puerros, *2*
Dientes de ajo, *2*
Zanahorias, *3*
Aceite de oliva,
2 cucharadas
Panceta salada, *150 g*
Vino blanco, *1/2 vaso*
Coñac, *1/2 vaso*
Extracto de tomate,
1 cucharada
Sal, pimienta y salvia,
perejil y *ciboulette,*
a gusto

◆ Lavar el mondongo y colocarlo en un recipiente junto a las patitas con la pelusa previamente quemada sobre la llama, cubrir todo con agua, tapar y cocinar en *"Máximo", Nivel de potencia 100,* durante 18´, moviendo en la mitad de la cocción. Escurrir y cortar el mondongo en tiras finas. ◆ Aparte, cortar las cebollas por la mitad y luego en rodajas finas, cortar en la misma forma los puerros, los dientes de ajo y las zanahorias. Colocar en una cazuela térmica con el aceite y la panceta cortada también en tiras finas, tapar y cocinar en *"Rehogar", Nivel de potencia 90,* durante 6´, revolviendo en la mitad de la cocción. ◆ Rociar con el vino y el coñac donde se habrá diluido el extracto. Cocinar 2´ en *"Máximo", Nivel de potencia 100,* agregar el mondongo cortado, las patitas y 500 cc de agua hirviendo, condimentar con sal, pimienta y salvia. Tapar y cocinar en *"Guisar", Nivel de potencia 70,* durante 20´, moviendo la preparación 2 veces mientras dure la cocción. ◆ Verificar si el mondongo y las patitas están cocidas, en caso contrario, cocinar unos minutos más. ◆ Espolvorear con perejil y *ciboulette* picados. ◆ Dejar reposar 8 minutos.

Nota

Este plato es clásico de la Normandía francesa. Se cocinaba al horno con muchos más medios grasos como huesos de jamón crudo, patas de ternera, etcétera, y utilizaban como bebida sidra y calvados.

CÓMO CONGELAR: en recipiente rígido.
TIEMPO DE CONSERVACIÓN: 4 meses
CÓMO DESCONGELAR: tapado en *"Calentar".* Si fuera necesario, agregar más caldo o agua.

LO QUE USTED NO PUEDE DEJAR DE SABER
Las ollas de barro se utilizan desde tiempos inmemoriales y son muy eficientes para la cocción en microondas. Gracias a su porosidad y a las ondas electrónicas se consigue ablandar más rápidamente las carnes y obtener comidas más sabrosas, ya que se liberan y se mezclan los sabores presentes en los alimentos.

Polpettone al verdeo

INGREDIENTES

Bifes de bola de lomo o paleta, 4

Queso tipo Mar del Plata, 150 g

Panceta ahumada, 100 g

Harina, 2 cucharadas

Aceite, 2 cucharadas

Sal, pimienta, orégano y albahaca, a gusto

Cebollas de verdeo, 600 g

Vermut o vino blanco, 1/2 vaso

Aceitunas verdes y negras, 100 g

◆ Aplanar bien los bifes y desgrasarlos. ◆ Cortar el queso en 4 bastones, envolverlos con las tiras de panceta, distribuirlos en los extremos de los bifes y arrollarlos. Sujetar con palillos, pasarlos ligeramente por harina. ◆ Calentar la bandeja doradora a "Máximo", Nivel de potencia 100, de 7 a 8´, pincelarla con aceite y apoyar los polpettone. Cocinar en "Máximo", Nivel de potencia 100, durante 6´, rotándolos para dorar y cerrar la fibra de la carne. Condimentarlos con sal y pimienta. ◆ Colocar el resto de aceite en un recipiente con la cebolla de verdeo cortada en rodajitas, tapar y cocinar en "Rehogar", Nivel de potencia 90, durante 6´, revolviendo en la mitad de la cocción. Acomodar entre las cebollas los polpettone, rociar con el vermut o vino y rectificar el sabor con sal, pimienta, 1 cucharadita de orégano y 5 o 6 hojas de albahaca, agregar 100 cc de agua caliente y las aceitunas descarozadas. Tapar y cocinar en "Guisar", Nivel de potencia 70, durante 12´. ◆ Dejar reposar 6 minutos. Acompañar con papas y zanahorias a la manteca.

CÓMO CONGELAR: en bolsa o recipiente rígido.

TIEMPO DE CONSERVACIÓN: 4 meses

CÓMO DESCONGELAR: tapado en una fuente en "Calentar".

LO QUE USTED NO PUEDE DEJAR DE SABER

Cuando se coloca en el microondas un recipiente cuadrado o rectangular que toque las paredes del horno, invertir el plato giratorio para que deje de girar. Cocinar normalmente rotando el recipiente en forma manual cada 3 o 4 minutos.

Aves y conejo

Aves y conejos

• Las aves se cocinan perfectamente en microondas y las pechugas resultan más jugosas que si se cocinan en un horno convencional.

• En la misma forma que las carnes rojas, se pueden cocinar empleando diferentes técnicas, asadas, guisadas, hervidas y se pueden descongelar sin problemas o congelar crudas o cocidas.

Tabla de cocción de aves y conejo por tiempo

❄ 1 pollo entero – 2 kilos, 30', en *"Máximo", Nivel de potencia 100.*

❄ 1/2 pollo – 1 kilo, 18', en *"Máximo", Nivel de potencia 100.*

❄ 1/4 de pollo – 350 gramos, 7 a 8', en *"Máximo", Nivel de potencia 100.*

❄ 1 suprema – 200 gramos, 3 a 4', en *"Máximo", Nivel de potencia 100.*

❄ 1 pavita – 4 kilos, 60 a 70', en *"Máximo", Nivel de potencia 100.*

❄ 1 pollo entero – 2 kilos, cocido con sensor, a 85°C.

Pautas de cocción del pollo

❄ Secar bien las presas de pollo o el pollo entero con papel antes de cocinarlo.

❄ No salarlo al principio de la cocción, recién condimentarlo en la mitad de la cocción.

❄ Cuando se acomodan presas de pollo en un recipiente o en la bandeja doradora, colocar parte de los huesos hacia el centro y la parte más carnosa hacia los bordes.

Pautas de congelación de aves

	Envasado	**Tiempo de conservación**
Pollo entero	Envuelto en papel film, protegidas las puntas de los huesos con papel metalizado, luego envuelto en papel de aluminio o embolsado sin aire.	6 meses
Pollo trozado	Envuelta cada presa en papel film y luego embolsado.	6 meses

Cazuela cremosa de pollo

INGREDIENTES

Pollo, *1,750 kg*
Sal y pimienta,
a gusto
Mostaza en polvo,
2 cucharaditas
Jerez, *1/2 vaso*
Salvia, *1 ramita*
Perejil, *1 cucharada*
Estragón,
1 cucharadita
Manzanas Rome, *2*
Aceite, *1 cucharada*
Harina,
1 cucharadita
colmada
Crema de leche,
100 g

◆ Cortar el pollo en presas, condimentarlo con sal y pimienta. Acomodar las presas en una fuente (es conveniente quitarle la piel antes de condimentarlo). ◆ Mezclar la mostaza con el jerez, pincelar el pollo y acomodar encima la ramita de salvia y espolvorear con el perejil y estragón. Cubrir con las manzanas peladas y cortadas en rodajas. Rociar con el aceite y tapar el recipiente. ◆ Cocinar en el microondas en *"Máximo"*, *Nivel de potencia 100*, durante 12´ y en *"Guisar"*, *Nivel de potencia 70*, durante 8´. En la mitad de la cocción, dar vuelta las presas de pollo. Luego, retirarlas de la salsa, sacar la ramita de salvia y licuar el fondo de cocción. Colocar en un recipiente y agregar la harina diluida en la crema y tapar. ◆ Cocinar en el microondas en *"Máximo"*, *Nivel de potencia 100*, durante 3´. ◆ En la mitad de la cocción revolver de afuera hacia adentro, salsear el pollo con esta preparación.

CÓMO CONGELAR: en recipiente rígido o en bolsa.
TIEMPO DE CONSERVACIÓN: 3 meses
CÓMO DESCONGELAR: colocar la bolsa en agua caliente o en *"Calentar"*.

LO QUE USTED NO PUEDE DEJAR DE SABER

Las presas de pollo se deben acomodar en el recipiente en forma circular, ubicando las más pequeñas en el centro.

Chicken pie

PORCIONES: 8   **TIEMPO DE PREPARACIÓN: 25´**   **TIEMPO DE COCCIÓN: 23´**

INGREDIENTES

MASA
Harina, *150 g*
Polvo para hornear,
1/2 cucharadita
Sal, *1 cucharadita*
Manteca, *75 g*
Agua helada,
6 cucharadas

RELLENO
Supremas, *2*
Patas y muslos
deshuesados, *2*
Cebolla, *1*
Aceite, *2 cucharadas*
Ajo y perejil,
2 cucharadas
Panceta salada
o ahumada, *100 g*
Vino blanco seco,
1 vaso
Hongos secos,
1 cucharada
Harina,
1/2 cucharada
Extracto de carne,
1 cucharadita
Caldo, *100 cc*
Sal, pimienta y salsa
inglesa, *a gusto*
Zanahorias y papas
precocidas cortadas
en cubos, *2 tazas*
Arvejas, *1 lata*
Aceitunas verdes, *50 g*

◆ Cernir la harina con el polvo para hornear y la sal, desmigarla con la manteca bien fría, agregar el agua y tomar la masa sin amasar, estirarla hacia delante y hacia atrás y doblarla en 3 partes, envolverla y llevarla al freezer durante 20´. ◆ Cortar las supremas, las patas y muslos deshuesados en cubos pequeños. ◆ Picar la cebolla y colocarla en una tartera con el aceite, el ajo y perejil y la panceta cortada en tiritas, tapar y cocinar en *"Rehogar", Nivel de potencia 90*, durante 4´, removiendo en la mitad de la cocción. ◆ Agregar el pollo y proseguir la cocción en *"Rehogar", Nivel de potencia 90*, durante 4´ más, revolviendo en la mitad de la cocción, agregar los hongos remojados en el vino y picados, la harina y el extracto diluidos en el caldo o agua, condimentar con sal, pimienta y 1/2 cucharada de salsa inglesa. ◆ Tapar y cocinar en *"Guisar", Nivel de potencia 70*, durante 12´, removiendo 2 veces durante la cocción. ◆ Agregar las zanahorias y papas precocidas, las arvejas y las aceitunas descarozadas. ◆ Estirar la masa, pincelar el reborde de la tartera con huevo y adherir la masa, pincelar también la superficie de la masa y adherir recortes de masa adornándola. Hacer un orificio en el centro para que salga el vapor, colocar en la rejilla baja y cocinar en grill y microondas en *"Hornear", Nivel de potencia 60*, durante 15´. ◆ Dejar reposar durante 6 minutos.

CÓMO CONGELAR: envuelta en papel film y papel metalizado.
TIEMPO DE CONSERVACIÓN: 2 meses
CÓMO DESCONGELAR: en *"Calentar".*

 LO QUE USTED NO PUEDE DEJAR DE SABER
El preparado de pollo se puede congelar sin las aceitunas, en bolsa o recipiente rígido. La masa envuelta, en papel film y embolsada.
Descongelar la preparación en la tartera elegida, agregar las aceitunas y, si se desea, 2 huevos duros cortados en cuartos. Descongelar la masa a temperatura ambiente, estirarla y proceder como se indica en la receta.

Conejo estofado a la suiza

PORCIONES: 5   TIEMPO DE PREPARACIÓN: 18´   TIEMPO DE COCCIÓN: 32´

INGREDIENTES

Conejo, *1*
Manteca, *25 g*
Aceite de maíz,
1 cucharada
Panceta fresca
salada, *150 g*
Cebolla, *1*
Blanco de apio,
2 tronquitos
Sal, pimienta y
mejorana, *a gusto*
Laurel, *1 hoja*
Ajo y perejil picados,
2 cucharadas
Caldo de carne, *200 cc*
Limón, *1*
Mostaza en polvo,
1 cucharadita
Harina, *1 cucharadita*
Vino tinto, *100 cc*
Crema ácida, *100 cc*

◆ Cortar el conejo en presas pequeñas, calentar la bandeja doradora en *"Máximo"*, *Nivel de potencia 100*, durante 8´, pincelarla con la parte de la manteca. ◆ Secar las presas de conejo y apoyarlas en la bandeja, cocinarlas 3´ de cada lado. ◆ Aparte, colocar en una cazuela térmica el resto de manteca y el aceite, la panceta cortada en tiritas, la cebolla picada y el apio cortado en juliana, tapar y cocinar en *"Rehogar"*, *Nivel de potencia 90*, durante 5´, removiendo en la mitad de la cocción. ◆ Agregar las presas de conejo, condimentarlas con sal, pimienta, mejorana, el laurel, el ajo y perejil y rociar con el caldo caliente, la mitad del jugo de limón y la mostaza. Tapar y cocinar en *"Guisar"*, *Nivel de potencia 70*, durante 15 a 18´, moviendo las presas 2 veces durante la cocción. ◆ Retirar las presas de conejo y agregar al fondo de cocción la harina diluida con el vino y la crema ácida, mezclar y cocinar 3´ en *"Guisar"*, *Nivel de potencia 70*, removiendo en la mitad de la cocción. Se debe obtener una salsa cremosa. Verter sobre el conejo y servir acompañado de repollitos de Bruselas a la manteca.

CÓMO CONGELAR: en recipiente rígido antes de agregar el vino, la harina y la crema ácida.
TIEMPO DE CONSERVACIÓN: 3 meses
CÓMO DESCONGELAR: en *"Calentar"* hasta descongelar. Agregar el vino, la harina y la crema, cocinar 5´ en *"Guisar"*, *Nivel de potencia 70*.

 LO QUE USTED NO PUEDE DEJAR DE SABER

Para obtener crema ácida, tan utilizada en las cocinas europeas, agregar a la crema de leche el jugo de 1/2 limón.

Coq au vin

PORCIONES: 4 A 6   TIEMPO DE PREPARACIÓN: 15'   TIEMPO DE COCCIÓN: 30'

INGREDIENTES

Pollo, *1, 500 kg*
Cebolla, *1*
Aceite, *1 cucharadita*
Panceta fresca, *150 g*
Dientes de ajo, *2*
Sal y pimienta,
a gusto
Vino tinto, *200 cc*
Estragón, *a gusto*
Ramito compuesto, *1*

◆ Cortar el pollo en presas. Picar la cebolla, colocarla en una cazuela con el aceite, la panceta cortada en tiras y los dientes de ajo picados y tapar. ◆ Cocinar en el microondas en *"Rehogar", Nivel de potencia 90*, durante 5'. Agregar el pollo y proseguir la cocción. ◆ Colocar en el microondas *"Máximo", Nivel de potencia 100*, durante 12'. ◆ Mover las presas en la mitad de la cocción. Luego, condimentar con sal y pimienta. Agregar el vino tinto y espolvorear con 1/2 cucharadita de estragón. Incorporar el ramito compuesto. ◆ Cocinar en el microondas en *"Guisar", Nivel de potencia 70*, durante 16'. ◆ Dejar reposar 5 minutos.

CÓMO CONGELAR: dejar enfriar. Tapar la cazuela y congelar cuando esté bien rígida. Desmoldar en bolsa.
TIEMPO DE CONSERVACIÓN: 3 meses
CÓMO DESCONGELAR: colocar en la misma cazuela en *"Calentar".* Mezclar rotando las presas 2 o 3 veces.

 LO QUE USTED NO PUEDE DEJAR DE SABER

Para adaptar las recetas de cocción tradicional a microondas hay que reducir el tiempo de cocción a aproximadamente 1/4 parte de lo que indica la receta de la cocina convencional.

Fricassé de conejo

PORCIONES: 5	TIEMPO DE PREPARACIÓN: 18´	TIEMPO DE COCCIÓN: 23´

INGREDIENTES

Conejo, 1

Ajo y perejil picados, 2 cucharadas

Tomillo y ajedrea, 2 cucharadas

Aceite, 1 cucharada

Manteca, 10 g

Panceta ahumada, 100 g

Vinagre de manzana, 2 cucharadas

Vino tinto, 1/2 vaso

Caldo o fondo de conejo, 1 vaso

Sal y pimienta, a gusto

Nueces picadas, 50 g

Crema de leche, 100 cc

Harina, 1 cucharadita

◆ Cortar el conejo en presas pequeñas, desechar la cabeza, los extremos de las patas y el hueso de la columna, colocar estas partes desechadas en un recipiente con 1 litro de agua, sal granos de pimienta, 1 puerro, 1 cebolla y 1 rama de apio para el fondo de conejo. ◆ Cocinar a fuego bajo removiendo varias veces, hasta reducir a menos de la mitad, filtrar. ◆ Aparte, frotar las presas de conejo con el ajo y perejil, tomillo y ajedrea y dejar reposar por lo menos 1 hora en heladera, luego colocarlo en un recipiente con el aceite, la manteca y la panceta cortada en tiritas, tapar y cocinar en *"Máximo", Nivel de potencia 100,* durante 6´, moviendo las piezas de conejo a los 3 minutos. ◆ Rociar con el vinagre, el vino y el fondo o caldo de conejo, condimentar con sal y pimienta. Tapar y cocinar en *"Guisar", Nivel de potencia 70,* durante 12´. ◆ Mezclar las nueces con la crema y la harina, verter sobre el conejo y proseguir la cocción en *"Guisar", Nivel de potencia 70,* durante 5´ más removiendo cada 1 y 1/2 minuto. ◆ Dejar reposar 6 minutos.

CÓMO CONGELAR: en recipiente rígido antes de agregar las nueces, la crema y la harina.

TIEMPO DE CONSERVACIÓN: 3 meses

CÓMO DESCONGELAR: tapado en *"Descongelar"* y luego en *"Calentar".*

 LO QUE USTED NO PUEDE DEJAR DE SABER
Si se congela con las nueces la salsa se oscurece demasiado.

Pollo a la Kiev

INGREDIENTES

Supremas de pollo, 5
Sal y pimienta,
a gusto
Manteca, *175 g*
Perejil y eneldo
fresco, *2 cucharadas*
Harina, *2 cucharadas*
Huevos, *1*
Pan rallado, *1 taza*

◆ Retirar la grasa de las supremas y filetearlas para que resulten más grandes y mucho más finas. Aplanarlas y condimentarlas con sal y pimienta. ◆ Aparte, pisar la manteca con sal, pimienta, el perejil y eneldo, dividir la manteca en 5 porciones y darles forma de cilindro alargado, envolverlas en papel film y colocarlas en el freezer por lo menos 2 horas. ◆ Acomodar cada cilindro de manteca en un extremo de cada suprema, arrollarlas ajustándolas bien y sujetarlas con un palillo. ◆ Colocarlas en heladera durante 2 horas. Luego, pasarlas por la harina, después por el huevo batido condimentado con sal y pimienta y por último por el pan rallado. ◆ Acomodar las supremas en una tartera de vidrio pincelada con aceite, colocar en la rejilla baja y cocinar en grill y microondas en *"Máximo", Nivel de potencia 100*, durante 20', dándolas vuelta en la mitad de la cocción. ◆ Dejar reposar de 3 a 4'. Servir acompañadas con vegetales a la manteca.

Nota

Lo original de estas supremas es que al cortarlas se escapa de su interior la manteca saborizada.

CÓMO CONGELAR: dejar enfriar y llevar al freezer cubiertas con papel, cuando estén bien duras, embolsarlas, etiquetar y guardar.
TIEMPO DE CONSERVACIÓN: 5 a 6 meses
CÓMO DESCONGELAR: en *"Descongelar", Nivel de potencia 30.* Cuando estén descongeladas, tapar y proseguir en *"Calentar", Nivel de potencia 80.*

 LO QUE USTED NO PUEDE DEJAR DE SABER
Si no se dispone de grill ni bandeja doradora, calentar 1' en *"Máximo"*, 1 cucharada de extracto de carne con 1 o 2 cucharadas de aceite. Pincelar las supremas y cocinar en *"Máximo", Nivel de potencia 100*, durante 20', moviendo las supremas dos veces durante la cocción y pincelándolas en forma abundante. De esta manera tomarán color dorado.

Pollo a la scarpetta

PORCIONES: 5   TIEMPO DE PREPARACIÓN: 18'   TIEMPO DE COCCIÓN: 27'

INGREDIENTES

Pollo, *1*
Cebollas, *2*
Ají rojo, *1/2*
Ají verde, *1/2*
Aceite, *2 cucharadas*
Harina, *2 cucharadas*
Tomate triturado, *1 taza*
Ajo y perejil picado, *2 cucharadas*
Tomillo, *2 ramitas*
Sal, pimienta y azúcar, *1 pizca*
Hongos secos, *2 cucharadas*
Vino blanco seco, *200 cc*
Aceitunas negras y verdes, *100 g*
Mozzarella, *250 g*

◆ Cortar el pollo en presas pequeñas. ◆ Picar las cebollas y los ajíes, colocar en una cazuela térmica con el aceite, tapar y cocinar en *"Rehogar"*, *Nivel de potencia 90*, durante 4', moviendo a los 2'.
◆ Espolvorear las presas de pollo con la harina y agregarlas a la cebolla. Cocinar en *"Máximo"*, *Nivel de potencia 100*, durante 4', moviendo las presas en la mitad de la cocción, agregar el tomate, el ajo y perejil, el tomillo, sal, pimienta y una pizca de azúcar.
◆ Remojar los hongos en el vino, luego picarlos e incorporarlos junto con el vino a la preparación. Tapar y cocinar en *"Guisar"*, *Nivel de potencia 70*, durante 16'. Mover la preparación 2 veces durante la cocción. Agregar las aceitunas descarozadas y cubrir totalmente la superficie con la *mozzarella* cortada en rodajas.
◆ Colocar en el microondas en la rejilla baja y cocinar en grill y *"Máximo"*, *Nivel de potencia 100*, durante 3 o 4 minutos hasta que el queso se funda.

CÓMO CONGELAR: sin la *mozzarella* ni las aceitunas en recipiente rígido o en bolsa.
TIEMPO DE CONSERVACIÓN: 3 meses
CÓMO DESCONGELAR: en *"Descongelar"*, luego añadir las aceitunas y cubrir con el queso, finalizar en grill y *"Hornear"*, *Nivel de potencia 60*, durante 5'.

 LO QUE USTED NO PUEDE DEJAR DE SABER

Si congelamos el pollo a la *scarpetta*, no debemos colocar las aceitunas ya que éstas descarozadas y enteras concentran demasiado su gusto en el freezer, invadiendo los otros sabores. Es conveniente incorporarlas en el momento de descongelar y calentar junto con la cubierta de *mozzarella*.

Farfalle alla fontana con arvejas *(pág. 39)*

Sopa en calabaza de Paul Bocuse *(pág. 19)*

1. *Focaccia* de panceta, ajos y queso (*pág.* 57)
2. Pizza de rúcula y jamón crudo (*pág.* 59)

❷

Elementos para freezer y microondas

Caponata (pág. 73)

Ojo de bife asado con compota de cebollas al romero *(pág. 113)*

Tacos con guacamole de pollo *(pág. 133)*

Lenguados rellenos con muselina de camarones *(pág. 144)*

1. Budín de coliflor y brócoli a la manteca de ajo *(pág. 165)*
2. Juliana de vegetales a la manteca y oliva *(pág. 162)*

1. Salsa chupín *(pág. 177)*
2. Salsa bechamel *(pág. 175)*
3. Salsa de tomate a la albahaca *(pág. 178)*
4. Salsa al oporto *(pág. 174)*
5. Salsa o crema inglesa *(pág. 185)*

Cheesecake con *coulis* de frutas rojas (*pág. 215*)

1. Pan rústico con aceitunas (*pág. 237*)
2. Factura danesa (*pág. 230*)
3. Pan de nuez y naranja (*pág. 232*)

1. Mermelada inglesa en microondas *(pág. 196)*
2. Dulce de membrillo rallado *(pág. 192)*

Pollo con arroz al curry

PORCIONES: 4 A 6	TIEMPO DE PREPARACIÓN: 15'	TIEMPO DE COCCIÓN: 28 A 30'

INGREDIENTES
Pollo, *1,250 kg*
Sal y pimienta,
a gusto
Cebolla, *1*
Puerros, *2*
Ají rojo, *1*
Aceite, *1 cucharada*
Curry, *1 cucharadita*
Caldo, *1 y 1/2 taza*
Arroz, *1 taza*

◆ Cortar el pollo en presas más bien pequeñas, condimentarlas con sal y pimienta. Es mejor quitarles la piel antes de condimentarlas. ◆ Picar la cebolla, los puerros y el ají. Colocar en una cazuela, rociar con el aceite y tapar. Poner en el microondas en *"Rehogar"*, *Nivel de potencia 90*, durante 4'. En la mitad de la cocción, revolver. ◆ Pasados los 4 minutos, acomodar las presas de pollo y tapar. ◆ Colocar en el microondas en *"Máximo"*, *Nivel de potencia 100*, durante 8 minutos. ◆ Dar vuelta las presas de pollo, agregar el *curry* diluido en el caldo caliente y el arroz. Revolver y tapar. ◆ Proseguir la cocción en el microondas en *"Máximo"*, *Nivel de potencia 100*, durante 10'. En la mitad de la cocción, revolver. Dejar reposar 7 minutos. ◆ Verificar la cocción del arroz. Si fuera necesario, añadir un poco más de caldo y cocinar 2' más.

SUGERENCIAS
Si se desea, el curry se puede reemplazar por azafrán o condimento para arroz.

CÓMO CONGELAR: en recipiente rígido tapado.
TIEMPO DE CONSERVACIÓN: 4 a 5 meses
CÓMO DESCONGELAR: en *"Descongelar"* y *"Calentar".*

LO QUE USTED NO PUEDE DEJAR DE SABER
No tema vigilar la comida a través de la puerta del microondas. Si los alimentos están por desarmarse o se están cocinando en forma despareja, se puede interrumpir la cocción tantas veces como sea necesario abriendo la puerta, ya que en esa forma se detiene la emisión de energía de microondas.

Pollo Haití

PORCIONES: 4 A 6   TIEMPO DE PREPARACIÓN: 15'   TIEMPO DE COCCIÓN: 20'

INGREDIENTES

Pechugas de pollo, *4*
Cebolla, *1*
Aceite, *1 cucharada*
Jamón, *150 g*
Ananá, *1 lata*
Ketchup, *1 cucharada*
Cubo de caldo
de ave, *1*
Mostaza,
1/2 cucharada
Sal y pimienta,
a gusto
Jengibre, *una pizca*

◆ Cortar las pechugas en tiras finas. ◆ Picar la cebolla, colocarla en un recipiente con el aceite y tapar. Colocar en el microondas en *"Rehogar", Nivel de potencia 90*, durante 3 minutos. ◆ Agregar el jamón cortado en juliana y el pollo. Proseguir la cocción en *"Rehogar", Nivel de potencia 90*, durante 5'. ◆ Mover la preparación en la mitad de la cocción. Agregar la mitad del ananá cortado en cubos, la salsa ketchup, el cubo de caldo, la mostaza y condimentar con sal, pimienta y el jengibre (optativo). ◆ Añadir el almíbar del ananá y tapar. Cocinar en el microondas en *"Máximo", Nivel de potencia 100*, durante 5' y en *"Guisar", Nivel de potencia 70*, durante 6' más. ◆ Servirlo acompañado con arroz blanco y el resto de ananá a la milanesa.

ANANÁ A LA MILANESA

Cortar el resto de rodajas de ananá por la mitad, pasarlas por pan rallado o bizcochos molidos. Calentar la bandeja doradora por 10', pincelarla con aceite y acomodar las mitades de las rodajas de ananá.
Cocinar en *"Máximo"* durante 4' o cocinar en grill sobre la rejilla superior.
Darlas vuelta en la mitad de la cocción.

CÓMO CONGELAR: en recipiente rígido o en bolsa.
TIEMPO DE CONSERVACIÓN: 3 meses
CÓMO DESCONGELAR: en *"Calentar".*

 LO QUE USTED NO PUEDE DEJAR DE SABER
Para congelar el ananá a la milanesa, se debe envolver cada una en papel film en forma individual y después colocarlas en bolsa o papel metalizado. Para descongelar, retirar el papel metalizado y descongelar envueltas en el papel film.

Pollo en pepitoria con yemas

PORCIONES: 5   TIEMPO DE PREPARACIÓN: 18′   TIEMPO DE COCCIÓN: 19′

INGREDIENTES

Pollo, *1*
Harina, *2 cucharadas*
Aceite, *2 cucharadas*
Panceta salada
en un trozo, *100 g*
Jamón crudo en un
trozo, *100 g*
Vino blanco, *1 vaso*
Dientes de ajo, *2*
Avellanas o
almendras, *100 g*
Clavo de olor
(optativo), *1*
Yemas de
huevo duro, *3*
Sal y pimienta
blanca, *a gusto*
Crema, *50 cc*
Perejil picado,
3 cucharadas

◆ Cortar el pollo en presas chicas, quitarles la piel lo más posible, pasar las presas ligeramente por la harina. ◆ Colocar en una cazuela el aceite, las presas de pollo y la panceta y jamón cortados en tiras finas, tapar y cocinar en *"Máximo"*, *Nivel de potencia 100,* durante 8′, moviéndolas cada 2 minutos. ◆ Rociar con el vino, tapar y cocinar en *"Guisar"*, *Nivel de potencia 70,* durante 6′, moviendo 2 veces durante la cocción. ◆ Colocar en procesadora o en mortero los dientes de ajo, las avellanas o almendras, el clavo de olor (optativo) y las yemas duras, condimentar con sal y pimienta, procesar o machacar con el mortero, diluir con la crema o leche y verter sobre el pollo. ◆ Espolvorear con el perejil y cocinar tapado en *"Hervir lento"*, *Nivel de potencia 50,* durante 5′ más, moviendo la preparación en la mitad de la cocción. ◆ Dejar reposar 5 minutos y servir espolvoreado con *croûtones* de pan frito en aceite de oliva.

CÓMO CONGELAR: en la misma cazuela. Cuando esté bien rígido, desmoldar y guardar en bolsa para freezer, cerrar teniendo cuidado de sacar bien el aire y etiquetar.

TIEMPO DE CONSERVACIÓN: 2 meses

CÓMO DESCONGELAR: acomodar en la misma cazuela, en *"Descongelar"* y luego en *"Calentar".*

 LO QUE USTED NO PUEDE DEJAR DE SABER

Recordar que el descongelamiento se puede realizar más rápidamente si la noche anterior se pasa la preparación a la heladera y luego se calienta en *"Calentar"*, *Nivel de potencia 80.* La utilización del microondas no implica que no se pueda combinar con la cocción tradicional y utilizar la hornalla común; por ejemplo para este plato, los *croûtones* de pan fritos en aceite de oliva (clásico de la cocina española) pueden prepararse en sartén sobre la hornalla.

Pollo con salsa de cebolla

PORCIONES: 4 A 6   TIEMPO DE PREPARACIÓN: 12'   TIEMPO DE COCCIÓN: 25'

INGREDIENTES

Pollo, *1,750 kg*
Sal y pimienta,
a gusto
Cebollas medianas, *2*
Aceite, *1 cucharada*
Vino blanco, *1 vaso*
Caldo, *1 taza*
Sopa crema
de cebolla, *1 paquete*
Perejil picado,
2 cucharadas

◆ Cortar el pollo en presas, quitarle la piel y condimentarlo con poca sal y pimienta. ◆ Pelar las cebollas, cortarlas y colocarlas en una cazuela, rociarlas con el aceite y tapar. Colocar en el microondas en *"Rehogar", Nivel de potencia 90,* durante 6'. ◆ Acomodar encima las presas de pollo sin que se superpongan y tapar. Proseguir la cocción en el microondas en *"Máximo", Nivel de potencia 100,* durante 10'. ◆ Dar vuelta las presas de pollo, diluir la mitad del paquete de sopa crema con el vino y el caldo, verter sobre el pollo y tapar. Cocinar en el microondas en *"Máximo", Nivel de potencia 100,* durante 8 minutos, removiendo en la mitad de la cocción. ◆ Dejar reposar 5 minutos y espolvorear con el perejil.

SUGERENCIAS

Se puede cambiar el sabor de este plato reemplazando la sopa crema de cebolla por una de hongos, espárragos o choclo.

CÓMO CONGELAR: en bolsa o en la misma cazuela tapada antes de agregar la sopa crema.
TIEMPO DE CONSERVACIÓN: 4 a 5 meses
CÓMO DESCONGELAR: en *"Descongelar", "Calentar"* y agregar la sopa crema diluida con el vino y el caldo, verter sobre el pollo y cocinar en *"Máximo"* durante 8'.
No es conveniente congelar sopas cremas de paquete, porque al descongelarlas pierden textura.

 LO QUE USTED NO PUEDE DEJAR DE SABER

Si el pollo está congelado cuando se va a preparar este plato, colocar en una bolsa dentro del microondas en *"Descongelar", Nivel de potencia 30,* de 15 a 18' rotándolo de vez en cuando. Luego, introducir la bolsa con el pollo en agua para completar el descongelamiento. Por último, sacar el pollo de la bolsa y enjuagar hasta que el centro del pollo no tenga más cristales diluidos.

Tacos con guacamole de pollo

PORCIONES: 5 A 6   TIEMPO DE PREPARACIÓN: 20'   TIEMPO DE COCCIÓN: 15'

INGREDIENTES

Harina 000, *300 g*
Sal, *1/2 cucharada*
Aceite, *1 cucharada*
Agua hirviendo,
175 cc
Pollo cocido,
2 supremas
Paltas, *2*
Limón, *1*
Salsa de Tabasco,
1 cucharada
Cilantro fresco,
1 cucharada
Cebolla picada,
3 cucharadas
Ají rojo
y verde picados,
6 cucharadas
Dientes de ajo bien
picado, *1*

◆ Colocar en la procesadora la harina, con la sal, el aceite y el agua hirviendo, procesar hasta tomar la masa, dejarla descansar por lo menos 20' tapada sobre la mesada. ◆ Cortar en porciones un poco más grandes de una nuez grande, dejarlas reposar 10' y estirarlas muy finas dándoles forma de medallones, pinchar ligeramente la superficie. ◆ Calentar la bandeja doradora 8 a 9' en *"Máximo", Nivel de potencia 100*, pincelarla con aceite y cocinar los tacos de 1 a 1 y 1/2 minuto de cada lado en *"Máximo", Nivel de potencia 100*, deben resultar blancuzcos, sin dorarse. A medida que se van cocinando, apilarlos y mantenerlos tapados para que se conserven tiernos y maleables. ◆ Cortar el pollo en pequeños daditos, pelar las paltas, cortarlas en cubos también pequeños y rociar con el jugo de limón. Condimentar con sal, la salsa de Tabasco y el cilantro. ◆ Colocar en un recipiente la cebolla, los ajíes y el ajo con 1 cucharada de aceite, tapar y cocinar en *"Rehogar", Nivel de potencia 90*, durante 2'. Mezclar con el pollo y la palta. ◆ Distribuir una cucharada colmada de relleno sobre cada taco, doblarlo y servir.

Nota

Se puede enriquecer el plato agregando al relleno 250 g de carne de cerdo cocida y cortada en cubos.

CÓMO CONGELAR: los tacos: separados por separador y embolsados. El pollo cocido picado; en bolsa o recipiente rígido.
TIEMPO DE CONSERVACIÓN: los tacos: 2 meses, el pollo: 4 meses
CÓMO DESCONGELAR: los tacos y el pollo en *"Descongelar"* embolsados.

 LO QUE USTED NO PUEDE DEJAR DE SABER
Es conveniente preparar el relleno de estos tacos en el momento ya que las paltas no se deben congelar, sí se puede congelar la carne de pollo o lomo de cerdo asado.

Supremas de pollo asadas con guarnición glacé

PORCIONES: 4	TIEMPO DE PREPARACIÓN: 12´	TIEMPO DE COCCIÓN: 25´

<u>INGREDIENTES</u>

Supremas, *4*
Sal, pimienta y salvia,
a gusto
Aceite, *1/2 cucharada*
Ralladura de limón,
1 cucharada
Extracto de carne,
1/2 cucharada
Cebollas, *3*
Manzanas Granny
Smith, *2*
Manteca, *30 g*
Azúcar, *150 g*

◆ Precalentar la bandeja doradora los minutos que indique el microondas. ◆ Pincelar ligeramente con aceite la bandeja doradora y colocar las supremas previamente bien secas. ◆ Cocinar en microondas en *"Máximo", Nivel de potencia 100,* durante 14´. En la mitad de la cocción, darlas vuelta y pincelarlas con una mezcla de sal, pimienta, 1 cucharada de salvia picada, el aceite, la ralladura de limón y el extracto de carne. ◆ Pelar y cortar en rodajas las cebollas. Pelar y cortar en cubos las manzanas. Colocar en un recipiente con la manteca y tapar. Cocinar en el microondas en *"Máximo", Nivel de potencia 100,* durante 6´. ◆ Espolvorear con azúcar y tapar. ◆ Proseguir la cocción en *"Máximo", Nivel de potencia 100,* durante 5 minutos más. ◆ Revolver dos veces durante la cocción. ◆ Servir las supremas acompañadas con la guarnición glacé y espolvoreadas con perejil y salvia.

CÓMO CONGELAR: envolver cada suprema en papel adherente, embolsar y etiquetar. La guarnición, en recipiente rígido o en bolsa.

TIEMPO DE CONSERVACIÓN: las supremas de 4 a 5 meses, la guarnición 2 meses.

CÓMO DESCONGELAR: en fuente térmica en *"Calentar",* moviendo las supremas y la guarnición.

 LO QUE USTED NO PUEDE DEJAR DE SABER

Estas supremas se pueden cocinar con grill más microondas de 12 a 14´, dándolas vuelta en la mitad de la cocción.

Pescados

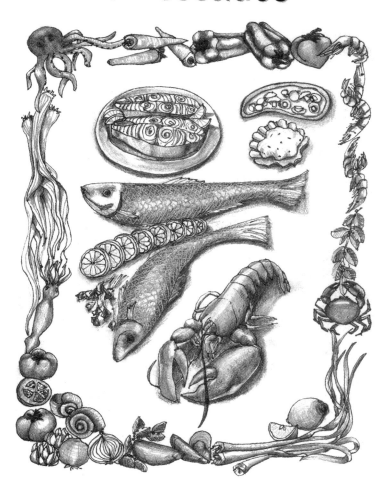

Pescados

El microondas y el freezer ofrecen una importante ayuda para la cocción y conservación de carnes tan delicadas y tan fáciles de alterarse como son las de los pescados en general y los mariscos.

Tabla de cocción de pescados por tiempos

* 1 pescado entero – 1 kilo, 12 a 13′, en *"Máximo", Nivel de potencia 100.*
* 1 filete – 200 g, 2 a 3′, en *"Máximo", Nivel de potencia 100.*
* Filetes – 1 kilo, 9 a 10′, en *"Máximo", Nivel de potencia 100.*
* 1 pescado entero – 1,500 kilo, cocido con sensor, 65°C a 68°C.

Pautas de congelación de pescados

* Si se congela un pescado entero, descamarlo, quitarle las vísceras, lavarlo y secarlo muy bien. Si es un pescado grande, rellenar el interior con papel de aluminio, luego envolver el pescado en papel film y por último en papel aluminio o embolsarlo sin aire.
* Pescado entero magro, 3 meses
* Pescado entero graso, 1 a 2 meses
* Mariscos sin las valvas, 3 meses

Pautas para descongelar pescados

* Los tiempos de descongelación varían según el tamaño de las piezas, pero siempre debe utilizarse *"Descongelar", Nivel de potencia 30,* respetando un tiempo de reposo.
* Si se descongela un pescado entero, cubrir la cabeza y la cola con papel metalizado, teniendo la precaución de que no toque las paredes del horno.

Abadejo a la bahiana

PORCIONES: 5   TIEMPO DE PREPARACIÓN: 10´   TIEMPO DE COCCIÓN: 15´

INGREDIENTES

Abadejo, *1 kilo*
Perejil, sal y pimienta,
a gusto
Limón sutil, *2*
Aceite de den-de,
3 cucharadas
Cebolla picada, *1*
Dientes de ajo, *2*
Cilantro picado,
4 cucharadas
Albahaca,
1 cucharada
Perejil, *1 cucharada*
Leche de coco, *400 cc*
Peperonchini, *1*

◆ Sacar las espinas del pescado y cortarlo en trozos medianos, condimentarlo con perejil picado, sal, pimienta y el jugo de los limones, reservando en la heladera por lo menos 1 hora. ◆ Colocar el aceite en un recipiente con la cebolla y los dientes de ajo, cocinar en *"Rehogar", Nivel de potencia 90,* durante 3´, removiendo al 1 y 1/2 minuto. Añadir el cilantro, la albahaca, el perejil, la leche de coco y condimentar con sal, pimienta, el *peperonchini* y 1 cucharada de ralladura de limón sutil. Cocinar tapado en *"Guisar", Nivel de potencia 70,* durante 5´, agregar el pescado y proseguir la cocción en *"Guisar", Nivel de potencia 70,* durante 6´ más.

CÓMO CONGELAR: en recipiente rígido.
TIEMPO DE CONSERVACIÓN: 1 mes
CÓMO DESCONGELAR: en *"Descongelar"* y luego en *"Calentar"*.

LO QUE USTED NO PUEDE DEJAR DE SABER

Si no se consigue leche de coco, colocar en un recipiente 250 g de coco seco, cubrirlo con 300 cc de agua y 300 cc de leche, tapar y cocinar en *"Máximo", Nivel de potencia 100,* durante 3´ y luego en *"Hervir lento", Nivel de potencia 50,* de 7 a 8 minutos más. Dejar reposar 5´ y filtrar estrujando bien el coco.

Abadejo gratinado con hongos

INGREDIENTES

Filetes de abadejo, *4*

Sal y pimienta,
a gusto

Harina, *2 cucharadas*

Echalottes, *4*

Aceite, *2 cucharadas*

Champiñones,
gírgolas, hongos
secos o shitaquis,
400 g

Manteca, *25 g*

Crema de leche,
100 cc

Queso parmesano,
5 cucharadas

Miga de pan rallado,
4 cucharadas

Perejil picado,
3 cucharadas

◆ Condimentar los filetes con sal y pimienta, pasarlos por la harina. Picar las *echalottes*, colocar en un recipiente con el aceite, los champiñones fileteados, las gírgolas cortadas en tiras finas y los hongos remojados en agua caliente y picados. ◆ Agregar la manteca, tapar y cocinar en *"Máximo"*, *Nivel de potencia 100*, durante 4', removiendo en la mitad de la cocción. ◆ Colocar la mitad de la preparación de hongos en una fuente, acomodar encima los filetes y cubrir con el resto de preparación. ◆ Mezclar la crema con el queso rallado, condimentar con sal y pimienta, verter sobre los filetes, espolvorear con la miga de pan mezclada con el perejil. ◆ Tapar y cocinar en *"Máximo"*, *Nivel de potencia 100*, durante 3' y en *"Guisar"*, *Nivel de potencia 70*, durante 10'. ◆ Por último, gratinar en grill destapado hasta dorar.

CÓMO CONGELAR: antes de gratinar, en recipiente rígido.
TIEMPO DE CONSERVACIÓN: 1 mes
CÓMO DESCONGELAR: en *"Descongelar"* y luego en *"Calentar"* y gratinar en grill.

 LO QUE USTED NO PUEDE DEJAR DE SABER

Si se descongela pescado crudo para cocinarlo, ya sea en postas, filetes o entero, hay que utilizar siempre *"Descongelar"*, *Nivel de potencia 30*. Si se descongelan pescados grandes enteros se deben dar vuelta en la mitad del tiempo de descongelación.
Si se descongelan filetes o postas, calcular cada 1/2 kilo de 10 a 12' en *"Descongelar"*, *Nivel de potencia 30*, retirando los que se vayan descongelando.
Cocinar los pescados inmediatamente después de haberlos descongelado.

Besugo a la calabresa

PORCIONES: 4   TIEMPO DE PREPARACIÓN: 15´   TIEMPO DE COCCIÓN: 20´

INGREDIENTES

Besugo, *8 postas*
Harina, *2 cucharadas*
Aceite, *2 cucharadas*
Berenjenas, *600 g*
Tomates, *400 g*
Filetes de anchoa, *4*
Aceitunas negras,
100 g
Sal, pimienta y
albahaca, *a gusto*
Vino blanco seco,
1/2 vaso
Mozzarella, *200 g*

◆ Limpiar el pescado y pasarlo ligeramente por la harina. ◆ Colocar el aceite en un recipiente con las berenjenas peladas y cortadas en cubos, los tomates *concassé*, es decir pasados por agua caliente, pelados, sin las semillas y cortados en cubos pequeños y agregar las anchoas picadas, tapar y cocinar en *"Máximo"*, *Nivel de potencia 100*, durante 5´, revolviendo a los 3 minutos. ◆ Agregar las aceitunas descarozadas y condimentar con muy poca sal, pimienta, hojas de albahaca y rociar con el vino, tapar y cocinar en *"Máximo"*, *Nivel de potencia 100*, durante 3´ más. ◆ Acomodar el pescado en una fuente térmica sin superponerlo, cubrirlo con la salsa, tapar y cocinar en *"Máximo"*, *Nivel de potencia 100*, durante 12´. ◆ Distribuir encima la *mozzarella* cortada en cubos y gratinar en *"Máximo"*, *Nivel de potencia 100*, en grill hasta fundir el queso.

CÓMO CONGELAR: sin agregar la *mozzarella*, en recipiente rígido.

TIEMPO DE CONSERVACIÓN: 1 a 2 meses

CÓMO DESCONGELAR: en *"Descongelar"*, luego cubrir con la mozzarella y en *"Calentar"* hasta fundir el queso.

 LO QUE USTED NO PUEDE DEJAR DE SABER

La cocción de los pescados por lo general se realiza en *"Máximo"*, *Nivel de potencia 100*. En algunos casos, si están cubiertos por una salsa cremosa, es conveniente cocinarlos en *"Guisar"*, *Nivel de potencia 70*, o en *"Hornear"*, *Nivel de potencia 60*.

Filet de trucha patagónica con langostinos

PORCIONES: 4   TIEMPO DE PREPARACIÓN: 15´   TIEMPO DE COCCIÓN: 12 A 15´

INGREDIENTES

Vino blanco, *1/2 vaso*

Cebolla, *1/2*

Zanahoria, *un trozo*

Sal y granos de pimienta, *a gusto*

Ramito compuesto, *1*

Langostinos, *8*

Filetes de trucha, *4*

Manteca, *20 g*

Aceite de oliva, *1/2 cucharada*

Crema de leche, *100 cc*

Ralladura de piel de limón, *1 cucharada*

Jengibre, *1/2 de cucharadita*

Harina, *1 cucharadita colmada*

Queso *gruyère* rallado, *3 cucharadas*

◆ Colocar en un recipiente el vino con la cebolla y la zanahoria cortadas en trozos, sal, algunos granos de pimienta, el ramito compuesto, las carcasas y cabezas de los langostinos y 200 cc de agua. Cocinar en *"Máximo", Nivel de potencia 100*, durante 5 a 6´. Dejar reposar. ◆ Aparte, condimentar los filetes con sal y pimienta. Sumergirlos en el caldo caliente durante 2 o 3 minutos, retirarlos con cuidado y acomodarlos en una tartera térmica enmantecada rociados con 2 cucharadas del caldo. ◆Colocar los langostinos con la manteca y el aceite en un bol, cocinar en *"Rehogar", Nivel de potencia 90*, durante 4´, moviéndolos en la mitad de la cocción, distribuirlos alrededor de las truchas. ◆Condimentar la crema con sal, pimienta, la ralladura, el jengibre y mezclar con 100 cc del caldo y la harina, cocinar en *"Máximo", Nivel de potencia 100*, durante 3´, revolviendo en la mitad de la cocción. ◆ Verter sobre los filetes, espolvorear con el queso. ◆Acomodar la tartera en la rejilla baja y cocinar con grill y microondas en *"Máximo", Nivel de potencia 100*, durante 4 a 5´.

CÓMO CONGELAR: en la tartera cubierta con papel film sin agregar la crema. Congelar hasta que esté bien firme, levantar el film y embolsar sin que tenga aire. Etiquetar y guardar.

TIEMPO DE CONSERVACIÓN: 1 mes

CÓMO DESCONGELAR: acomodar en la misma tartera, tapar con papel film o manteca y colocar en *"Descongelar"*. Luego, cubrir con la crema saborizada, espolvorear con el queso y cocinar en grill y *"Hornear", Nivel de potencia 60*, de 6 a 7´. Dejar reposar 6 minutos.

LO QUE USTED NO PUEDE DEJAR DE SABER
Para poder congelar el plato se deben saltear los langostinos en la manteca y el aceite ya que por lo general los langostinos se compran congelados y sólo se pueden congelar nuevamente si cambian de estado, en este caso, mediante la cocción.

Cazuela de brótola a la vizcaína

INGREDIENTES

Brótola en postas,
1 kilo
Sal y pimienta,
a gusto
Almidón de maíz,
1 cucharada
Cebolla, *1*
Dientes de ajo, *1*
Ají verde, *1*
Aceite, *1 cucharadita*
Pulpa de tomate,
1 taza
Azúcar, *1 taza*
Vino blanco, *1/2 vaso*
Arvejas, *1 lata*
Perejil y salvia
picada, *1 cucharada*

◆ Condimentar el pescado con sal y pimienta, pasarlo por el almidón, ajustándolo bien. ◆ Picar la cebolla, el ají en fina juliana, el ajo, colocar en un recipiente y rociar con el aceite. Colocar en el microondas tapado en *"Rehogar" Nivel 90*, durante 5'. ◆ En la mitad de la cocción revolver. Agregar la pulpa de tomate, el azúcar, el vino, condimentar con sal y acomodar el pescado sin superponerlo. ◆ Agregar las arvejas y espolvorear con el perejil y la salvia y tapar. Cocinar en el microondas tapado en *"Máximo", Nivel de potencia 100*, durante 10'. ◆ En la mitad de la cocción mover con cuidado el pescado corriendo los trozos de los bordes hacia el centro. Dejar reposar 5 minutos. Espolvorear con perejil picado.

CÓMO CONGELAR: acomodar en recipiente rígido para freezer. Etiquetar.
TIEMPO DE CONSERVACIÓN: 1 mes
CÓMO DESCONGELAR: pasar a heladera y después en microondas o en horno convencional.

 LO QUE USTED NO PUEDE DEJAR DE SABER
Si se desea congelar el pescado crudo, envolver cada porción con papel film y luego embolsarlo o colocarlo en un recipiente rígido. Tiempo de conservación: 2 meses.

Flan de atún con salsa de morrones

PORCIONES: 6   TIEMPO DE PREPARACIÓN: 18´   TIEMPO DE COCCIÓN: 23´

INGREDIENTES

Atún fresco, *750 g*
Sal gruesa,
1 cucharadita
Ramito compuesto, *1*
Echalottes, 2
Huevos, *4*
Leche, *250 cc*
Crema de leche,
200 cc
Pimientas rosa,
blanca, verde, negra y
de Jamaica, *a gusto*
Mostaza de Dijón,
1 cucharadita
Aceite de maíz,
1 cucharada
Azúcar, *1 cucharada*
Atún en aceite, *1 lata*

◆ Colocar el atún en un recipiente con la sal y el ramito compuesto, agregar 200 cc de agua, tapar y cocinar en *"Máximo", Nivel de potencia 100*, durante 6´. ◆ Dejar reposar, escurrir y desmenuzar el pescado desechando las espinas y la piel. ◆ Colocar en la procesadora las *echalottes*, los huevos, la leche, la crema y la carne de pescado. ◆ Condimentar con la sal, las pimientas recién molidas, la mostaza, el aceite y el azúcar. Agregar el atún de lata bien escurrido. Aceitar una budinera, espolvorear con pan rallado o con azúcar y cubrir la base con papel manteca, también aceitado, colocar la preparación. ◆ Tapar y cocinar en *"Baño de María", Nivel de potencia 40*, durante 12´ y en *"Máximo", Nivel de potencia 100*, durante 5´. ◆ Dejar reposar 10´ y desmoldar, cubrir con la salsa de morrones (véase, pág. 180).

CÓMO CONGELAR: en el mismo molde, cuando esté bien firme, desmoldar y envolver en papel film y luego embolsar sin aire.

TIEMPO DE CONSERVACIÓN: 1 mes

CÓMO DESCONGELAR: colocar en el mismo molde en *"Descongelar"*.

 LO QUE USTED NO PUEDE DEJAR DE SABER

En general, no es recomendable congelar los flanes ya que a veces presentan problemas al descongelarlos. No en este caso, ya que la ligazón de huevos, leche y crema está sostenida por la carne de pescado y el atún de lata.

Lenguados rellenos con muselina de camarones

PORCIONES: 4   TIEMPO DE PREPARACIÓN: 20´   TIEMPO DE COCCIÓN: 15´

INGREDIENTES

Filetes de lenguado, 8
Sal y pimienta, *a gusto*
Filetes de merluza, 2
Camarones, 300 g
Clara de huevo grande, 1
Crema de leche, 150 g
Caldo de pescado, 300 cc
Vino blanco seco, 1/2 vaso
Manteca, 30 g
Limón, 1
Harina, 2 cucharadas
Yemas, 2

◆ Condimentar los filetes de lenguado con sal y pimienta. ◆ Aparte, cortar en trocitos los filetes de merluza, colocar en la procesadora junto con los camarones pelados, procesar hasta obtener una pasta, añadir la clara, procesar otros segundos, colocar en un bol apoyado sobre hielo, mezclar, condimentar con sal y pimienta de molinillo y añadir por cucharadas la crema a medida que se va batiendo con fuerza. ◆ La pasta debe resultar consistente y bien ligada. Reservar el sobrante de crema. ◆ Distribuir la pasta sobre 4 de los filetes de lenguado y cubrir el relleno con los otros filetes. Acomodarlos en una fuente y rociar con el caldo, el vino y la mitad de la manteca cortada en trocitos, tapar y cocinar en *"Máximo"*, *Nivel de potencia 100*, durante 10´. ◆ Retirar con una espátula los filetes y colocarlos en una fuente. ◆ Filtrar el fondo de cocción del pescado, colocar en un bol con el resto de manteca, el jugo de limón y la harina, cocinar en *"Máximo"*, *Nivel de potencia 100*, durante 3´, revolviendo cada minuto, agregar la crema reservada mezclada con las yemas, cocinar en *"Calentar"*, *Nivel de potencia 80*, durante 2´. ◆ Rectificar el sabor y verter sobre los filetes. Espolvorear, si se desea, con perejil y *cioulettes* picados y decorar con algunos camarones o langostinos chicos.

CÓMO CONGELAR: en recipiente rígido.
TIEMPO DE CONSERVACIÓN: 4 meses
CÓMO DESCONGELAR: en *"Descongelar"* y luego en *"Calentar".*

 LO QUE USTED NO PUEDE DEJAR DE SABER

Para preparar con rapidez caldo de pescado, colocar en un recipiente las cabezas y carcasas de los camarones, los extremos de los filetes de la parte que corresponde a la cabeza del pescado, 1 puerro, 1 cebolla, 1 zanahoria cortados en cubos, granos de pimienta, sal, vino blanco y un ramito compuesto, cubrir con agua y cocinar en microondas en *"Máximo"*, *Nivel de potencia 100*, durante 3´ y luego en *"Hervir lento"*, *Nivel de potencia 50*, de 7 a 8´. Dejar reposar y filtrar.
Se puede congelar hasta 5 a 6 meses.
Cuando se preparan caldos o fondos, es muy práctico congelarlos en cubeteras; cuando estén firmes, desmoldarlos y guardarlos en bolsa, ya que no se pegan entre sí y se pueden utilizar fraccionados para diferentes salsas.

Mero asado sobre espinaca a la crema

PORCIONES: 4   TIEMPO DE PREPARACIÓN: 15´   TIEMPO DE COCCIÓN: 15´

INGREDIENTES

Filetes de mero, *4*
Pimienta rosa en grano, *1 cucharada*
Cilantro en semillas, *1 cucharadita*
Aceite, *2 cucharadas*
Sal, *a gusto*
Cebolla chica, *1*
Espinaca blanqueada, *3 tazas*
Crema, *100 cc*
Nuez moscada, *1 cucharadita*
Queso parmesano rallado, *3 cucharadas*

◆ Limpiar los filetes, moler o triturar ligeramente los granos de pimienta y las semillas de cilantro, adherirlas a los filetes.
◆ Calentar la bandeja doradora al *"Máximo", Nivel de potencia 100*, durante 8´. ◆ Secar los filetes con papel de cocina, pincelar la bandeja con aceite y cocinar los filetes en *"Máximo", Nivel de potencia 100*, durante 2´ de cada lado. Condimentarlos con sal.
◆ Aparte, picar la cebolla y colocarla en un recipiente con el resto de aceite, tapar y cocinar en *"Rehogar", Nivel de potencia 90*, durante 3´. Procesar la cebolla con la espinaca blanqueada y la crema, condimentar con sal, pimienta y nuez moscada.
◆ Acomodar en una fuente, distribuir encima los filetes sin que se superpongan y cocinar en *"Hornear", Nivel de potencia 60*, durante 8´ y en grill 2 o 3 minutos para dorarlos ligeramente.

Nota

La pimienta rosa es la semilla del guaribay. Se puede suplantar por otra pimienta, negra, blanca o verde.

CÓMO CONGELAR: los filetes asados, en recipiente rígido separados con separadores de papel. La espinaca, en recipiente rígido o en bolsa.
TIEMPO DE CONSERVACIÓN: el pescado, 1 mes; la espinaca, 2 o 3 meses
CÓMO DESCONGELAR: colocar la espinaca descongelada en una fuente, acomodar encima los filetes descongelados y cocinarlos en *"Hornear", Nivel de potencia 60*, de 8 a 10´.

 LO QUE USTED NO PUEDE DEJAR DE SABER

Los pescados crudos magros, enteros o en filetes, deben separarse entre sí con separadores o envolverlos individualmente en papel film y luego embolsarlos. Se conservan 3 meses.
Los pescados crudos grasos se guardan en la misma forma durante 1 a 2 meses.

Postas de corvina a la andaluza

PORCIONES: 4   **TIEMPO DE PREPARACIÓN: 15′**   **TIEMPO DE COCCIÓN: 21′**

<u>INGREDIENTES</u>

Postas de corvina, *8*
Sal y pimienta,
a gusto
Aceite, *1 cucharada*
Cebolla, *1*
Tomate triturado,
1 taza
Ajo y perejil picados,
2 cucharadas
Jerez, *1/2 vaso*
Laurel, *1 hoja*
Aceitunas verdes y
negras, *100 g*
Morrones,
1 lata chica

◆ Condimentar las postas con sal y pimienta. ◆ Colocar en un recipiente el aceite con la cebolla picada, cocinar tapado en *"Rehogar", Nivel de potencia 90,* durante 3′, removiendo en la mitad de la cocción. ◆ Agregar el tomate y condimentar con pimienta, el ajo y perejil picados, agregar el jerez y la hoja de laurel, cocinar tapado en *"Máximo", Nivel de potencia 100,* durante 3′. ◆ Acomodar las postas de pescado en una fuente, cubrir con la salsa y distribuir encima las aceitunas descarozadas y los morrones cortados en tiras. Tapar y cocinar en *"Máximo", Nivel de potencia 100,* durante 15′. ◆ Dejar reposar 5′ y servir con papas al natural.

CÓMO CONGELAR: en recipiente rígido.
TIEMPO DE CONSERVACIÓN: 1 mes
CÓMO DESCONGELAR: en *"Descongelar"* y luego en *"Calentar".*

 LO QUE USTED NO PUEDE DEJAR DE SABER

Para cocinar papas y servirlas al natural, elegir 4 papas medianas parejas, lavarlas bien y pincharlas en varios lugares. Colocarlas en un recipiente con 50 a 100 cc de agua, tapar pinchando el papel para que salga el vapor y cocinar en *"Máximo", Nivel de potencia 100,* de 12 a 14′. Moverlas en la mitad de la cocción. Dejarlas reposar de 7 a 8′. Pelarlas y cuando estén tibias rociarlas con aceite de oliva, sal y pimienta.

Paupiettes de merluza express

PORCIONES: 4   TIEMPO DE PREPARACIÓN: 6'   TIEMPO DE COCCIÓN: 10'

INGREDIENTES

Filetes de merluza,
4 (3/4 kilo)
Sal y pimienta,
a gusto
Queso cuartirolo,
100 g
Mejillones en tomate,
1 lata
Crema de leche,
150 g
Almidón de maíz,
1/2 cucharada
Perejil picado,
2 cucharadas

◆ Condimentar los filetes con sal y pimienta. ◆ Cortar el queso en bastones y acomodarlos en la parte más ancha de los filetes sin llegar a los bordes arrollarlos y colocarlos sobre una fuente. ◆ Cocinar tapado en microondas en *"Máximo", Nivel de potencia 100,* durante 8'. ◆ Mezclar el contenido de la lata de mejillones con la crema, el almidón y el perejil. Condimentar con poca sal y un toque de pimienta de molinillo y verter la preparación sobre los filetes. ◆ Proseguir la cocción, tapado, 2 minutos más.

CÓMO CONGELAR: dejar enfriar, acomodar en recipiente rígido sin superponer. Tapar y etiquetar.
TIEMPO DE CONSERVACIÓN: 1 mes
CÓMO DESCONGELAR: en microondas o en horno convencional.

LO QUE USTED NO PUEDE DEJAR DE SABER

Comenzar a arrollar los filetes desde la cola hacia la parte más ancha. La parte más fina, es decir, la cola, debe quedar en la parte interior de los filetes, ya que de lo contrario se cocinaría antes y podría deshacerse.

Merluza al roquefort

PORCIONES: 4   TIEMPO DE PREPARACIÓN: 6'   TIEMPO DE COCCIÓN: 11'

INGREDIENTES

Filetes de merluza, *4*
Sal y pimienta,
a gusto
Queso roquefort,
150 g
Perejil picado,
2 cucharadas
Leche, *8 cucharadas*
Crema de leche,
100 g
Queso rallado o
similar, *2 cucharadas*
Nuez moscada,
a gusto

◆ Condimentar los filetes con sal y pimienta, cortar en trocitos el roquefort, colocarlo en un recipiente con el perejil y la leche y tapar. Colocar en el microondas en *"Máximo", Nivel de Potencia 100, 1'.* ◆ Mezclar con la crema, el queso rallado y condimentar con muy poca sal, un toque de pimienta y de nuez moscada. ◆ Acomodar los filetes en una fuente, cubrir con la salsa de roquefort y tapar. Colocar en el microondas en *"Máximo", Nivel de potencia 100,* durante 10 minutos. ◆ Dejar reposar y servir acompañado con papas al natural.

CÓMO CONGELAR: dejar enfriar y acomodar en un recipiente rígido. Tapar y etiquetar. Si se congela crudo, separar un filete del otro con papel separador y colocar en bolsa.
TIEMPO DE CONSERVACIÓN: 1 a 2 meses
CÓMO DESCONGELAR: pasar a heladera o directamente en microondas.

 LO QUE USTED NO PUEDE DEJAR DE SABER
Todos los alimentos que se van a congelar deben ser condimentados con moderación porque el frío intensifica los sabores.

Pizza de merluza

PORCIONES: 5   TIEMPO DE PREPARACIÓN: 6´   TIEMPO DE COCCIÓN: 10´

INGREDIENTES

Filetes de merluza, 6
Sal y pimienta,
a gusto
Jugo de limón,
2 cucharadas
Aceite, *1 cucharadita*
Harina, *2 cucharadas*
Ajo y perejil picado,
2 cucharadas
Salsa de tomate,
1 taza
Mozzarella, 100 g
Albahaca picada,
1 cucharada
Queso rallado,
2 cucharadas

◆ Condimentar los filetes con sal, pimienta y jugo de limón.
◆ Pincelar con el aceite una pizzera. ◆ Pasar los filetes por la harina y acomodarlos en la pizzera, bien juntos uno al otro. Espolvorear con el ajo y perejil, cubrir con la salsa de tomate y tapar. ◆ Colocar en el microondas en *"Máximo", Nivel de potencia 100,* durante 7´.
◆ Distribuir encima la mozzarella cortada en rodajas, espolvorear con la albahaca y el queso rallado y tapar. ◆ Colocar en el microondas en *"Máximo", Nivel de potencia 100,* durante 3 minutos más. Luego, dejar reposar.

CÓMO CONGELAR: dejar enfriar, envolver la pizzera con papel film, etiquetar y congelar.

TIEMPO DE CONSERVACIÓN: 1 mes

CÓMO DESCONGELAR: en microondas o en horno convencional.

LO QUE USTED NO PUEDE DEJAR DE SABER

Si los filetes que se van a utilizar están congelados, usarlos sin descongelar, condimentarlos y pasarlos por harina, prepararlos en la misma forma que se indica en la receta pero, en este caso, se debe casi duplicar el tiempo de cocción.

Zarzuela levantina

INGREDIENTES
Congrio, *500 g*
Bacalao fresco, *500 g*
Calamaretes, *250 g*
Harina, *4 cucharadas*
Mejillones, *1 kilo*
Vino blanco seco,
1/2 vaso
Aceite de oliva,
3 cucharadas
Dientes de ajo, *2*
Cebolla, *1*
Tomate triturado,
1 taza
Pimentón dulce,
1/2 cucharada
Azafrán en hebras,
1 cucharadita
Agua o caldo,
cantidad necesaria
Sal y pimienta negra,
a gusto
Langostinos, *6*
Perejil picado,
3 cucharadas
Pan tostado al ajo,
6 rodajas

◆ Cortar los pescados limpios en rodajas más bien finas, espolvorearlos con la harina, pasar también por harina los calamaretes, sacudir tanto los pescados como los calamaretes para retirar el excedente de harina. ◆ Raspar las valvas de los mejillones, lavarlos y acomodarlos en un recipiente, rociar con el vino y colocar en *"Calentar", Nivel de potencia 80,* de 5 a 6´, removiéndolos cada 1 y 1/2 minuto y retirando los mejillones que se vayan abriendo. Completar la cocción y reservar el líquido que han despedido los mejillones. ◆ Calentar la bandeja doradora en *"Máximo", Nivel de potencia 100,* durante 8´, pincelarla con 1 cucharada del aceite, acomodar las rodajas de pescado y cocinarlas en *"Máximo", Nivel de potencia 100,* durante 1´ de cada lado. Acomodarlas en una cazuela térmica pincelada con otra cucharada del aceite. Realizar la misma operación con los calamaretes, es decir, colocarlos en la bandeja doradora calentada en *"Máximo", Nivel de potencia 100,* y cocinarlos 1/2 minuto de cada lado. Distribuirlos sobre los pescados. ◆ Filtrar el agua reservada de los mejillones por un colador cubierto con un lienzo para desechar la arena, verter sobre el pescado. ◆ Aparte, picar los dientes de ajo y cortar la cebolla por la mitad y luego en rodajas finas, colocarlas en un bol con el resto de aceite, es decir 1 cucharada; cocinar tapado en *"Rehogar", Nivel de potencia 90,* durante 5´, moviendo en la mitad de la cocción. ◆ Agregar el tomate y cocinar siempre en *"Rehogar", Nivel de potencia 90,* durante 3´ más. ◆ Añadir el pimentón y el azafrán diluidos en 100 cc de caldo o agua caliente, condimentar con sal y pimienta, verter sobre la cazuela con los pescados. ◆ Agregar los mejillones que estén adheridos a la valva, desechar la otra valva. Acomodar encima los langostinos y espolvorear con el perejil, tapar y cocinar en *"Hervir lento", Nivel de potencia 50,* durante 6´. ◆ Dejar reposar 5´ y servir sobre las tostadas al ajo.

TOSTADAS AL AJO

Calentar la bandeja doradora en *"Máximo", Nivel de potencia 100,* durante 8´, frotándola previamente con dos dientes de ajo y pincelarla con aceite, apoyar las rodajas de pan y dorarlas de ambos lados.
También se pueden preparar las tostadas pincelándolas con aceite de oliva procesado con 1 diente de ajo y dorarlas en la parrilla doradora.

Cómo congelar: en recipiente rígido.

Tiempo de conservación: 1 mes

Cómo descongelar: en *"Descongelar"* y luego en *"Calentar".*

LO QUE USTED NO PUEDE DEJAR DE SABER

Si el pescado crudo que se va a utilizar está congelado y se desea emplearlo en ese estado, cocinarlo del modo que indica la receta pero sin agregar el agua o caldo ya que el pescado va a despedir suficiente líquido.

Terrina de dos salmones

PORCIONES: 6   **TIEMPO DE PREPARACIÓN: 20´**   **TIEMPO DE COCCIÓN: 23´**

INGREDIENTES

Salmón ahumado,
6 rodajas
Salmón fresco, *750 g*
Puerros, *4*
Sal, pimienta y
jengibre, *a gusto*
Aceite, *2 cucharadas*
Ralladura de piel
de limón,
1/2 cucharada
Huevos, *2*
Claras, *2*
Crema de leche,
100 cc
Eneldo,
1/2 cucharadita

◆ Aceitar una budinera o terrina, cubrir el fondo con papel manteca aceitado, espolvorear todo el interior del molde con pan rallado o azúcar. ◆ Acomodar las rodajas de salmón ahumado tapizando parte del fondo y los costados de la budinera. ◆ Colocar el salmón fresco cortado en rodajas en un recipiente con los puerros, 1 taza de agua, sal y pimienta, tapar y cocinar en *"Máximo", Nivel de potencia 100,* durante 6´, dejar reposar. ◆ Escurrir y colocar en la procesadora o licuadora los puerros, la carne de salmón sin la piel y espinas, el aceite, la ralladura de limón, los huevos y las claras. ◆ Procesar o licuar hasta obtener una pasta, mezclar con la crema y condimentar con sal, pimienta, 1 cucharadita de jengibre rallado y el eneldo, colocar dentro de la budinera, tapar y cocinar en *"Máximo", Nivel de potencia 100,* durante 4´ y en *"Calentar", Nivel de potencia 80,* de 12 a 13´. ◆ Dejar reposar 8 minutos y desmoldar. ◆ Servir con salsa holandesa (véase pág. 176) o una mayonesa aligerada con jugo de limón.

Cómo congelar: en la budinera, cuando esté firme desmoldar y envolver en papel film y embolsar sin aire.

Tiempo de conservación: 1 mes

Cómo descongelar: pasar a la heladera y completar el proceso en *"Descongelar".*

LO QUE USTED NO PUEDE DEJAR DE SABER

Recordar que no se puede congelar mayonesa comprada ni sopas ni cremas de paquete, como tampoco las preparaciones que tienen mucho almidón de maíz.

Guarniciones

GUARNICIONES

• Es importante saber combinar la guarnición con el plato central; en este capítulo doy varias sugerencias, aunque algunas de estas guarniciones se pueden convertir en el plato de entrada.

CONSERVACIÓN DE HUEVOS

Huevos	Envasado	Cómo descongelar	Conservación
Huevos enteros	Batir ligeramente yema y clara, agregar por cada 3 huevos 1/2 cucharadita de sal o azúcar (según para lo que se vaya a utilizar). Guardar en recipiente rígido.	Descongelar a temperatura ambiente.	6 meses
Yema	Proceder igual que con los huevos enteros y guardar en recipiente rígido o distribuir en cubetera (para calcular 1 yema en cada espacio).	Descongelar a temperatura ambiente.	6 meses
Clara	Proceder igual que con los huevos enteros, guardar en recipiente rígido o cubetera. Se puede congelar sin sal ni azúcar.	Descongelar a temperatura ambiente.	6 meses

Nota

Los huevos no se pueden congelar con cáscara porque estallan; tampoco duros.

CONSERVACIÓN DE LÁCTEOS

Lácteos	Envasado	Cómo descongelar	Conservación
Leche	No se congela en botellas sino en recipientes rígidos, dejando un espacio por llenar o en los envases de cartón en que se vende.	En la heladera o en *"Descongelar", Nivel de potencia 30*, durante 20' por cada litro.	1 mes
Manteca	Muy fresca. Guardar en cantidades pequeñas en papel de aluminio.	En la heladera	Salada, 3 meses Sin sal, 3 meses

Lácteos	Envasado	Cómo descongelar	Conservación
Queso duro rallado	Guardar en bolsa o recipiente.	En la heladera	6 meses
Crema	De tenor graso alto, batida punto chantillí. Guardar en copitos rígidos.	En la heladera	3 meses
Queso cremoso	Debe tener 40 a 50% de grasa. Guardar fraccionado en bolsa o recipiente.	En la heladera	3 meses
Mozzarella	Cortada en rodajas, separada entre sí con papel metalizado. Guardar en bolsa.	En la heladera	3 meses
Queso blanco	Mezclado con dulce de leche, guardar en recipiente rígido. No congelar solo ya que se corta por el bajo tenor graso.	En la heladera	3 meses

Ensalada de zapallitos

INGREDIENTES

Zapallitos, *600 g*
Cebolla, *1*
Vinagre de manzana,
1/2 vaso
Sal, *a gusto*
Aceite, *1 cucharada*
Mostaza,
1 cucharadita
Huevos duros, *2*

PARA ACOMPAÑAR CARNES ROJAS Y BLANCAS

◆ Quitar los cabitos de los zapallitos y cortarlos en cubos más bien pequeños. Cortar la cebolla por la mitad luego en rodajas finas, colocar todo en un recipiente o en bolsa. ◆ Rociar con el vinagre y 1 vaso de agua. Condimentar con poca sal, tapar y cocinar en "Máximo" durante 8´, moviendo los vegetales en la mitad de la cocción. ◆ Escurrir, condimentar con el aceite, la mostaza y los huevos duros picados. ◆ Si se va a congelar, no colocar los huevos duros.

CÓMO CONGELAR: en bolsa o recipiente rígido con tapa.
TIEMPO DE CONSERVACIÓN: 3 a 4 meses
CÓMO DESCONGELAR: a temperatura ambiente o en microondas en *"Calentar"* o *"Descongelar".*

 LO QUE USTED NO PUEDE DEJAR DE SABER
En el microondas no se pueden cocinar huevos con su cáscara para obtener huevos duros porque estallan. Para esto, cascar cada huevo en un pocillo de café o en un recipiente térmico, pinchar la yema, tapar el recipiente con papel film y cocinar 2´ en *"Máximo", Nivel de potencia 100,* rotando el envase en la mitad de la cocción.
Luego, dejarlo reposar 1´ y picarlo para utilizarlo en la preparación deseada.

Budincitos de espárragos

PORCIONES: 5   TIEMPO DE PREPARACIÓN: 20'   TIEMPO DE COCCIÓN: 24'

INGREDIENTES

Espárragos trigueros, *400 g*
Puerros, *3*
Manteca, *20 g*
Aceite, *1 cucharada*
Crema, *200 g*
Huevos, *3*
Ricota, *250 g*
Sal, pimienta y nuez moscada, *a gusto*
Queso parmesano rallado, *4 cucharadas*

PARA ACOMPAÑAR PESCADOS O AVE

◆ Cortar el tronco duro de los espárragos, acomodarlos en una tartera con las puntas superpuestas en el centro, rociar con 1/2 vaso de agua, tapar y cocinar en *"Máximo", Nivel de potencia 100,* de 5 a 6', dejar reposar unos minutos. ◆ Aparte, cortar en rodajas los puerros, colocarlos en un recipiente con la manteca y el aceite y cocinar en *"Rehogar", Nivel de potencia 90,* durante 3'. ◆ Procesar o licuar los puerros con los espárragos, la crema y los huevos, mezclar con la ricota, condimentar con sal, pimienta, nuez moscada y el queso rallado. ◆ Rociar con spray vegetal cinco moldes térmicos para budincitos o un molde de budín inglés, espolvorear con pan rallado, colocar la preparación, tapar y cocinar los budincitos en *"Hornear", Nivel de potencia 60,* de 14 a 15'. Dejar reposar 5 minutos y desmoldar. ◆ Si se cocina en molde de budín inglés, cocinar en *"Hornear", Nivel de potencia 60,* durante 15' y en *"Máximo", Nivel de potencia 100,* durante 5' más.

CÓMO CONGELAR: desmoldar en congelación abierta, cuando estén bien duros envolver en papel film y embolsar.
TIEMPO DE CONSERVACIÓN: 3 meses
CÓMO DESCONGELAR: en *"Calentar"* dentro de los mismos moldes.

LO QUE USTED NO PUEDE DEJAR DE SABER
Para blanquear espárragos, si son verdes, cortar sólo el tronco duro. Si son blancos, pelarlos con el pelapapa y cortar el tronco duro, cocinar en una tartera superponiendo en el centro la punta de los espárragos, tapar y cocinar en *"Máximo", Nivel de potencia 100,* cada 500 g, de 4 a 5 minutos. Pasar por agua helada, secarlos bien y guardar en recipiente rígido o en bolsa hasta 7 a 8 meses.

Ensalada agridulce de repollo rojo y salchichas

PORCIONES: 5   TIEMPO DE PREPARACIÓN: 12´   TIEMPO DE COCCIÓN: 5´

INGREDIENTES

Repollo colorado,
1 (500 g)
Mostaza,
1 cucharada
Salchichas de Viena, 5
Manzanas Granny
Smith, 2
Jugo de limón,
1 cucharada
Vino tinto,
3 cucharadas
Vinagre de maíz,
2 cucharadas
Azúcar, *2 cucharadas*
Aceite de maíz,
1 cucharada
Mayonesa,
2 cucharadas
Zanahoria rallada, *1*
Nueces picadas,
3 cucharadas

PARA ACOMPAÑAR CARNE DE CERDO

◆ Separar las hojas de repollo, desechar las nervaduras gruesas y cortar las hojas en fina juliana, colocarlas en agua helada. ◆ Aparte, colocar en un recipiente la mostaza con las salchichas cortadas en rodajitas, las manzanas peladas y cortadas en cubitos muy pequeños, el jugo de limón, el vino tinto y el vinagre. Cocinar en *"Máximo", Nivel de potencia 100,* durante 3´, removiendo en la mitad de la cocción, espolvorear con el azúcar y proseguir la cocción 2 minutos más. ◆ Mezclar el aceite con la mayonesa y la preparación de salchichas. Escurrir el repollo, secarlo y aderezarlo con la preparación. Mezclar muy bien y espolvorear con la zanahoria y las nueces.

CÓMO CONGELAR: es conveniente, si se va a congelar, blanquear el repollo, luego mezclar con la cocción de las salchichas y manzanas y guardar en bolsa o recipiente rígido.

TIEMPO DE CONSERVACIÓN: 2 meses

CÓMO DESCONGELAR: en *"Descongelar"* y aderezar recién con el aceite, las zanahorias y las nueces molidas.

LO QUE USTED NO PUEDE DEJAR DE SABER

Para blanquear vegetales en microondas es conveniente colocar dentro de la cocina pequeñas porciones y cocinar un tiempo bien breve. Los vegetales deben quedar firmes y no blandos como si estuvieran cocidos.

Recordar también que al retirar los vegetales del microondas, hay que colarlos y sumergirlos en agua con hielo el doble del tiempo en el que estuvieron en el microondas.

Ensalada tibia de cebolla y granadina

PORCIONES: 5	TIEMPO DE PREPARACIÓN: 15´	TIEMPO DE COCCIÓN: 14 a 15´

INGREDIENTES
Cebollas, *1 kilo*
Sal y vinagre de manzana, *a gusto*
Azúcar, *100 g*
Aceite de maíz, *2 cucharadas*
Refresco de granadina, *2 cucharadas*
Semillas de sésamo tostadas, *3 cucharadas*

PARA ACOMPAÑAR CARNE DE CERDO O AVE

◆ Pelar las cebollas, cortarlas por la mitad y luego en rodajas finas, colocarlas en un bol con 1 cucharadita de sal, 3 cucharadas de vinagre, 1/2 vaso de agua y el azúcar, tapar y cocinar en *"Hervir lento"*, *Nivel de potencia 50*, durante 12´. ◆ Revolver 2 veces durante su cocción, rociar con el aceite y la granadina y cocinar 2 o 3 minutos más. ◆ Servir espolvoreado con las semillas de sésamo tostadas.

CÓMO CONGELAR: en bolsa o recipiente rígido.
TIEMPO DE CONSERVACIÓN: 2 meses
CÓMO DESCONGELAR: en *"Calentar".*

 LO QUE USTED NO PUEDE DEJAR DE SABER

Para tostar el sésamo o cualquier otra semilla o fruta seca, calentar la bandeja doradora en *"Máximo"*, *Nivel de potencia 100*, de 6 a 7´, pincelarla con manteca y esparcir las semillas o frutas secas. Cocinar en *"Máximo"*, *Nivel de potencia 100*, de 2 a 4´, moviéndolas cada 1/2 minuto hasta que estén doradas.

Couscous

PORCIONES: 5	TIEMPO DE PREPARACIÓN: 12´	TIEMPO DE COCCIÓN: 10 a 12´

INGREDIENTES
Aceite, *1 cucharada*
Cebolla, *1/2*
Dientes de ajo, *1*
Ají rojo, *1/2*
Caldo de verdura, *2 tazas*
Couscous de cocimiento rápido, *1 y 1/2 taza*
Sal y pimienta, *a gusto*

PARA ACOMPAÑAR CARNE DE CORDERO O VACUNA EN GENERAL

◆ Colocar el aceite en un recipiente con la cebolla, el ajo y el ají bien picado, tapar y cocinar en *"Rehogar"*, *Nivel de potencia 90*, durante 4´, revolver en la mitad de la cocción. ◆ Agregar el caldo caliente y el *couscous* en forma de lluvia, revolviendo con cuchara de madera, condimentar con sal y pimienta. Tapar y cocinar en *"Hervir lento"*, *Nivel de potencia 50*, de 6 a 7´, revolviendo desde los bordes hacia adentro 2 veces durante la cocción. ◆ Servirlo tibio en una fuente espolvoreado con perejil picado o con arvejas salteadas en manteca.

CÓMO CONGELAR: en porciones en bolsas pequeñas para freezer, luego colocarlas en una bolsa grande, cerrar sin aire, etiquetar y guardar.

TIEMPO DE CONSERVACIÓN: 3 meses

CÓMO DESCONGELAR: colocar las bolsitas individuales en *"Descongelar"* y luego en *"Calentar".* En esta forma se puede utilizar sólo las porciones que se necesiten.

LO QUE USTED NO PUEDE DEJAR DE SABER

También puede congelar el couscous en la fuente en congelación abierta, cuando esté bien firme cortarlo en porciones y superponerlas separadas con papel, luego embolsarlas sin dejar aire, cerrar y etiquetar.

Chauchas al verdeo

PORCIONES: 4 A 5	TIEMPO DE PREPARACIÓN: 20′	TIEMPO DE COCCIÓN: 25′

INGREDIENTES
Chauchas, *500 g*
Sal, *a gusto*
Cebollas de verdeo, *3*
Aceite de oliva,
3 cucharadas
Salsa de Tabasco, *1 cucharadita*
Jamón cocido
en un trozo, *100 g*
Huevo, *1*

PARA ACOMPAÑAR CARNE VACUNA O AVE

◆ Limpiar las chauchas, retirando los extremos y, con ayuda del pelapapas, el borde para desechar la fibra o hilo que las circunda. Lavarlas y colocarlas en un bol con agua y sal, tapar y cocinar en *"Máximo", Nivel de potencia 100,* de 14 a 15′; revolver en la mitad de la cocción, dejar reposar 2 o 3 minutos y colar. ◆ Aparte, cortar las cebollas en rodajas finas, colocarlas con el aceite en *"Rehogar", Nivel de potencia 90,* durante 3′, revolviendo al 1 y 1/2 minuto, agregar la salsa de Tabasco y el jamón cortado en tiras finas, cocinar 1′ más y añadir las chauchas, rectificar la sal, mezclar y tapar. Cocinar en *"Guisar", Nivel de potencia 70,* de 6 a 7′. ◆ Dejar reposar 5 minutos. ◆ Decorar con el huevo duro picado.

Nota

Cascar el huevo en un pocillo de café humedecido con agua, pinchar la yema, tapar el pocillo y cocinar en "Hervir lento", Nivel de potencia 50, durante 1 y 1/2 a 2′; dejar reposar unos segundos y desmoldar. Dejar enfriar y picar.

CÓMO CONGELAR: sin el huevo duro, en recipiente rígido o en bolsa.

TIEMPO DE CONSERVACIÓN: 3 meses

CÓMO DESCONGELAR: tapado en *"Calentar"*, cocinar el huevo, picarlo y espolvorear las chauchas.

LO QUE USTED NO PUEDE DEJAR DE SABER

Para blanquear las chauchas, después de limpiarlas, sumergirlas en agua hirviendo con sal, cocinarlas de 2 a 3′, escurrirlas y sumergirlas en agua helada durante 5′. Secarlas y guardarlas en bolsa o recipiente. El tiempo de conservación es de 5 a 6 meses. Al utilizarlas se debe completar la cocción, ya sea guisándolas o por hervido.

Juliana de vegetales a la manteca y oliva

PORCIONES: 4   TIEMPO DE PREPARACIÓN: 15'   TIEMPO DE COCCIÓN: 8 A 9'

INGREDIENTES

Zanahorias, *2*
Cebolla, *1*
Zucchini, *2*
Ají rojo, *1*
Ají verde, *1*
Ají amarillo, *1*
Dientes de ajo, *2*
Champiñones, *150 g*
Manteca, *40 g*
Aceite de oliva,
3 cucharadas
Sal y pimienta,
a gusto
Queso *gruyère, 100 g*

PARA ACOMPAÑAR PESCADOS, AVE O CARNE VACUNA

◆ Cortar las zanahorias, la cebolla, los *zucchini*, los ajíes y los dientes de ajo en fina juliana, colocarlos en bolsa con 4 o 5 cucharadas de agua y cocinar en *"Máximo"*, *Nivel de potencia 100*, durante 2'. Dejar reposar 2 minutos y escurrir. ◆ Colocar la manteca con el aceite en un recipiente, cocinar en *"Máximo"*, *Nivel de potencia 100*, durante 1/2 minuto, colocar los champiñones fileteados, tapar y cocinar en *"Máximo"*, *Nivel de potencia 100*, durante 2'.
◆ Agregar el resto de los vegetales cortados en juliana, condimentar con sal y pimienta, mezclar, tapar y cocinar en *"Hornear"*, *Nivel de potencia 60*, durante 4'. Mezclar y dejar reposar 3 minutos. ◆ Espolvorear con el queso cortado en láminas con ayuda del pelapapa.

CÓMO CONGELAR: reducir 1 minuto cada uno de los tiempos de cocción.
TIEMPO DE CONSERVACIÓN: 3 meses
CÓMO DESCONGELAR: en *"Calentar".*

LO QUE USTED NO PUEDE DEJAR DE SABER
Si directamente se va a preparar este plato para congelarlo, omitir el blanqueo de los vegetales y cocinarlos en *"Guisar"*, *Nivel de potencia 70*, durante 10', revolviendo 2 veces durante la cocción.

Repollitos de Bruselas a la manteca

PORCIONES: 5   TIEMPO DE PREPARACIÓN: 8´   TIEMPO DE COCCIÓN: 14´

INGREDIENTES

Repollitos de Bruselas, *500 g*
Sal, *a gusto*
Manteca, *40 g*
Aceite, *1/2 cucharada*
Lemon grasse, *1 cucharada*
Pimienta negra de molinillo, *a gusto*

PARA ACOMPAÑAR PESCADO

◆ Cortar los tronquitos de los repollitos y desechar las hojas secas, lavarlos y colocarlos en un recipiente con 1/2 taza de agua y sal, tapar y cocinar en *"Máximo"*, *Nivel de potencia 100*, durante 8´, removiéndolos en la mitad de la cocción. Dejar reposar 5 minutos y colar. ◆ Colocar la manteca con el aceite y el *lemon grasse* picado en *"Calentar"*, *Nivel de potencia 80*, agregar los repollitos, mezclar, espolvorear con pimienta, tapar y cocinar en *"Guisar"*, *Nivel de potencia 70*, durante 6´, removiendo en la mitad de la cocción.

Nota

El lemon grasse se puede sustituir en parte con ralladura de piel de limón.

CÓMO CONGELAR: en bolsa o recipiente rígido.
TIEMPO DE CONSERVACIÓN: 5 meses
CÓMO DESCONGELAR: tapado en *"Calentar"*.

 LO QUE USTED NO PUEDE DEJAR DE SABER

Para conservar repollitos de Bruselas durante 8 a 10 meses, deben limpiarse y cocinarse 2 a 3´ en *"Máximo"*, *Nivel de potencia 100*, en agua con sal, escurrirlos y colocarlos en agua helada de 5 a 6´. Secarlos y embolsarlos. Para descongelar, directamente en agua hirviendo o si se van a utilizar par salsear carnes, pastas o pescados, colocarlos en la salsa y cocinarlos hasta tiernizarlos.

Ensalada tibia de hinojos

PORCIONES: 4	TIEMPO DE PREPARACIÓN: 6´	TIEMPO DE COCCIÓN: 8´

INGREDIENTES

Hinojos medianos, *4*
Zanahorias, *2*
Cebollas, *2*
Dientes de ajo, *3*
Vinagre, *1/2 vaso*
Sal gruesa, *a gusto*
Laurel, *1 hoja*
Aceite de oliva,
cantidad necesaria
Perejil picado,
2 cucharadas

PARA ACOMPAÑAR PESCADOS O AVE

◆ Desechar las hojas externas de los hinojos. Cortar la parte tierna en rodajas finas, colocarlas en un recipiente térmico o en bolsa para freezer y agregar las zanahorias, cebollas y dientes de ajo cortados también en rodajas. ◆ Agregar el vinagre, unos granos de sal, un vaso de agua y el laurel. ◆ Cerrar la bolsa o tapar el recipiente y cocinar a temperatura máxima durante 8', moviendo los vegetales en la mitad de la cocción. ◆ Escurrir bien y condimentar con el aceite y espolvorear con el perejil.

CÓMO CONGELAR: cocinar solamente 5´ y guardar en bolsa.

TIEMPO DE CONSERVACIÓN: 3 a 4 meses

CÓMO DESCONGELAR: a temperatura ambiente o en microondas en *"Descongelar".*

LO QUE USTED NO PUEDE DEJAR DE SABER

Los vegetales que se blanquean para conservarlos en el freezer, deben primero cocinarse en microondas en *"Máximo", Nivel de potencia 100,* un tiempo muy breve que inactiva las enzimas y no permite que pierdan sus valores, color y sabor. Luego, hay que sumergirlos en agua con hielo el doble de tiempo que estuvieron en el microondas. Por último, secarlos muy bien y envasarlos en bolsas para freezer o en recipientes rígidos con tapa.

Aunque esta técnica de congelación la repito en varias recetas, es tan importante que debemos tenerla siempre presente.

Budín de coliflor y brócoli a la manteca de ajo

PORCIONES: 5	TIEMPO DE PREPARACIÓN: 12´	TIEMPO DE COCCIÓN: 18 A 20´

INGREDIENTES
Coliflor mediana, *1*
Brócoli, *400 g*
Dientes de ajo
sin pelar, *8*
Manteca, *40 g*
Sal y pimienta,
a gusto

PARA ACOMPAÑAR PESCADO, AVE O CARNES ROJAS

◆ Separar la coliflor en ramitos, colocarlos en un bol con 1/2 vaso de agua, tapar y cocinar en *"Máximo", Nivel de potencia 100,* de 5 a 6´. ◆ Realizar lo mismo con los brócoli, colocarlos en un bol con 1/2 vaso de agua, tapar y cocinar en *"Máximo", Nivel de potencia 100,* de 3 a 4´. ◆ Colocar los dientes de ajo en una bolsa, cocinar en *"Hornear", Nivel de potencia 60,* durante 5´, moviendo los ajos en la mitad de la cocción, deben resultar bien tiernos al tocarlos. ◆ Retirar la pulpa de los ajos y pisarla con la manteca a temperatura ambiente, condimentar con sal y pimienta. ◆ Untar un bol con parte de esta manteca. Acomodar los ramitos de coliflor y brócoli alternando los colores y colocando la parte de los troncos hacia adentro del bol, distribuir el resto de la manteca al ajo y rellenar el centro con el resto de coliflor y brócoli, ajustar bien, tapar y cocinar en *"Hornear", Nivel de potencia 60,* durante 5´. ◆ Dejar reposar 5 minutos y desmoldar. Servir tibio o frío salseado con mayonesa al limón.

CÓMO CONGELAR: dentro del bol, cuando esté bien firme, desmoldar y embolsar sin nada de aire.
TIEMPO DE CONSERVACIÓN: 5 a 6 meses
CÓMO DESCONGELAR: en el mismo bol en *"Calentar".*

LO QUE USTED NO PUEDE DEJAR DE SABER

La coliflor y el brócoli no tienen el mismo tiempo de conservación. Los brócoli blanqueados pueden durar en el freezer hasta 10 o 12 meses; en cambio, para la coliflor se estima una duración máxima de 6 meses.

Tomates a la provenzal

PORCIONES: 4	TIEMPO DE PREPARACIÓN: 8'	TIEMPO DE COCCIÓN: 6'

INGREDIENTES

Tomates medianos
bien firmes, *4*
Sal, pimienta,
tomillo y albahaca,
a gusto
Miga de pan
rallada,
*4 cucharadas
colmadas*
Queso parmesano
rallado,
*4 cucharadas
colmadas*
Aceite de oliva,
2 cucharadas
Aceitunas negras, *4*
Anchoas, *4*

PARA ACOMPAÑAR CARNES ROJAS, AVE O PESCADO

◆ Lavar los tomates y partirlos por la mitad, retirar con cuidado el pedúnculo, exprimirlos ligeramente para desechar algunas semillas. ◆ Acomodar los tomates en forma circular en una tartera térmica pincelada con aceite, condimentarlos con sal y pimienta negra de molinillo. ◆ Colocar en un bol 2 cucharadas de tomillo y albahaca picados, agregar la miga de pan y el queso, mezclar y distribuir en forma abundante sobre los tomates, rociar con el aceite y decorar con las aceitunas envueltas en las anchoas. ◆ Colocar en la parrilla baja y cocinar en grill y *"Hornear"*, *Nivel de potencia 60*, durante 6', moviendo en la mitad de la cocción los tomates colocados en el centro hacia el borde de la tartera y los del borde hacia el centro.

CÓMO CONGELAR: en recipiente rígido.

TIEMPO DE CONSERVACIÓN: 2 meses

CÓMO DESCONGELAR: en *"Descongelar"* y luego en *"Calentar"*.

LO QUE USTED NO PUEDE DEJAR DE SABER

Si los tomates se preparan para congelarlos, cocinarlos en grill y *"Hornear"*, *Nivel de potencia 60*, sólo durante 3'. El frío del freezer y el calentamiento finaliza la cocción.

Yorkshire pudding

PORCIONES: 5	TIEMPO DE PREPARACIÓN: 12'	TIEMPO DE COCCIÓN: 14'

INGREDIENTES

Huevos, *3*
Leche, *250 cc*
Sal, *1/2 cucharada*
Pimienta negra de
molinillo, *a gusto*
Harina, *250 g*
Manteca, *50 g*

PARA ACOMPAÑAR CARNE VACUNA, CORDERO O CERDO

◆ Batir los huevos con la leche, la sal y la pimienta de molinillo, verter sobre la harina revolviendo con batidor hasta conseguir una preparación espumosa. Añadir la mitad de la manteca fundida y dejar reposar de 5 a 6'. ◆ Con el resto de la manteca, untar en forma abundante una tartera térmica. Verter la preparación; debe quedar una altura de 2 a 3 cm. ◆ Cocinar en *"Hornear"*, *Nivel de potencia 60*, durante 10' y dorar en el grill a *"Máximo"*, *Nivel de potencia 100*, de 3 a 4'. ◆ Dejar reposar 5' y servir cortado en triángulos.

CÓMO CONGELAR: cortado en recipiente rígido en capas separadas por separador de papel.
TIEMPO DE CONSERVACIÓN: 4 meses
CÓMO DESCONGELAR: en "Calentar".

LO QUE USTED NO PUEDE DEJAR DE SABER

El Yorkshire *pudding* acompaña siempre al *roast beef*. Éste se cocina sobre la rejilla del horno y debajo de la rejilla se acomoda el recipiente con la pasta del Yorkshire *pudding;* se cocinan ambos al mismo tiempo y de ese modo la grasa y jugos de la carne caen sobre la pasta.

Puré de batata a la crema de nuez

PORCIONES: 4 A 5	TIEMPO DE PREPARACIÓN: 12´	TIEMPO DE COCCIÓN: 14 A 15´

<u>INGREDIENTES</u>
Batatas, *1 kilo*
Leche, *200 cc*
Limón, *1/2*
Sal, pimienta y nuez moscada, *a gusto*
Manteca, *60 g*
Crema de leche, *100 cc*
Nueces molidas, *4 cucharadas*

PARA ACOMPAÑAR CARNE DE CERDO O AVE

◆ Pelar las batatas y cortarlas en rodajas, colocarlas en un recipiente con 100 cc de agua, 100 cc de la leche y el jugo del medio limón, condimentar con 1/2 cucharadita de sal gruesa, tapar y cocinar en *"Máximo", Nivel de potencia 100,* de 14 a 15´, remover 2 veces durante la cocción. ◆ Verificar que pasando los 15´ estén tiernas, dejar reposar 4 a 5´. ◆ Escurrir el líquido de cocción y pisarlas o procesarlas, mezclar con el resto de la leche, la manteca y la crema, rectificar el sabor con sal, pimienta blanca de molinillo y nuez moscada. ◆ Para evitar las fibras de la batata es conveniente pasar el puré por chino o cernidor. Agregar las nueces molidas. ◆ Servir en una tartera o formar rosetas con el puré colocado en una manga con boquilla rizada. Para calentarlo en el momento de utilizar, hacerlo en *"Calentar", Nivel de potencia 80.*

CÓMO CONGELAR: agregar al puré 50 cc más de crema de leche, acomodar en recipiente rígido o congelar las rosetas de puré en congelación abierta y luego guardar en recipiente rígido.
TIEMPO DE CONSERVACIÓN: 1 mes
CÓMO DESCONGELAR: en *"Calentar".*

LO QUE USTED NO PUEDE DEJAR DE SABER

Recordar que las batatas bien lavadas se pueden cocinar con su piel; en este caso pinchar la superficie en varias partes, embolsarlas con poco agua y cocinarlas en *"Máximo", Nivel de potencia 100,* de 8 a 10´ cada 3 batatas, moviéndolas en la mitad de la cocción. Estos tiempos son estimativos porque puede variar según el tamaño y calidad de las batatas.

Zanahorias a la crema con jengibre

PORCIONES: 4   TIEMPO DE PREPARACIÓN: 12´   TIEMPO DE COCCIÓN: 15´

INGREDIENTES

Zanahorias, *500 g*
Cebolla, *1*
Manteca, *30 g*
Aceite de maíz,
1 cucharada
Sal, pimienta, azúcar
y canela, *a gusto*
Pasas rubias
(optativo),
2 cucharadas
Crema de leche,
150 cc
Jengibre fresco
rallado, *1 cucharadita*
Queso parmesano
rallado, *4 cucharadas*

PARA ACOMPAÑAR AVES

◆ Pelar y rallar o procesar las zanahorias, colocar en un recipiente con la cebolla picada fina, la manteca y el aceite, tapar y cocinar en *"Rehogar", Nivel de potencia 90*, de 4 a 5´, removiendo en la mitad de la cocción, condimentar con sal, pimienta, 1/2 cucharadita de canela y las pasas (optativo), colocar en una tartera. ◆ Mezclar la crema con el jengibre y el queso, condimentar con poca sal y pimienta, verter sobre las zanahorias. Tapar y cocinar en *"Hornear", Nivel de potencia 60*, de 7 a 8´. ◆ Si se desea dorado, colocar en la rejilla alta y gratinar en grill a *"Máximo", Nivel de potencia 100*, hasta dorar.

CÓMO CONGELAR: en congelación abierta, cuando esté bien firme, desmoldar sobre papel film, envolver con este papel y luego con papel metalizado.
TIEMPO DE CONSERVACIÓN: 2 meses
CÓMO DESCONGELAR: en la misma tartera, tapado, en *"Calentar", Nivel de potencia 80*.

 LO QUE USTED NO PUEDE DEJAR DE SABER

Si a la cocción de la cebolla y las zanahorias se agregan las especias, la crema, el queso y 3 huevos ligeramente batidos, se puede utilizar esta preparación como relleno de una tarta. Se debe tener siempre la precaución de precocinar la masa de la tarta 8´ en *"Máximo", Nivel de potencia 100*, colocar el relleno y proseguir la cocción de 8 a 10´ más en *"Máximo", Nivel de potencia 100*.

Zanahorias y batatas glaseadas

PORCIONES: 5   TIEMPO DE PREPARACIÓN: 15´   TIEMPO DE COCCIÓN: 15´

INGREDIENTES

Zanahorias, *500 g*
Batatas, *600 g*
Sal y pimienta,
a gusto
Manteca, *40 g*
Aceite, *1 cucharada*
Miel, *2 cucharadas*
Azúcar, *3 cucharadas*
Jugo y ralladura de
naranja, *a gusto*

PARA ACOMPAÑAR CARNE DE CERDO O AVE

◆ Pelar las zanahorias y las batatas, cortarlas en pequeños cubos.
◆ Colocar las zanahorias en bolsa con 1/2 vaso de agua y sal. No cerrar herméticamente la bolsa para que pueda salir el vapor de la cocción. Cocinar en *"Máximo", Nivel de potencia 100,* de 8 a 10´, moverlas una vez durante la cocción. Dejar reposar 3 a 4´.
◆ Cocinar las batatas de la misma forma que las zanahorias, en *"Máximo", Nivel de potencia 100,* de 6 a 7´. Dejar reposar 3 a 4´.
◆ Escurrir ambos vegetales. Colocar en un recipiente la manteca con el aceite, la miel y el azúcar, tapar y cocinar en *"Máximo", Nivel de potencia 100,* durante 2´, agregar los vegetales, rociar con 3 cucharadas de jugo de naranja, 1 cucharadita de ralladura de piel de naranja, sal y pimienta. ◆ Proseguir la cocción en *"Calentar", Nivel de potencia 80,* moviendo los vegetales cada 2 minutos hasta que comiencen a tomar brillo y glasearse.

CÓMO CONGELAR: en recipiente rígido.
TIEMPO DE CONSERVACIÓN: 2 meses
CÓMO DESCONGELAR: en *"Calentar",* moviendo 2 veces durante la cocción.

 LO QUE USTED NO PUEDE DEJAR DE SABER
Cuando se dan los tiempos de cocción de los vegetales, tener en cuenta que según el tamaño de los cortes será mayor o menor el tiempo de cocción. Por lo tanto cuando se indica de 8 a 10´ vigilar la cocción a los 5 o 6 minutos para no pasarse de tiempo.

Panqueques de arroz

PORCIONES: 5   TIEMPO DE PREPARACIÓN: 10'   TIEMPO DE COCCIÓN: 5'

INGREDIENTES

Arroz cocido, *1 taza*
Huevo, *1*
Queso parmesano,
2 cucharadas
Harina leudante,
4 cucharadas
Manteca fundida,
20 g
Leche,
6 o 7 cucharadas
Sal, pimienta y nuez
moscada, *a gusto*

PARA ACOMPAÑAR AVE O CARNE VACUNA

◆ Mezclar el arroz con el huevo, el queso parmesano, la harina, la manteca fundida y la leche, condimentar con sal, pimienta y nuez moscada. ◆ Calentar la bandeja doradora en *"Máximo", Nivel de potencia 100,* durante 7 a 8', pincelarla con manteca y distribuir encima porciones de preparación por cucharadas aplanándolas ligeramente. ◆ Cocinar en *"Máximo", Nivel de potencia 100,* de 2 1/2 a 3 minutos de un lado, con ayuda de una espátula darlas vuelta y proseguir la cocción 2' más, siempre en *"Máximo", Nivel de potencia 100.* ◆ Deben resultar dorados pero jugosos.

CÓMO CONGELAR: superpuestos, con separadores de papel.
TIEMPO DE CONSERVACIÓN: 2 meses
CÓMO DESCONGELAR: en *"Calentar".*

LO QUE USTED NO PUEDE DEJAR DE SABER
Para cocinar 150 g de arroz, lavarlo y escurrirlo para desechar una parte de su almidón. Luego, cubrirlo con 300 cc de caldo o agua hirviendo con sal, mezclar, tapar y cocinar en *"Máximo", Nivel de potencia 100,* durante 9', dejar reposar de 7 a 8' y utilizar.

Salsas y cremas saladas y dulces

SALSAS Y CREMAS SALADAS Y DULCES

Las salsas y cremas realizadas en microondas reducen los tiempos de cocción de forma tal que en pocos minutos se tendrá lista la más exquisita y compleja preparación.

PAUTAS DE COCCIÓN DE SALSAS Y CREMAS

- Las salsas que llevan vinos se deben cocinar al principio destapadas y en *"Máximo", Nivel de potencia 100*, para que se evapore el alcohol.
- Cuando se preparan salsas con base de roux, debe revolverse siempre del borde hacia adentro.
- En el microondas pueden prepararse caramelo y salsas caramelo sin peligro de quemaduras o salpicaduras.
- Las salsas se pueden congelar, si se tiene la precaución de colocarlas en recipientes sin llegar a llenarlos hasta el borde, ya que al congelar aumentan su volumen y pueden rebalsar y sacar la tapa.
- Es importante preparar salsas en cantidad y luego, una vez frías, fraccionarlas en las porciones que se van a utilizar, de esa manera se tendrá un buen aliado para preparar cualquier tipo de comida.
- No deben congelarse salsas cuya base contenga sólo huevos o crema porque se cortan cuando se descongelan.
- Conviene condimentarlas lo menos posible, porque el frío intensifica el sabor, por lo tanto es preferible rectificar el sabor de sal y pimienta al sacarlas del congelador y también agregar las especias después.
- En las salsas en las que se indica espesar con almidón de maíz, es conveniente hacer este agregado al descongelar.

Salsa All'Alfredo

INGREDIENTES

Crema de leche,
400 cc
Jamón crudo en un
trozo, *150 g*
Queso parmesano
rallado, *100 g*
Sal, pimienta y nuez
moscada, *a gusto*

PARA ACOMPAÑAR PASTAS

◆ Colocar la crema en un bol con el jamón cortado en cubitos pequeños y el queso. ◆ Condimentar con una pizca de sal, un toque de pimienta y otro de nuez moscada. Tapar y cocinar en *"Máximo", Nivel de potencia 100*, durante 1' y en *"Hervir lento", Nivel de potencia 50*, durante 1' más.

CÓMO CONGELAR: esta salsa es tan rápida de preparar que no es necesario congelarla ya que lleva más tiempo descongelarla que la acción de cocinarla.

LO QUE USTED NO PUEDE DEJAR DE SABER
En algunas preparaciones, como en este caso la salsa *All'Alfredo*, el microondas ofrece una rapidez tan grande en su cocción que no vale la pena congelarlas solas. Pero si hubieran sobrado spaghetti o cualquier otra pasta preparada con esta salsa, se debe congelar en recipiente rígido o colocar una bolsa de freezer en un molde. Acomodar la pasta, dejar endurecer y retirar entonces la bolsa, cerrar sin aire y etiquetar. La conservación es de 2 meses y la forma de descongelar en *"Descongelar"* y luego en *"Calentar".*

Salsa al oporto

INGREDIENTES

Cebolla rallada,
2 cucharadas
Tomillo fresco,
1 cucharadita
Vino oporto, *1/2 vaso*
Jugo de naranja,
250 cc
Jugo de limón, *100 cc*
Mostaza de Dijon,
1 cucharadita
Sal y pimienta de
molinillo, *a gusto*
Harina,
1 cucharadita colmada

PARA ACOMPAÑAR CARNE DE CERDO, AVE O JAMÓN

◆ Colocar en un recipiente la cebolla, el tomillo fresco o seco y el oporto. Cocinar en *"Máximo", Nivel de potencia 100*, durante 3'.
◆ Agregar el jugo de naranja, el de limón, la mostaza y condimentar con sal y pimienta. Cocinar 2' en *"Máximo", Nivel de potencia 100*, y agregar la harina diluida en 3 o 4 cucharadas de agua o jugo de naranja. ◆ Cocinar en *"Guisar", Nivel de potencia 70* durante 3', revolviendo cada minuto.

CÓMO CONGELAR: enfriar y guardar en bolsas, sacar bien el aire y etiquetar.
TIEMPO DE CONSERVACIÓN: 3 meses
CÓMO DESCONGELAR: en la misma bolsa en *"Calentar".*

Salsa bechamel

TIEMPO DE PREPARACIÓN: 6´   TIEMPO DE COCCIÓN: 5´

INGREDIENTES
Leche, *500 cc*
Manteca, *40 g*
Harina, *2 cucharadas*
Sal, pimienta y nuez moscada, *a gusto*

PARA RELLENOS

◆ Colocar en un bol la leche con la manteca a temperatura ambiente y la harina. Mezclar muy bien con batidor. Cocinar en *"Máximo"*, *Nivel de potencia 100*, durante 5´, revolviendo con el batidor cada 1 o 1 y 1/2 minuto desde los bordes hacia el centro.
◆ Condimentar con sal, pimienta blanca de molinillo y nuez moscada. Mezclar batiendo bien.

CÓMO CONGELAR: en recipiente rígido sin llegar al borde, etiquetar y guardar.
TIEMPO DE CONSERVACIÓN: 2 meses
CÓMO DESCONGELAR: a temperatura ambiente o en *"Calentar"*.

Salsa Mornay y salsa Soubiese

TIEMPO DE PREPARACIÓN: 2´   TIEMPO DE COCCIÓN: 5´

INGREDIENTES
Leche, *400 cc* /
Manteca, *40 g* /
Harina, *1 cucharada colmada* / Sal,
pimienta y nuez
moscada, *a gusto* /
Queso gruyère
rallado, *100 g* /
Crema, *50 cc*

PARA ACOMPAÑAR PASTAS, VEGETALES O HUEVOS
◆ Mezclar la leche con la manteca y la harina, cocinar en *"Máximo"*, *Nivel de potencia 100*, durante 5´, revolviendo cada 1 y 1/2 minuto desde los bordes hacia el centro. ◆ Condimentar con poca sal, pimienta blanca de molinillo, el queso y la crema.

SALSA SOUBISE (PARA ACOMPAÑAR CARNES)
Picar 200 g de cebolla y colocarla en un recipiente con 20 g de manteca y 1 cucharada de aceite de maíz. Cocinar tapada en *"Rehogar"*, *Nivel de potencia 90*, durante 5´, removiendo en la mitad de la cocción, procesar y mezclar la crema o puré de cebolla con 500 g de salsa bechamel.

CÓMO CONGELAR: en recipiente rígido.
TIEMPO DE CONSERVACIÓN: 2 meses
CÓMO DESCONGELAR: en *"Calentar"*, revolviendo cada minuto.

LO QUE USTED NO PUEDE DEJAR DE SABER
La base de salsa bechamel, que es una salsa madre, permite preparar diversas salsas.

Salsa holandesa y salsa muselina

TIEMPO DE PREPARACIÓN: 6´   TIEMPO DE COCCIÓN: 5´

INGREDIENTES
Yemas, *4*
Jugo de limón, *4 cucharadas*
Agua, *4 cucharadas*
Manteca, *175 g*
Sal y pimienta
blanca, *a gusto*

◆ Batir en un recipiente las yemas con el jugo de limón y el agua. Tapar y colocar en *"Máximo"*, *Nivel de potencia 100*, durante 2´, revolviendo enérgicamente cada minuto. ◆ Añadir lentamente, a medida que se va revolviendo, la manteca fundida. Colocar nuevamente en el microondas en *"Hervir lento"*, *Nivel de potencia 50*, durante 3´, revolviendo cada minuto hasta obtener una salsa suave; condimentar con sal y pimienta blanca de molinillo.

SALSA MUSELINA
Añadir a la salsa holandesa (de 4 yemas) ya cocida antes de condimentar con sal y pimienta, 4 cucharadas de crema de leche, mezclar bien y no volver a cocinar.

Cómo congelar: en recipiente rígido.
Tiempo de conservación: 2 meses
Cómo descongelar: en *"Descongelar"* removiendo 2 o 3 veces mientras se descongela.

LO QUE USTED NO PUEDE DEJAR DE SABER

La salsa holandesa no debe hervir porque se corta; esto ocurre porque el único agente espesante son los huevos, que se cortan a los 85°C.

Salsa chupín

TIEMPO DE PREPARACIÓN: 18´	TIEMPO DE COCCIÓN: 23´

INGREDIENTES
Cebollas, *2*
Ají rojo, *1*
Dientes de ajo, *2*
Aceite, *2 cucharadas*
Calamares, *2*
Mejillones, *1 kilo*
Abadejo, *1/2 kilo*
Camarones, *200 g*
Vino blanco, *1/2 vaso*
Sal, pimienta y
perejil, *a gusto*

PARA ACOMPAÑAR PASTAS

◆ Picar las cebollas, el ají y los dientes de ajo, colocar en un recipiente con el aceite, tapar y cocinar en *"Rehogar"*, *Nivel de potencia 90,* durante 4´, removiendo en la mitad de la cocción. ◆ Agregar los calamares limpios y cortados en rodajas finas. ◆ Aparte, colocar en un bol o bolsa los mejillones y cocinarlos en *"Guisar"*, *Nivel de potencia 70,* durante 3´, moviéndolos al 1 y 1/2 minuto. ◆ Retirar el molusco de las valvas, desechando los que no hubieran abierto. ◆ Filtrar el líquido de los mejillones y agregarlo a los calamares, tapar y cocinar en *"Hervir lento"*, *Nivel de potencia 50,* durante 8´. ◆ Añadir el abadejo cortado en postas, los mejillones, los calamares y el vino, condimentar con poca sal, pimienta, 2 cucharadas de perejil, tapar y cocinar en *"Hervir lento"*, *Nivel de potencia 50,* durante 8´ más. ◆ Dejar reposar 5´ y utilizar.

Nota

El abadejo debe estar bien limpio de espinas y cortado en trozos medianos.

Cómo congelar: en recipiente rígido.
Tiempo de conservación: 2 meses
Cómo descongelar: en *"Descongelar"* y luego en *"Calentar"*.

LO QUE USTED NO PUEDE DEJAR DE SABER

A pesar de que todas las recetas indican el tiempo justo de cocción, se debe verificar visualmente, abriendo la puerta de la cocina para decidir el punto deseado. Es importante recordar que el tiempo de reposo completa la cocción de los alimentos ya que la fricción molecular prosigue unos minutos más después de retirada la comida del microondas.

Salsa española

INGREDIENTES
Panceta salada, *200 g*
Zanahoria, *1*
Cebolla, *1*
Tomillo y laurel,
a gusto
Manteca, *125 g*
Harina, *100 g*
Vino blanco, *1/2 vaso*
Salsa o fondo oscuro,
1 y 1/2 litro
(véase pág. 182)
Puré de tomate,
1 lata
Azúcar,
1 cucharadita
Sal y pimienta,
a gusto

◆ Cortar la panceta en cubitos muy pequeños, la zanahoria y la cebolla en daditos pequeños (*mirepoix*). Rociar con 3 cucharadas de agua, tapar y cocinar en *"Hervir lento"*, *Nivel de potencia 50*, durante 8′, moviendo 2 veces la preparación durante la cocción para que la panceta se derrita. ◆ Colocar la manteca en un bol en *"Derretir"*, *Nivel de potencia 20*, hasta que esté fundida, agregar la harina, mezclar y añadir el vino, la salsa o fondo oscuro, la panceta, la zanahoria y la cebolla. Cocinar en *"Máximo"*, *Nivel de potencia 100*, durante 8′, revolviendo desde los bordes hacia adentro 2 veces durante la cocción. ◆ Filtrar la salsa por un chino, agregar el puré de tomate, el azúcar, condimentar si es necesario con sal y pimienta, tomillo y laurel y completar su cocción en *"Hervir lento"*, *Nivel de potencia 50*, durante 6′, revolviendo a los 3 minutos.

CÓMO CONGELAR: en porciones de 100 a 150 cc.
TIEMPO DE CONSERVACIÓN: 6 meses
CÓMO DESCONGELAR: en *"Calentar"*.

LO QUE USTED NO PUEDE DEJAR DE SABER
El exterior de las comidas está siempre más expuesto a las microondas que el centro; por ese motivo, se debe revolver de afuera hacia adentro varias veces durante la cocción para evitar que se formen grumos en las salsas.

Salsa de tomate a la albahaca

INGREDIENTES
Cebolla, *1*
Dientes de ajo, *1*
Aceite, *1/2 cucharada*
Tomates, *1 kilo*
Sal, pimienta y
azúcar, *a gusto*
Albahaca,
1 cucharada
Vermut, *1 cucharada*

PARA ACOMPAÑAR PASTAS, CARNES, AVES O PESCADOS

◆ Picar bien fino la cebolla y el ajo. Colocar en un recipiente con el aceite, tapar y cocinar en *"Rehogar"*, *Nivel de potencia 90*, durante 4′, revolviendo en la mitad de la cocción. ◆ Lavar los tomates, retirarles el pedúnculo y cortar la piel de la parte opuesta (base) en forma de cruz. Embolsarlos sin superponerlos y cocinarlos en *"Hornear"*, *Nivel de potencia 60*, durante 4 minutos, moviéndolos en la mitad de la cocción. ◆ Dejarlos reposar, pelarlos y picarlos o procesarlos desechando parte de las semillas. ◆ Mezclar con la cebolla y condimentar con sal, pimienta, 1/2 cucharadita de azúcar, la albahaca y el vermut. ◆ Tapar y cocinar en *"Guisar"*, *Nivel de potencia 70*, durante 5´, revolviendo 2 veces durante la cocción.

CÓMO CONGELAR: dejar enfriar y colocarla en bolsa o en recipiente rígido sin llegar a llenar hasta el borde.
TIEMPO DE CONSERVACIÓN: 6 meses
CÓMO DESCONGELAR: en *"Calentar"*.

LO QUE USTED NO PUEDE DEJAR DE SABER
Es práctico tener siempre en el freezer este tipo de salsa que se puede utilizar para diversas comidas.
Aconsejo guardarla en porciones para descongelar sólo la cantidad necesaria.

Salsa Cumberland

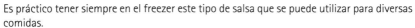

TIEMPO DE PREPARACIÓN: 12´ · · · · · TIEMPO DE COCCIÓN: 8´

INGREDIENTES	PARA ACOMPAÑAR POLLO, CERDO O ANIMALES DE CAZA
Jalea o mermelada de grosella, *3 cucharadas* Vino oporto, *6 cucharadas* Naranja, *1* Limón, *1* Sal y pimienta de Cayena, *a gusto* Mostaza inglesa, *1 cucharadita* Vinagre de manzana, *1 cucharada*	◆ Mezclar la jalea con el vino y cocinar en *"Hervir lento"*, *Nivel de potencia 50*, durante 2´, revolviendo en la mitad de la cocción. ◆ Con ayuda del pelapapas, retirar la piel de la naranja y del limón sin dejar restos de la parte blanca. ◆ Cortar las cascaritas en fina juliana, cubrirlas con agua y cocinarlas en *"Máximo"*, *Nivel de potencia 100*, durante 2´. Tirar el agua y repetir la cocción durante 2´, cubiertas con agua. ◆ Escurrir y mezclar la jalea o mermelada con la juliana de las cáscaras de naranja y limón, el jugo de la naranja y del limón y condimentar con poca sal, pimienta de Cayena, la mostaza y el vinagre. ◆ Cocinar en *"Hervir lento"*, *Nivel de potencia 50*, durante 2´, revolviendo en la mitad de la cocción.

CÓMO CONGELAR: como todas las salsas, en bolsa o recipiente rígido sin llegar al borde del recipiente.
TIEMPO DE CONSERVACIÓN: 2 meses
CÓMO DESCONGELAR: en *"Calentar"* o *"Descongelar"*, removiendo de vez en cuando.

LO QUE USTED NO PUEDE DEJAR DE SABER
Si se desea obtener más jugo de la naranjas o los limones, colocarlos de 15 a 20 segundos en *"Máximo"*, *Nivel de potencia 100*; luego exprimirlos.

Salsa de morrones al verdeo con estragón

TIEMPO DE PREPARACIÓN: 5´   TIEMPO DE COCCIÓN: 7´

INGREDIENTES

Morrones rojos, 3
Sal y vinagre de manzana, *a gusto*
Cebollas de verdeo, 2
Manteca, 20 g
Crema de leche, 150 cc
Estragón, *1/2 de cucharadita*
Pimienta verde, *a gusto*

PARA ACOMPAÑAR PESCADOS O AVES

◆ Cortar los morrones por la mitad, quitarles las semillas y las nervaduras, colocarlos en un recipiente con agua, sal y 3 o 4 cucharadas de vinagre de manzana. ◆ Tapar y cocinar en *"Máximo"*, *Nivel de potencia 100*, durante 4´, moviéndolos a los 2 minutos. ◆ Cortar las cebollas en rodajas y colocarlas con la manteca en un recipiente tapado en *"Rehogar"*, *Nivel de potencia 90*, durante 3´. ◆ Procesar los ajíes escurridos y la cebolla con la crema, sal, estragón y pimienta.

Nota

La pimienta verde es la misma que la pimienta negra y la blanca pero sin madurar.

CÓMO CONGELAR: en bolsa o recipiente rígido.
TIEMPO DE CONSERVACIÓN: 1 mes
CÓMO DESCONGELAR: en *"Descongelar"* y después en *"Calentar".*

LO QUE USTED NO PUEDE DEJAR DE SABER

Puede preparar esta salsa con morrones de lata, procesándolos directamente escurridos con las cebollas rehogadas, la crema, sal, estragón y pimienta verde.

Salsa maltesa

TIEMPO DE PREPARACIÓN: 8´   TIEMPO DE COCCIÓN: 7 A 8´

INGREDIENTES

Yemas, 4
Agua, *4 cucharadas*
Manteca clarificada, *200 g*
Sal y pimienta de Cayena, *a gusto*
Naranjas, 3

PARA ACOMPAÑAR PESCADOS, HUEVOS O AVES

◆ Batir las yemas con el agua, colocar en *"Baño de María"*, *Nivel de potencia 40*, durante 2´, revolviendo cada medio minuto. ◆ Agregar lentamente la manteca clarificada a medida que se revuelve con batidor. ◆ Condimentar con sal, pimienta y 1 cucharada de ralladura de piel de naranja. Mezclar y calentar en *"Entibiar"*, *Nivel de potencia 10*, durante 3´, removiendo cada minuto. ◆ Por último, incorporar el jugo de las naranjas filtrado. Calentar en *"Entibiar"*, *Nivel de potencia 10*.

Cómo congelar: en recipiente rígido sin llegar al borde, cerrar y etiquetar.
Tiempo de conservación: 2 meses
Como descogelar: en *"Descongelar"* y *"Calentar"*, removiendo 3 o 4 veces para evitar que se corte la salsa.

Para clarificar manteca, colocar en un recipiente 500 g de manteca cortada en trocitos, cocinar en *"Baño de María"*, *Nivel de potencia 40*, durante 2´. Revolver y colocar en *"Entibiar"*, *Nivel de potencia 10*, durante 3 o 4 minutos hasta que la manteca tome consistencia de aceite. Dejar reposar o decantar. El fondo va a tomar color blancuzco y la parte superior se mantendrá líquida como aceite. Pasar la parte líquida a otro recipiente.
Con 500 g de manteca se consiguen aproximadamente 300 g de manteca clarificada.

Salsa estofada con cuadril

Tiempo de preparación: 12´	Tiempo de cocción: 27´

Ingredientes
Cebolla, *1*
Ají, *1*
Aceite, *3 cucharadas*
Zanahoria rallada,
5 cucharadas
Cuadril u otro trozo
de carne, *400 g*
Tomate triturado,
500 g
Sal, pimienta y
azúcar, *a gusto*
Ajo y perejil,
2 cucharadas
Extracto de tomate,
1 cucharada
Vino blanco seco,
100 cc

Para acompañar pastas o arroz
◆ Picar la cebolla y el ají, colocar en un recipiente térmico con el aceite. Tapar. Cocinar 5 minutos en *"Rehogar"*, *Nivel de potencia 90*, revolver en la mitad de la cocción. ◆ Agregar la zanahoria y la carne cortada en cubos grandes. Tapar. Cocinar en *"Máximo"*, *Nivel de potencia 100* durante 5 minutos. ◆ Dar vuelta la carne y añadir el tomate. Condimentar con sal, pimienta, 1 cucharadita de azúcar y el ajo y perejil. Tapar. Cocinar en *"Guisar"*, *Nivel de potencia 70*, durante 12´. ◆ Incorporar el extracto de tomate diluido en el vino y mezclar. ◆ Cocinar destapado a *"Máximo"*, *Nivel de potencia 100* durante 5 minutos.

Cómo congelar: en bolsa o recipiente rígido sin llegar al borde del recipiente.
Tiempo de conservación: 2 meses
Cómo descongelar: en un recipiente, tapada, en *"Calentar"*.

El cuadril cortado en cubos se puede reemplazar por 300 g de carne picada y convertir así esta preparación en la clásica salsa boloñesa.

Salsa o fondo oscuro

TIEMPO DE PREPARACIÓN: 15'   TIEMPO DE COCCIÓN: 25'

INGREDIENTES

Carne vacuna, *600 g*
Huesos vacunos,
300 g
Harina, *1 cucharada*
Cebolla, *1*
Zanahoria, *1*
Perejil, laurel y
tomillo, *a gusto*
Sal y pimienta,
cantidad necesaria
Cuero de panceta,
150 g
Extracto de carne,
1/2 cucharada

◆ Cortar la carne y huesos en trozos, espolvorear con la harina, colocar en una fuente enmantecada y cocinar en grill y *"Máximo"*, *Nivel de potencia 100*, durante 10', moviendo 3 veces durante la cocción. ◆ Aparte, picar la cebolla y la zanahoria, colocar en un recipiente con hojas de perejil, 2 hojas de laurel y 2 ramas de tomillo, condimentar con sal, unos granos de pimienta negra y el cuero de panceta. Distribuir encima la carne y los huesos, reservar. ◆ Colocar 1 vaso de agua en la fuente donde se cocinó la carne y los huesos, colocar en el microondas en *"Máximo"*, *Nivel de potencia 100*, durante 2 minutos para desgrasar los jugos, raspar el fondo y agregarlos al recipiente. Añadir 1 y 1/2 litro de agua y el extracto de carne, cocinar primero en *"Máximo"*, *Nivel de potencia 100*, durante 4 minutos, luego en *"Hervir lento"*, *Nivel de potencia 50*, de 10 a 12', revolviendo 3 veces durante la cocción. ◆ Retirar la espuma que se forma en la parte superior. ◆ Dejar reposar de 5 a 6' y filtrar por un colador cubierto con un lienzo.

CÓMO CONGELAR: en porciones de 100 a 150 cc.
TIEMPO DE CONSERVACIÓN: 6 meses
CÓMO DESCONGELAR: en *"Calentar"*.

 LO QUE USTED NO PUEDE DEJAR DE SABER

Esta salsa o fondo oscuro se utiliza para complemento de muchas salsas y en cocciones de carnes rojas. En la misma forma se puede preparar un fondo oscuro de ave o de conejo (según para qué se vaya a emplear).

Salsa Velouté

TIEMPO DE PREPARACIÓN: 6′   TIEMPO DE COCCIÓN: 6′

INGREDIENTES

Harina, *2 cucharadas*
Caldo de carne, ave o pescado, *500 cc*
Manteca, *30 g*
Sal y pimienta, *a gusto*

◆ Colocar en un bol amplio la harina, verter sobre ella el caldo de carne, ave o pescado a temperatura ambiente revolviendo con batidor, agregar la manteca blanda. ◆ Cocinar en *"Máximo", Nivel de potencia 100*, de 5 a 6′, revolviendo con el batidor cada 1 y 1/2 a 2 minutos hasta obtener una crema suave. ◆ Condimentar con un toque de pimienta y con poco o nada de sal, según el sabor del caldo.

CÓMO CONGELAR: una vez fría, en bolsa o recipiente rígido.

TIEMPO DE CONSERVACIÓN: 3 meses

CÓMO DESCONGELAR: en *"Calentar"*, revolviendo 2 o 3 veces durante su descongelación y hasta que se caliente.

 LO QUE USTED NO PUEDE DEJAR DE SABER
Si desea conseguir una salsa más untuosa, agregar 100 cc de crema de leche y cocinar en *"Máximo", Nivel de potencia 100*, durante 1 minuto más.

Salsa Velouté para salsear aves

TIEMPO DE PREPARACIÓN: 6′   TIEMPO DE COCCIÓN: 2′

INGREDIENTES

Salsa velouté con caldo de ave, *500 g*
Yemas, *2*
Jugo y ralladura de limón, *2 cucharadas*
Crema de leche, *50 cc*
Perejil, *2 cucharadas*

◆ Retirar la salsa del microondas. Mezclar las yemas con el jugo y ralladura de limón y la crema, unir a la salsa. ◆ Agregar el perejil. ◆ Cocinar en *"Calentar", Nivel de potencia 80*, durante 2 minutos.

CÓMO CONGELAR: sin agregar las yemas, en recipiente rígido.

TIEMPO DE CONSERVACIÓN: 3 meses

CÓMO DESCONGELAR: en *"Calentar"*, revolviendo la salsa 2 o 3 veces, agregar por último las yemas y 30 g de manteca removiendo para conseguir una salsa bien homogénea.

Salsa Velouté para salsear carnes

TIEMPO DE PREPARACIÓN: 6´   TIEMPO DE COCCIÓN: 2´

INGREDIENTES

Salsa *velouté* con caldo de carne, *500 g*
Extracto de carne, *1 cucharada*
Vino blanco seco, *1/2 vaso*
Tomillo fresco, *1 cucharada*
Crema de leche, *75 cc*

◆ Calentar el extracto de carne con el vino en *"Máximo", Nivel de potencia 100,* durante 2´, agregar a la salsa *velouté* caliente y añadir el tomillo picado y la crema de leche. ◆ Mezclar para obtener una salsa untuosa.

CÓMO CONGELAR: sin la crema.
TIEMPO DE CONSERVACIÓN: 3 meses
CÓMO DESCONGELAR: en *"Calentar",* revolviendo 2 o 3 veces durante su descongelación y hasta que se caliente.

Salsa Velouté para salsear pescado

TIEMPO DE PREPARACIÓN: 3´

INGREDIENTES

Salsa *velouté* con caldo de pescado, *500 g*
Jugo de limón, *4 cucharadas*
Curry, *1 cucharadita*
Manteca, *50 g*
Ciboulette, *2 cucharadas*

◆ Agregar a la salsa caliente el jugo de limón, el *curry* y la manteca cortada en trocitos. ◆ Mezclar bien, añadir la *ciboulette* y utilizar.

CÓMO CONGELAR: fría, en recipiente o bolsa.
TIEMPO DE CONSERVACIÓN: 3 meses
CÓMO DESCONGELAR: en *"Calentar",* revolviendo 2 o 3 veces durante su descongelación y hasta que se caliente.

Crema pastelera

TIEMPO DE PREPARACIÓN: 5´ · TIEMPO DE COCCIÓN: 5´

INGREDIENTES
Yemas, *3*
Azúcar, 125 g
Harina, *100 g*
Leche, *500 cc*
Ralladura de naranja
o limón, *1* cucharada
Manteca, *30 g*
Esencia de vainilla,
1 cucharadita

PARA UTILIZAR EN RELLENOS
◆ Mezclar las yemas con el azúcar, la harina, la ralladura y la leche. ◆ Cocinar en el microondas en *"Máximo", Nivel de potencia 100*, durante 6´. ◆ Revolver cada 2 minutos de afuera hacia adentro, añadir la manteca, mezclar y perfumar con la esencia.

CÓMO CONGELAR: fría, en recipiente rígido. El papel film debe tocar la crema.
TIEMPO DE CONSERVACIÓN: 2 meses
CÓMO DESCONGELAR: a temperatura ambiente.

LO QUE USTED NO PUEDE DEJAR DE SABER
Sazonar con cuidado y después de finalizada la cocción pues las microondas resaltan los sabores de las especias y aromatizantes.

Salsa o crema inglesa

TIEMPO DE PREPARACIÓN: 12´ · TIEMPO DE COCCIÓN: 7´

INGREDIENTES
Leche, *400 cc*
Chaucha de
vainilla, *1/2*
Huevo, *1*
Yemas, *4*
Azúcar, *100 g*

◆ Colocar la leche en un recipiente con el trozo de vainilla abierto por la mitad a lo largo. Cocinar en *"Hervir lento", Nivel de potencia 50,* de 3 a 4´. ◆ Aparte, batir el huevo, las yemas y el azúcar, verter en forma lenta la leche sin dejar de batir. Colocar nuevamente en el microondas en *"Hervir lento", Nivel de potencia 50,* de 4 a 5´, revolviendo con batidor cada minuto hasta obtener una salsa o crema ligeramente espesa. Filtrarla por un colador.

CÓMO CONGELAR: enfriar la salsa y colocar en recipiente rígido, no llegar al borde del recipiente.
TIEMPO DE CONSERVACIÓN: 3 meses
CÓMO DESCONGELAR: en *"Descongelar"* removiendo 2 o 3 veces hasta descongelar totalmente. Dejar reposar a temperatura ambiente.

LO QUE USTED NO PUEDE DEJAR DE SABER
Esta salsa o crema no debe llegar a punto de ebullición ya que por no tener en su composición ningún almidón o harina, se corta.

Dulces y mermeladas

Dulces y mermeladas

Los dulces, mermeladas y hasta jaleas, pueden prepararse en microondas, ya que en él se puede cocinar a distintos niveles de potencia, simplificando los tiempos a veces muy prolongados de las cocinas convencionales.

En este libro podrá encontrar sólo 7 recetas, por cuestión de espacio, pero si quiere convertirse en un maestro dulcero, le aconsejo consultar *Dulces y Conservas como los hacía la abuela*, de Editorial Atlántida, y podrá realizar cualquier dulce siguiendo las pautas de cocción que se dan en este capítulo.

Pautas de cocción de los dulces

❋ Cuando se cocinan almíbares es conveniente utilizar *Nivel Máximo de Potencia*.

❋ Cuando se agregan frutas en algunos dulces, el nivel de cocción es conveniente hacerlo en *"Hervir lento"*, *Nivel de potencia 50*.

Pautas de congelación de los dulces

❋ No es necesario congelar los dulces, lo que se puede congelar son las frutas que se van a utilizar.

❋ En este capítulo encontrará la forma de conservar las frutas en el freezer durante todo el año.

❋ En las recetas de este capítulo encontrará las pautas para el envasado de los dulces.

Métodos para conservar frutas

❋ Al descubierto: para frizar frutas pequeñas, tales como frutillas, moras, cerezas. Colocar en el freezer en bandejas, separadas entre sí, cuando estén duras como rocas, embolsarlas.

❋ En azúcar seca: para conservar frutas blandas y jugosas.

Pelar las frutas, cortarlas y acomodarlas en recipientes rígidos, espolvorear con azúcar entre capa y capa de fruta. Dejar un espacio de 2 cm entre las frutas y el borde del recipiente, cerrar sin aire. Utilizar antes de su descongelación total.

❋ En almíbar: se utiliza para frutas que se decoloran.

Si son frutas que se oxidan, rociarlas con jugo de limón, acomodarlas en recipientes rígidos y cubrirlas con el almíbar frío. Las frutas que se oxidan son las peras, manzanas, bananas y paltas.

Tabla de congelación de frutas

Frutas	Envasado	Cómo descongelar	Tiempo de conservación
Ananá	Pelar, cortar en rodajas o cubos sin el centro, guardar en recipiente espolvoreado con azúcar o dentro de almíbar liviano.	Dejar 3 horas a temperatura ambiente.	6 meses

Frutas	Envasado	Cómo descongelar	Tiempo de conservación
Cerezas	Con o sin carozo, espolvoreadas con azúcar y ácido ascórbico o almíbar, en recipiente rígido.	Dejar 2 horas a temperatura ambiente o cocinar en *"Descongelar"*, *Nivel de potencia 30*, de 6 a 8 minutos.	12 meses
Ciruelas	Sin el carozo, espolvoreadas con azúcar y ácido ascórbico o en almíbar liviano. Guardar en recipiente rígido.	Dejar 2 horas a temperatura ambiente o cocinar de 6 a 8 minutos en *"Descongelar", Nivel de potencia 30.*	6 meses
Damascos	Seguir las mismas indicaciones que para las ciruelas.	A temperatura ambiente durante 2 horas o cocinar en *"Descongelar", Nivel de potencia 30*, de 6 a 8 minutos.	6 meses
Duraznos	Pelarlos, quitarles el carozo, proceder como con las ciruelas.	En la heladera de 3 a 4 horas o cocinar en *"Descongelar", Nivel de potencia 30*, de 6 a 8 minutos.	6 meses
Frambuesas Frutillas	Los frutos pequeños, congelarlos enteros. Los grandes, pisados con azúcar. Guardar en recipiente rígido. Para congelar frutillas enteras, acomodarlas en una placa, separadas entre sí. Cuando estén duras como rocas, embolsarlas.	A temperatura ambiente durante 2 horas. Usar semicongeladas o luego para puré.	12 meses
Frutas cítricas	Congelarlas peladas, separadas en gajos o cortadas en rodajas, azucaradas a gusto o espolvoreadas con ácido ascórbico. Guardar en recipientes espolvoreadas con azúcar o en almíbar.	Dejar 2 horas a temperatura ambiente.	6 meses

Frutas	Envasado	Cómo descongelar	Tiempo de conservación
Higos	Sin pelar, separados unos de otros. Cuando estén duros como rocas guardar en bolsas o espolvoreados con azúcar en recipientes rígidos.	Dejar 2 horas a temperatura ambiente.	10 meses
Manzanas	Peladas, cortadas en cuartos, espolvoreadas con jugo de limón o ácido ascórbico, o cocidas en puré o almíbar liviano. Guardar en bolsa o recipiente.	Dejar 2 o 3 horas a temperatura ambiente.	Sin cocinar, 3 meses Cocidas, 12 meses
Melón	Pelar, cortar en cubos o rodajas sin semillas, guardar espolvoreado con azúcar o en almíbar en recipiente rígido.	A temperatura ambiente.	6 meses
Membrillo	Pelar, cortar, cocinar en almíbar liviano y guardar en recipiente rígido.	Dejar 3 horas a temperatura ambiente. Cocinar en "Máximo", Nivel de potencia 100 para hacer dulce.	10 meses
Peras	Pelarlas, cortar por la mitad o en cuartos, rociar con jugo de limón y cocinar con almíbar espeso o espolvorear con azúcar y ácido ascórbico. Guardar en almíbar en recipiente rígido o en bolsas cuando están preparadas con azúcar.	A temperatura ambiente	En almíbar, 12 meses Crudas, 6 meses
Uvas	Cortar por la mitad, sacar las semillas y guardar en recipiente rígido cubiertas con almíbar liviano.	A temperatura ambiente	6 meses

Dulce de membrillo rallado

TIEMPO DE PREPARACIÓN: 25'   TIEMPO DE COCCIÓN: 31 A 36'

INGREDIENTES

Membrillos, *1 kilo*
Azúcar, *1/2 kilo por kilo de pulpa de membrillo*

◆ Pelar los membrillos, quitarles los centros y las semillas y envolverlos en un lienzo. ◆ Rallar la pulpa con rallador de verdura o pasarlo por la procesadora. ◆ Pesar la pulpa, colocarla en un recipiente con 1/2 kilo de azúcar por kilo de pulpa de membrillo. ◆ Agregar 250 cc de agua y el lienzo con las semillas. Cocinar en *"Máximo", Nivel de potencia 100*, durante 16', revolviendo con cuchara de madera cada 4', proseguir la cocción en *"Hervir lento", Nivel de potencia 50*, de 15 a 20' más, revolviendo cada 5'. ◆ Punto final tomado con termómetro de 100 a 102°C.

 Nota

Retirar el lienzo con las semillas, estrujándolas bien para que despidan la pectina que produce el color rojo de la fruta.

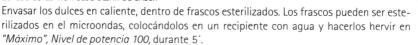

LO QUE USTED NO PUEDE DEJAR DE SABER

Envasar los dulces en caliente, dentro de frascos esterilizados. Los frascos pueden ser esterilizados en el microondas, colocándolos en un recipiente con agua y hacerlos hervir en *"Máximo", Nivel de potencia 100*, durante 5'.

Dulce especial de damascos

TIEMPO DE PREPARACIÓN: 20'   TIEMPO DE COCCIÓN: 27 A 29'

INGREDIENTES

Damascos, *1 kilo*
Azúcar, *800 g*
Carozos de damascos, *5*

◆ Sumergir los damascos en agua hirviendo durante 1 minuto, escurrirlos, pelarlos, partirlos en cuartos y reservar 5 carozos. ◆ Colocar los damascos en un recipiente alternando con el azúcar, dejarlos macerar por lo menos 5 a 6 horas. ◆ Poner en el microondas en *"Máximo", Nivel de potencia 100*, durante 6'. Romper los carozos con un martillo y retirar la pepita del centro, envolver las pepitas en un lienzo y añadirlas al dulce, proseguir la cocción en *"Hervir lento", Nivel de potencia 50*, de 20 a 22', revolviendo cada 5 minutos con cuchara de madera. Retirar el lienzo con las pepitas. ◆ Punto final tomado con termómetro de 102°C.

Nota

Las pepitas de los damascos confieren a este dulce un sabor muy refinado.

Dulce de tomate superexpress

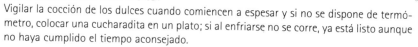

TIEMPO DE PREPARACIÓN: 8´　　　　**TIEMPO DE COCCIÓN: 20´**

INGREDIENTES

Tomate perita, *1 lata*
Azúcar, *2 latas*
Limón, *1/2*
Clavo de olor, 2

◆ Colocar el contenido de la lata de tomate en un bol. ◆ Medir 2 veces con la misma lata la cantidad de azúcar y agregar el jugo de limón y los clavos de olor. Dejar macerar 1 hora. ◆ Luego, cocinar en *"Máximo", Nivel de potencia 100*, durante 20´, revolviendo cada 5 o 6´ con cuchara de madera. ◆ El dulce estará a punto a los 100 a 102°C. Retirar los clavos de olor. ◆ Si no se dispone de termómetro, verificar el punto como se indica en la mermelada de frutilla.

Mermelada de frutillas con frutillas enteras

TIEMPO DE PREPARACIÓN: 10´   TIEMPO DE COCCIÓN: 27´

INGREDIENTES
Frutillas, *750 g*
Azúcar, *750 g*
Limón, *1*
Agua, *250 cc*

◆ Lavar las frutillas y quitarles los cabitos, colocarlas en un bol espolvoreadas en capas con el azúcar, rociar con el jugo de limón. Dejar macerar por lo menos de 2 a 3 horas. Escurrir las frutillas y reservarlas. ◆ Colocar el jugo obtenido con el agua en un recipiente. Cocinar en *"Máximo", Nivel de potencia 100*, de 7 a 9 minutos hasta que el almíbar tome punto de hilo fuerte (115°C), es decir, cuando al tomar almíbar entre dos dedos y separarlos se forme un hilo que no se rompa. ◆ Agregar las frutillas, mezclar y proseguir la cocción en *"Hervir lento", Nivel de potencia 50*, de 15 a 18´. ◆ Punto final tomado con termómetro 108 a 110°C.

CÓMO CONGELAR: las frutillas maceradas con el azúcar y el limón en bolsas o recipiente rígido.
TIEMPO DE CONSERVACIÓN: 10 meses
CÓMO DESCONGELAR: en *"Calentar"* o a temperatura ambiente, luego escurrir las frutillas y seguir los pasos de cocción de la receta.

 LO QUE USTED NO PUEDE DEJAR DE SABER
Los dulces no deben congelarse, después de envasados en caliente se deben cerrar herméticamente. Se pueden cerrar con un trozo de papel parafinado del mismo diámetro de la boca del frasco, humedecido el papel en alcohol o en aguardiente. También puede cerrarse con parafina derretida, verterla sobre el dulce formando una capa de 2 a 3 mm. Al enfriarse se endurece y se puede retirar con facilidad.

Mermelada de duraznos

TIEMPO DE PREPARACIÓN: 12´   TIEMPO DE COCCIÓN: 26´

INGREDIENTES
Duraznos, *2 kilos*
Azúcar, *2 kilos*
Limón, *1*
Agua, *para cubrir*

◆ Pelar los duraznos, abrirlos por la mitad, quitarles los carozos y cortarlos en cubos. Pesarlos. Colocar en un bol térmico la misma cantidad de azúcar que de duraznos, cubrir con agua y el jugo de limón. ◆ Colocar en el microondas a *"Máximo", Nivel de potencia 100* durante 6´. Agregar los duraznos y proseguir la cocción en *"Hervir", Nivel de potencia 50*, durante 20 minutos, revolviendo cada 5 o 6´ con cuchara de madera. ◆ Verificar el punto. Si se toma la temperatura con termómetro, ésta debe ser de 108 a 110°C.

Cómo congelar: véase mermelada de frutillas.

Tiempo de conservación: 10 meses

Cómo descongelar: véase mermelada de frutillas.

LO QUE USTED NO PUEDE DEJAR DE SABER

Si se ha comprado una cantidad de duraznos para hacer dulce y no se ha tenido tiempo para prepararlo, pelarlos, cortarlos en trozos y acomodarlos en un recipiente rígido espolvoreados con capas de azúcar o ácido ascórbico. Luego, taparlos sin que contengan aire. Dentro de los 6 meses de envasados, en algún momento libre, preparar el dulce.

Mermelada express de frutilla

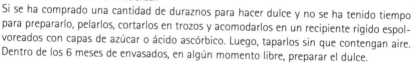

TIEMPO DE PREPARACIÓN: 10'   **TIEMPO DE COCCIÓN: 15 A 18'**

INGREDIENTES

Frutillas, *750 g*

Azúcar, *500 g*

Jugo de limón,
2 cucharadas

◆ Lavar las frutillas y quitarles los cabitos, colocarlas en un bol con el azúcar y el jugo de limón, pisarlas ligeramente y dejarlas macerar de 2 a 3 horas. ◆ Cocinar de 15 a 18 minutos a *"Máximo", Nivel de potencia 100,* revolviendo con cuchara de madera cada 4 o 5 minutos.

Cómo congelar: las mermeladas no se congelan. Sí pueden congelarse las frutillas maceradas con el azúcar y el limón.

Tiempo de conservación: 10 meses

Cómo descongelar: colocar en un bol, en *"Descongelar"* y luego cocinar como indica la receta.

LO QUE USTED NO PUEDE DEJAR DE SABER

Para saber si la mermelada está a punto, colocar 1 cucharadita sobre un plato, si al enfriarse no se corre, está lista. Si se toma la temperatura con termómetro, éste debe marcar de 105 a 108°C.

Otra forma de conocer el punto es introducir una cuchara de madera o una espumadera en la mermelada, si al levantarla cae formando hojas que al romperse se convierten en largas hebras, ya tomó punto.

Mermelada inglesa en microondas

INGREDIENTES
Naranjas, *2*
Limón de cáscara
fina, *1*
Agua, *1 y 1/2 litro*
Azúcar, *1 y 1/2 kilo*
Glucosa,
1 cucharadita

◆ Rallar ligeramente las cáscaras de las frutas desechando la parte amarilla. ◆ Cortar las naranjas y el limón en tajaditas finas con preferencia sobre un plato para retener los jugos. Retirar las semillas. ◆ Colocar las frutas con sus jugos y el agua en microondas destapado a Nivel de potencia 100 de 15 a 18´. Agregar el azúcar y la glucosa. Mezclar y proseguir la cocción en *"Hervir lento"*, *Nivel de potencia 50*, durante 12´, revolviendo con cuchara de madera 3 o 4 veces durante la cocción hasta que tome punto, es decir, cuando al colocar una cucharadita de mermelada sobre un plato y dejar que se enfríe, se pueda inclinar el platito sin que la mermelada se corra. Punto final tomado con termómetro 108 a 110°C.

LO QUE USTED NO PUEDE DEJAR DE SABER

Los tiempos de cocción que se dan en microondas son estimativos, ya que pueden variar de acuerdo con la potencia de la corriente eléctrica. Por este motivo, es importante vigilar la cocción pues no ocasiona problemas abrir todas las veces que sea necesario la puerta del microondas.

Un dato que se tiene que saber: cuando el dulce se prepara sobre una hornalla, la cantidad de agua que se agrega a las frutas cortadas es de 3 litros y se debe cocinar hasta que reduce un poco menos que la mitad. Por lo tanto, hacer dulces en microondas es mucho más rápido y práctico.

Postres, tortas y budines

Postres, tortas y budines

Las tortas, bizcochuelos, postres y budines se pueden cocinar perfectamente en microondas. Los tiempos de cocción se agilizan y los resultados son óptimos, ya que se consiguen masas muy aireadas y livianas.

Por supuesto se deben seguir estas pautas:

❋ Los moldes no deben superar los 22 cm de diámetro.

❋ Tapizar siempre el fondo con papel manteca.

❋ Enmantecarlo y espolvorearlo con bizcochos dulces molidos.

❋ Debido a que en microondas se produce menos evaporación, se debe reducir la cantidad de líquido.

❋ Si la manteca para el batido está recién salida de la heladera, colocarla 1 y 1/2 minutos en *"Derretir", Nivel de potencia 20*, para 200 g.

❋ El nivel de potencia de la cocción de las tortas por lo general es *"Hornear", Nivel de potencia 60*, y luego, el tiempo adicional de reposo es de 5´.

❋ Cuando la torta haya cumplido el tiempo de reposo, espolvorearla con bizcochos molidos. Desmoldarla en un plato, nunca se debe desmoldar sobre la rejilla porque al no formar corteza se pegaría y hundiría en ella.

❋ Para dorar la superficie de tortas, bizcochuelos y budines, una vez cocidos, colocar el molde en la rejilla baja y cocinar de 5 a 6´ en grill sin precalentarlo.

❋ Las tortas se cocinan perfectamente en convección a 180°C o la combinación de microondas en *"Hervir lento", Nivel de potencia 50,* y convección a 150°C.

❋ Como las tortas, los bizcochuelos y los budines no tienen corteza, se secan con facilidad, por ese motivo hay que cubrirlos con un baño y no dejarlos al aire sin envolver.

❋ Para congelar, se deben guardar tibios para que mantengan la humedad, bien envueltos en papel film y luego en papel metalizado o embolsados.

❋ Los tiempos de conservación varían de 2 a 6 meses, seguir las indicaciones de las recetas.

Arroz con leche como lo hacía mi abuela

PORCIONES: 5 A 6   TIÉMPO DE PREPARACIÓN: 14´   TIEMPO DE COCCIÓN: 18 A 20´

INGREDIENTES
Leche, *1 litro*

Arroz grano doble, *200 g*

Cáscara de limón, *un trozo*

Granos de sal gruesa, *3 o 4*

Canela en rama, *un trozo*

Azúcar, *125 g*

Dulce de leche, *4 cucharadas*

Chocolate fileteado, *3 barritas*

◆ Colocar en un recipiente amplio la leche con el arroz, la cáscara de limón, los granos de sal y la canela, mezclar, tapar con papel film y pinchar en 2 o 3 partes. ◆ Cocinar en *"Máximo", Nivel de potencia 100,* durante 8´, agregar el azúcar, volver a mezclar y proseguir la cocción tapado en *"Hervir lento", Nivel de potencia 50,* de 10 a 12´. ◆ Dejar reposar 6´, agregar el dulce de leche y el chocolate y mezclar ligeramente para conseguir un arroz con leche veteado. Retirar el limón y la canela.

CÓMO CONGELAR: en recipiente rígido.
TIEMPO DE CONSERVACIÓN: 2 meses
CÓMO DESCONGELAR: en *"Descongelar".*

LO QUE USTED NO PUEDE DEJAR DE SABER

Una forma práctica de congelar y descongelar es, después que el arroz haya reposado, distribuirlo en moldes individuales (pueden ser pocillos de café o té), cuando estén firmes desmoldar y embolsar en pequeñas bolsitas de freezer, cerrar sin aire y luego guardar en una bolsa grande.

Alfajores morenos

PORCIONES: 18 A 20   TIEMPO DE PREPARACIÓN: 18'   TIEMPO DE COCCIÓN: 12'

INGREDIENTES

Manteca, *150 g*
Azúcar negra,
4 cucharadas
Yemas, *2*
Huevo, *1*
Harina, *250 g*
Cacao, *4 cucharadas*
Esencia de vainilla,
1 cucharadita
Dulce de leche
pastelero,
cantidad necesaria
Coco rallado,
5 cucharadas

◆ Batir la manteca con el azúcar hasta obtener una crema, agregar las yemas y el huevo uno a uno batiendo cada vez. Por último, añadir la harina mezclada con el cacao y perfumar con la esencia. ◆ Tomar la masa, que debe ser tierna pero no pegarse en las manos, dejarla envuelta en la heladera por lo menos una hora. Luego, estirarla de algo menos de 1/2 cm de espesor y cortar medallones. ◆ Calentar la bandeja doradora los minutos que indique su cocina. ◆ Pincelarla con manteca y acomodar las 8 tapas de alfajores en forma circular, respetar la operación con las otras tapas de alfajores. ◆ Cocinar en *"Hornear"*, *Nivel de potencia 60*, durante 4 minutos. ◆ Armar los alfajores uniendo de a dos las tapas rellenas con dulce de leche; pasar el reborde de los alfajores por coco rallado.

CÓMO CONGELAR: acomodar las tapas de alfajores en recipiente rígido por capas con separadores.
TIEMPO DE CONSERVACIÓN: 4 a 5 meses
CÓMO DESCONGELAR: a temperatura ambiente.

LO QUE USTED NO PUEDE DEJAR DE SABER

Si se desea bañar los alfajores con chocolate, se deben filetear 300 g de chocolate cobertura, colocarlo en un bol y cocinar en *"Baño de María"*, *Nivel de potencia 40*, de 4 a 5', revolviendo 2 o 3 veces durante la cocción. Cuando se haya obtenido un chocolate bien fluido, sumergir los alfajores, escurrirlos y dejarlos secar sobre papel manteca.

Bizcochuelo de almendras con crema de papaya

2 BIZCOCHUELOS   TIEMPO DE PREPARACIÓN: 25'   TIEMPO DE COCCIÓN: 16 A 18'

INGREDIENTES

Yemas, *5*
Azúcar, *150 g*
Polvo de almendras, *140 g*
Harina leudante, *3 cucharadas*
Claras, *4*
Pulpa de papaya, *1 y 1/2 taza*
Jugo de limón, *1 cucharada*
Azúcar, *150 g*
Claras, *2*
Gelatina sin sabor, *7 g*
Jugo de naranja, *1/2 vaso*
Crema de leche, *200 g*
Bizcochos dulces molidos, *4 cucharadas*

◆ Batir las yemas con 100 g del azúcar hasta obtener una preparación cremosa, agregar el polvo de almendras mezclado con la harina, alternando con las claras batidas a nieve con los 50 g restantes de azúcar. ◆ Tapizar una tartera de 22 cm de diámetro con un disco de papel manteca, enmantecar y espolvorear con bizcochos dulces molidos y colocar la mitad del batido. ◆ Cocinar en *"Hornear", Nivel de potencia 60,* durante 6 a 8', dejar reposar 4 a 5', espolvorear la superficie con bizcochos molidos y desmoldar. Realizar la misma operación con el resto del batido. ◆ Procesar la pulpa de la papaya con el jugo de limón, colocar el azúcar cubierto con agua, cocinar hasta obtener punto de hilo, es decir cuando al tomar un poco de almíbar entre los dedos y separarlos se forme un hilo. Verter el almíbar lentamente sobre las claras batidas a nieve, seguir batiendo hasta entibiar. ◆ Diluir la gelatina en el jugo de naranja, colocar en el microondas en *"Máximo", Nivel de potencia 100,* durante 30 segundos. Mezclar con la pulpa de papaya, con el merengue y por último con la crema batida a punto casi chantillí.

ARMADO

En la misma tartera donde se cocinó el bizcochuelo, colocar una tira de acetato de 10 a 12 cm de alto bordeando la tartera, acomodar en la base un disco de bizcochuelo, distribuir la crema y cubrir con el otro disco. Colocar en el freezer por lo menos 2 a 3 horas y desmoldar. Despegar el acetato y decorar salseando con chocolate.

CÓMO CONGELAR: cuando esté bien firme, desmoldarla, dejar la tira de acetato, envolverla en papel film y luego en papel metalizado.
TIEMPO DE CONSERVACIÓN: 2 meses
CÓMO DESCONGELAR: pasar a la heladera

 LO QUE USTED NO PUEDE DEJAR DE SABER

Al finalizar el tiempo de cocción de los bizcochuelos, la superficie parece mantenerse muy húmeda, por ese motivo es importante el tiempo de reposo. Luego, espolvorear la superficie con bizcochos molidos y desmoldar sobre un plato.
Es conveniente no desmoldar los bizcochuelos sobre rejilla ya que al no formar una cubierta tierna, se hundirían y pegarían en la rejilla.

Brownies

PORCIONES: 8   TIEMPO DE PREPARACIÓN: 12'   TIEMPO DE COCCIÓN: 12'

INGREDIENTES
Manteca, *175 g*
Azúcar, *300 g*
Huevos, *4*
Chocolate para taza,
3 barritas
Esencia de vainilla,
2 cucharaditas
Harina, *250 g*
Polvo para hornear,
1/2 cucharadita
Nueces (optativo), *50 g*

◆ Batir la manteca a temperatura ambiente con el azúcar hasta obtener una crema. Agregar los huevos uno a uno batiendo cada vez. ◆ Cortar el chocolate en trozos, colocar en un recipiente y tapar. Colocar en el microondas en temperatura *"Derretir"*, *Nivel de potencia 20*, durante 3'. ◆ Revolver el chocolate al minuto y medio, agregar al batido de la manteca, perfumar con la esencia y por último, añadir la harina cernida con el polvo para hornear. Si se desea, agregar las nueces picadas gruesas y espolvorearlas con harina. ◆ Colocar la preparación en un molde rectangular. La pasta debe tener una altura de 2 cm. ◆ Cocinar en el microondas a temperatura *"Hornear"*, *Nivel de potencia 60*, durante 12 minutos. ◆ Dejar reposar, cortar en cuadrados y servir.

CÓMO CONGELAR: tibios en molde rígido, superponerlos por capas separados con papel.
TIEMPO DE CONSERVACIÓN: 4 a 5 meses
CÓMO DESCONGELAR: a temperatura ambiente o en microondas en *"Descongelar".*

LO QUE USTED NO PUEDE DEJAR DE SABER

Otra forma de congelar: antes de cortar los *brownies*, cuando la torta esté todavía tibia, envolverla en papel adherente y luego en metalizado y etiquetar. Descongelar en microondas sin el papel metalizado dejando el papel adherente. Luego, cortar en porciones.

Budín armenio

PORCIONES: 24   TIEMPO DE PREPARACIÓN: 12´   TIEMPO DE COCCIÓN: 15´

INGREDIENTES
Frutas secas, *200 g*
Frutas glaseadas, *200 g*
Azúcar, *200 g*
Huevos, *2*
Agua de azahar, *1 cucharadita*
Esencia de vainilla, *1 cucharadita*
Harina, *40 g*
Canela, *1/2 cucharada*
Macís o nuez moscada, *1 pizca*
Bizcochos molidos, *3 cucharadas*
Limón, *1*

◆ Picar las frutas secas y las frutas glaseadas. Mezclar con el azúcar, los huevos ligeramente batidos y perfumar con el agua de azahar y la esencia. ◆ Cernir la harina con la canela y el macís o nuez moscada, incorporar a la preparación, unir todo muy bien y colocar en un molde alargado térmico o en los moldes de papel especiales para microondas rociados con spray vegetal y bizcochos molidos. ◆ Cocinar en *"Hornear", Nivel de potencia 60*, durante 12 minutos y en *"Máximo", Nivel de potencia 100*, durante 3´ más. ◆ Rociar en caliente con el jugo de limón. Dejar reposar 5´ y desmoldar. ◆ Espolvorear con canela y consumirlo recién a las 48 horas cortado con cuchillo de pan en tajadas muy finas.

CÓMO CONGELAR: tibio, envuelto en papel film y en papel metalizado.
TIEMPO DE CONSERVACIÓN: 6 meses
CÓMO DESCONGELAR: a temperatura ambiente o en *"Descongelar".*

LO QUE USTED NO PUEDE DEJAR DE SABER
Si desea obtener este budín con una cubierta dorada, puede cocinarlo en la parrilla baja agregando 3 minutos finales en el grill a los tiempos de cocción que se dan en la receta.

Crema pastelera
(para utilizar como postre)

PORCIONES: 4   TIEMPO DE PREPARACIÓN: 5´   TIEMPO DE COCCIÓN: 6´

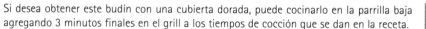

INGREDIENTES
Yemas, *3*
Leche, *500 cc*
Azúcar, *125 g*
Harina, *60 g*
Esencia de vainilla, *2 cucharaditas*
Manteca, *20 g*

◆ Mezclar las yemas con el azúcar, la leche y la harina. ◆ Cocinar en el microondas en *"Máximo", Nivel de potencia 100*, durante 7´. ◆ Revolver cada 2 minutos de afuera hacia adentro. Perfumar con la esencia y agregar la manteca. ◆ Si se desea, distribuir en copas, alternando con frutas naturales o en almíbar. Decorar con crema chantillí. Servir bien fría.

Crema pastelera al chocolate: agregar 1 cucharada de cacao.

Crema pastelera a la naranja: reemplazar la mitad de la leche por jugo de naranja y perfumar con 1 cucharada de ralladura de piel de naranja.

Crema pastelera moka: reemplazar la mitad de la leche por café.

CÓMO CONGELAR: fría, en bolsa o recipiente rígido.
TIEMPO DE CONSERVACIÓN: 2 meses
CÓMO DESCONGELAR: a temperatura ambiente.

 LO QUE USTED NO PUEDE DEJAR DE SABER
> Las zonas exteriores de un recipiente están más expuestas a las microondas; así, la crema pastelera de los bordes puede llegar a cocinarse antes que la del centro. Por ese motivo, es necesario revolver 2 o 3 veces durante la cocción de afuera hacia adentro.

Crema catalana

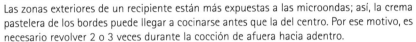

| PORCIONES: 6 | TIEMPO DE PREPARACIÓN: 10´ | TIEMPO DE COCCIÓN: 10´ |

INGREDIENTES
Leche, *500 cc*
Azúcar, *125 g*
Cáscara de limón,
un trozo
Canela en rama,
un trozo
Harina, *2 cucharadas*
Yemas, *6*
Crema, *150 cc*
Azúcar para quemar,
125 g

◆ Colocar la leche con el azúcar, la cáscara de limón y el trozo de canela. Hacer hervir en *"Máximo", Nivel de potencia 100.* ◆ Mezclar la harina con las yemas y la crema. Pasar por colador la leche hervida y agregar a la preparación de yemas. Colocar en *"Máximo", Nivel de potencia 100,* durante 6´, revolviendo cada 2 minutos. ◆ Verter en 6 boles y dejar enfriar. Espolvorear con los 125 g de azúcar y acomodar en la rejilla alta en grill de 3 a 4´ hasta que el azúcar se dore formando una corteza fina de caramelo.

CÓMO CONGELAR: sin la cubierta de caramelo, colocar sobre la crema un disco de papel film o manteca, embolsar los boles, etiquetar y guardar.
TIEMPO DE CONSERVACIÓN: 2 meses
CÓMO DESCONGELAR: espolvorear con el azúcar y en la rejilla baja en grill y microondas en *"Calentar"* hasta que se forme la película de caramelo.

 LO QUE USTED NO PUEDE DEJAR DE SABER
> La crema catalana auténtica no lleva crema de leche, en este caso se agrega para poder congelarla y descongelarla sin problemas. Si prepara la crema catalana con la idea de no congelarla suprima la crema de leche y utilice 700 cc de leche común, 500 cc para hacerla hervir con el azúcar, la canela y los 200 cc restantes para mezclar con la harina y yemas. Otro consejo es que la crema catalana debe enfriarse muy bien antes de gratinar la cubierta de azúcar, en el grill precalentado de 3 a 4 minutos.

Budín de pan

PORCIONES: 8   TIEMPO DE PREPARACIÓN: 12'   TIEMPO DE COCCIÓN: 31'

INGREDIENTES

Leche, *750 cc*
Azúcar, *150 g*
Ralladura de limón,
1 cucharada
Miga de pan, *5 tazas*
Huevos, *5*
Esencia de vainilla,
2 cucharaditas
Pasas rubias, *100 g*
Vino dulce, *50 cc*
Chocolate de taza,
3 barritas
Dulce de membrillo,
150 g
Banana o manzana, *1*
Caramelo, *1 taza*

◆ Colocar la leche con el azúcar y la ralladura en un bol más bien grande. Calentar 2 minutos en *"Máximo", Nivel de potencia 100*. ◆ Mezclar el pan en la leche caliente y desmigarlo con un tenedor, agregar los huevos ligeramente batidos, la esencia, las pasas remojadas en el vino, el chocolate fileteado y el dulce y la banana o manzana cortados en cubitos. Unir todo muy bien y colocar en una budinera térmica acaramelada. Tapar. ◆ Cocinar en *"Hervir lento", Nivel de potencia 50* durante 7 minutos y luego en *"Máximo", Nivel de potencia 100* durante 12 minutos más. ◆ Dejar enfriar y desmoldar.

CARAMELO EN MICROONDAS

Colocar en un bol 150 g de azúcar, rociar con 50 cc de agua fría, mezclar y cocinar destapado de 5 a 6 minutos a *Nivel de potencia 100*, revolviendo el caramelo cada 2 minutos hasta que éste tome color dorado. Verter en la budinera y hacerlo deslizar hasta cubrirla totalmente.

Nota

Antes de verter la preparación de budín de pan dentro de la budinera, rociar el caramelo con spray vegetal. De esta forma, resulta más fácil desmoldarlo.

CÓMO CONGELAR: envolver en film y luego en papel metalizado.
TIEMPO DE CONSERVACIÓN: 3 meses
CÓMO DESCONGELAR: colocarlo nuevamente en la budinera rociada con spray vegetal, en *"Calentar"*. Dejar enfriar y desmoldar.

LO QUE USTED NO PUEDE DEJAR DE SABER

Si las pasas de uva, ciruelas y orejones están demasiado desecados, rociarlos con agua, colocarlos en una taza y, tapados con film, cocinar en *"Máximo", Nivel de potencia 100*, durante 30 segundos. Luego, pasar por agua o vino para que tomen textura como si se hubieran remojado 10 o 15'.

Brownies con cubierta de frambuesas

PORCIONES: 24   TIEMPO DE PREPARACIÓN: 15´   TIEMPO DE COCCIÓN: 19´

INGREDIENTES

Manteca, *150 g*
Chocolate de taza,
5 barritas
Huevos, *5*
Azúcar, *350 g*
Harina 0000, *250 g*
Polvo para hornear,
1 cucharadita
Esencia de vainilla,
1 cucharadita
Nueces, *100 g*

CUBIERTA

Dulce de frambuesas,
4 cucharadas
Vino jerez,
2 cucharadas
Azúcar, *2 cucharadas*

◆ Colocar en un recipiente la manteca y el chocolate cortados en trocitos, tapar y fundir en *"Baño María", Nivel de potencia 40,* durante 5´ hasta que la manteca y el chocolate estén bien derretidos. ◆ Aparte, batir en batidora los huevos con el azúcar hasta obtener punto letra, es decir que la preparación aumente el doble de su volumen. ◆ Mezclar con la manteca y el chocolate, revolviendo suavemente con batidor y en forma envolvente, incorporar la harina cernida con el polvo de hornear, perfumar con la esencia y añadir las nueces picadas gruesas, espolvorear con 1 cucharada de harina. ◆ Enmantecar un molde térmico espolvoreado con pan rallado o bizcochos dulces molidos, distribuir la preparación y cocinar en *"Hornear", Nivel de potencia 60,* durante 14´. ◆ Dejar reposar 5´. ◆ Para la cubierta, colocar en un bol el dulce de frambuesas, el vino y el azúcar. Cocinar en *"Máximo", Nivel de potencia 100,* durante 3´, revolviendo 2 veces durante la cocción. Dejar reposar 2´ y verter sobre los *brownies,* extender con una espátula y cortar los *brownies* en cuadrados, decorar, si se desea, con 1/2 nuez.

CÓMO CONGELAR: sin la cubierta, tibios, superpuestos en recipiente rígido con separadores de papel entre cada capa.
TIEMPO DE CONSERVACIÓN: 2 meses
CÓMO DESCONGELAR: a temperatura ambiente o en microondas en *"Descongelar"* de 5 a 6´. Dejar reposar hasta que se descongelen totalmente, cubrir con la preparación de frambuesas.

LO QUE USTED NO PUEDE DEJAR DE SABER

Las tortas, pizzas y empanadas resultan perfectas si se cocinan en microondas y convección ya que se obtiene la rapidez de cocción en microondas con las ventajas y resultados y resultados del horneado en horno convencional.
Para cocinar *brownies* en convección: calentar la cocina a 200°C, colocar dentro la preparación y cocinar a 180°C de 25 a 30´.
Cocinando en convección se pueden utilizar moldes de aluminio.

Linzer torte de damascos

PORCIONES: 10   TIEMPO DE PREPARACIÓN: 25'   TIEMPO DE COCCIÓN: 25'

INGREDIENTES

Harina 0000, *200 g*

Almendras molidas, *100 g*

Azúcar, *150 g*

Canela, *1 cucharadita colmada*

Manteca, *200 g*

Huevo, *1*

Yema, *1*

Damascos secos, *300 g*

Jugo de naranja, *200 cc*

Azúcar, *75 g*

Mermelada de damascos, *2 cucharadas*

Queso blanco, *150 g*

◆ Mezclar la harina con las almendras, el azúcar y la canela, agregar la manteca y desmigarla con la mezcla de harina hasta formar un granulado. ◆ Añadir el huevo y la yema ligeramente batidos. ◆ Tomar la masa, si fuera necesario agregar 2 o 3 cucharadas de leche o café. ◆ Envolver el bollo de masa y colocarlo en la heladera de 20 a 30' por lo menos. ◆ Aparte, remojar los damascos en agua caliente de 15 a 20', luego escurrirlos y colocarlos en un bol con el jugo de naranja, tapar y cocinar en *"Máximo", Nivel de potencia 100*, durante 8', revolviendo en la mitad de la cocción. Luego, procesarlos con 3 o 4 cucharadas de líquido de la cocción, reservarlos. ◆ Dividir el bollo de masa por la mitad, estirar uno de ellos y tapizar una tartera térmica de 22 a 24 cm de diámetro, enmantecar y espolvorear con bizcochos molidos, untar el fondo de la masa con la mermelada. ◆ Colocar en la heladera 10', luego cocinar en *"Hornear", Nivel de potencia 60*, durante 6'. ◆ Mezclar los damascos procesados con los 75 g de azúcar y el queso blanco, distribuir dentro de la tarta. ◆ Estirar el otro bollo de masa y cortar tiras de 2 a 3 cm de ancho. Acomodarlas sobre el relleno formando rombos, pincelar las tiras con huevo. ◆ Acomodar en la rejilla baja y cocinar en grill y en *"Hornear", Nivel de potencia 60*, de 6 a 7'. ◆ Dejar enfriar, desmoldar y servir espolvoreada con azúcar impalpable mezclada con canela.

CÓMO CONGELAR: tibia envuelta en papel metalizado o papel film; luego embolsarla o cortarla en porciones y envolver cada una de ellas en papel y luego en bolsas.

TIEMPO DE CONSERVACIÓN: 3 meses

CÓMO DESCONGELAR: a temperatura ambiente o en la heladera y después a temperatura ambiente.

LO QUE USTED NO PUEDE DEJAR DE SABER

Esta torta se puede preparar en una tartera desmontable de aluminio enmantecada y espolvoreada con los bizcochos molidos y cocinar en convección precalentando antes la cocina a 220°C. Acomodar la torta sobre la rejilla baja y cocinar por convección a 180°C de 25 a 30' como se haría en un horno convencional.

Clafouti

PORCIONES: 6 A 8   TIEMPO DE PREPARACIÓN: 18´   TIEMPO DE COCCIÓN: 17´

INGREDIENTES

MASA
Harina 0000, *200 g*
Sal, *1 pizca*
Canela, *1 cucharadita*
Azúcar, *1 cucharada*
Manteca, *100 g*
Huevo, *1*
RELLENO
Frutas rojas, *250 g*
Azúcar, *120 g*
Crema de leche, *150 cc*
Huevos, *2*
Ralladura de piel de naranja, *1 cucharada*
Esencia de vainilla, *1/2 cucharadita*
Almidón de maíz, *1/2 cucharada*

◆ Desmigar la harina con la sal, la canela, el azúcar y la manteca, agregar el huevo y 2 o 3 cucharadas de agua fría, tomar la masa sin amasar y dejarla descansar en el freezer, envuelta, 10´. ◆ Aparte, limpiar las frutas, mezclarlas con el azúcar, la crema batida ligeramente con los huevos, la ralladura, la esencia y el almidón de maíz. Enmantecar una tartera térmica de 24 cm de diámetro y colocar la preparación con frutas. ◆ Estirar la masa, pincelar el reborde de la tartera con huevo y acomodar la masa cubriendo la preparación de frutas y ajustándola al reborde de la tartera. Pinchar ligeramente la masa, pincelarla con huevo y espolvorear con azúcar. ◆ Cocinar en *"Hornear", Nivel de potencia 60,* durante 14´ y en grill y *"Máximo", Nivel de potencia 100,* durante 3´ más para dorar la superficie de la masa. ◆ Servir tibia.

Nota

Este clásico postre puede prepararse con diferentes clases de frutas de la estación mezclándolas entre sí, por ejemplo, bananas, manzanas y peras o frutas en almíbar combinadas con pasas de uva, ciruelas, damascos, peras secas hidratadas con coñac u otra bebida.

CÓMO CONGELAR: envolver la tarta en papel adherente y luego embolsar, etiquetar y guardar.
TIEMPO DE CONSERVACIÓN: 2 meses
CÓMO DESCONGELAR: en *"Calentar".*

 LO QUE USTED NO PUEDE DEJAR DE SABER
Las masas pueden congelarse perfectamente, tanto los discos comprados como la masa de hojaldre, la masa de levadura o la masa *brissé* como en este caso. Para congelarla, darle forma redondeada y aplanarla ligeramente. Luego, se debe envolver en papel film y por último embolsarla, etiquetar y guardar en el freezer hasta 3 meses. Para utilizarla, descongelar a temperatura ambiente.

Panna cotta con salsa de frutas rojas

PORCIONES: 6   **TIEMPO DE PREPARACIÓN:** 15´   **TIEMPO DE COCCIÓN:** 11´

INGREDIENTES

Crema, *300 cc*
Leche, *200 cc*
Azúcar, *150 g*
Esencia de vainilla, *2 cucharaditas*
Gelatina sin sabor, *10 g*
Agua, *4 cucharadas*
Licor Gran Marnier, *1 cucharada*
Frutas rojas, *1 taza*

◆ Colocar la crema con la leche y el azúcar en un bol, cocinar en *"Hervir lento", Nivel de potencia 50,* durante 3´, perfumar con la esencia. ◆ Diluir la gelatina con el agua y el Grand Marnier o el licor que más le agrade. Colocar en el microondas en *"Baño de María", Nivel de potencia 40,* de 2 a 3´, revolviendo cada minuto hasta disolver bien, dejar entibiar y mezclar con la crema. ◆ Distribuir en en un molde de budín inglés o 6 moldecitos individuales tapizados con papel adherente. ◆ Llevar a la heladera hasta que solidifique, desmoldar y cubrir con la salsa de frutas rojas.

SALSA DE FRUTAS ROJAS

Colocar en un bol 200 g de azúcar con 100 cc de agua y 2 cucharadas de jugo de limón, hacer hervir en *"Máximo", Nivel de potencia 100,* durante 3´. Controlar cada minuto, se debe formar un almíbar algo denso. Agregar 150 g de frutas rojas (frambuesas, *blueberries,* grosellas) ligeramente pisadas, cocinar 2´ más en *"Hervir lento", Nivel de potencia 50;* perfumar, si se desea, con 1/2 cucharada de Grand Marnier y salsear en caliente la Panna cotta bien fría.

CÓMO CONGELAR: en congelación abierta, cuando esté firme desmoldar, va a quedar envuelto en el papel film, envolver en papel metalizado o embolsar. Cerrar y etiquetar.
TIEMPO DE CONSERVACIÓN: La *Panna cotta,* 2 meses; la salsa, 2 meses.
CÓMO DESCONGELAR: La *Panna cotta,* envuelta, en la heladera; la salsa en *"Descongelar"* y *"Calentar".*

LO QUE USTED NO PUEDE DEJAR DE SABER

Es importante congelar las frutas rojas en la época de más abundancia. Todas las frutas pequeñas (como frambuesas, moras, frutillas, etcétera) primero se congelan distribuidas en una fuente, sin que se toquen, en congelación abierta, cuando estén duras como rocas, se embolsan, etiquetan y guardan.

Florentinos

PORCIONES: 24   TIEMPO DE PREPARACIÓN: 18´   TIEMPO DE COCCIÓN: 12´

INGREDIENTES

Manteca, *75 g*
Miel, *3 cucharadas*
Glucosa,
2 cucharadas
Crema de leche, *75 cc*
Azúcar, *75 g*
Almendras, *75 g*
Avellanas, *75 g*
Chocolate cobertura,
250 g
Aceite neutro,
1 cucharada

◆ Colocar la manteca, la miel y la glucosa en un bol, tapar y colocar en *"Baño de María", Nivel de potencia 40*, durante 4´, revolviendo en la mitad de la cocción. ◆ Agregar la crema y el azúcar, mezclar y cocinar siempre en *"Baño de María", Nivel de potencia 40*, durante 1´ más. ◆ Agregar las almendras y avellanas fileteadas, mezclar y dejar enfriar. ◆ Tapizar una tartera con papel manteca enmantecado. ◆ Tomar pequeñas porciones del tamaño de una nuez bien pequeña y distribuir sobre la tartera en forma circular separadas 3 a 4 cm una de otra. Cocinar en *"Hornear", Nivel de potencia 60*, de 4 a 5´. Dejar enfriar. ◆ Filetear el chocolate, colocarlo en un bol y fundirlo a *"Baño de María", Nivel de potencia 40*, durante 4´, revolviendo cada minuto. ◆ Agregar el aceite en forma de hilo y mezclar bien. ◆ Sobre papel manteca distribuir porciones de chocolate, apoyar sobre cada porción de chocolate un florentino, ajustándolos ligeramente. ◆ Dejar enfriar si se desea en la heladera hasta que el chocolate esté firme.

Nota

Los florentinos clásicos llevan frutas abrillantadas picadas, si se desea, utilizar 100 g de almendras y avellanas, o almendras solas y 50 a 75 g de frutas abrillantadas.

CÓMO CONGELAR: en recipiente rígido, separando cada capa con papel manteca.
TIEMPO DE CONSERVACIÓN: 3 meses
CÓMO DESCONGELAR: en la heladera.

 LO QUE USTED NO PUEDE DEJAR DE SABER
Muchas veces la miel pierde su textura original y se endurece, en ese caso, colocar el frasco destapado de 30 a 40 segundos en *"Máximo", Nivel de potencia 100;* si no está lo suficientemente fluida, revolver y colocarla unos segundos más.

Flan de coco y naranja
Claudia María

INGREDIENTES
Huevos, 5
Leche condensada,
1 lata
Jugo de naranja,
2 medidas de la
misma lata
Ralladura de piel
de naranja,
1 cucharadita
Coco seco, 100 g

◆ Batir ligeramente los huevos con la leche condensada, agregar el jugo de naranja y perfumar con la ralladura de cáscara de naranja. Añadir el coco. ◆ Preparar el caramelo, acaramelar una budinera y colocar dentro la preparación. ◆ Cocinar en microondas, *"Hervir lento", Nivel de potencia 50,* durante 20 minutos o en *"Máximo", Nivel de potencia 100,* durante 12'. ◆ Dejar reposar y desmoldar frío.

CÓMO CONGELAR: en este caso es preferible cocinarlos en budineras individuales, dejar enfriar y congelarlos en los mismos moldes.
TIEMPO DE CONSERVACIÓN: 3 meses
CÓMO DESCONGELAR: a temperatura ambiente.

 LO QUE USTED NO PUEDE DEJAR DE SABER
Para preparar caramelo en microondas, colocar en la budinera 150 g de azúcar, humedecer con 5 a 6 cucharadas de agua y 1 cucharada de jugo de limón. Mezclar y colocar en *"Máximo", Nivel de potencia 100,* durante 5'. Controlar el caramelo hasta que tome color dorado intenso. Dejar reposar 2 o 3 minutos y hacerlo deslizar por las paredes y el tubo central de la budinera.

Mantecado de chocolate

INGREDIENTES
Manteca, 100 g
Azúcar, 110 g
Huevos, 2
Harina leudante,
120 g
Cacao amargo,
1 cucharada

◆ Batir la manteca a temperatura ambiente con el azúcar hasta obtener una crema. ◆ Agregar los huevos uno a uno, batiendo cada vez, cernir la harina con el cacao y agregar a la preparación revolviendo suavemente. Si la preparación quedara demasiado densa, añadir 2 o 3 cucharadas de leche. ◆ Distribuir en pirotines de papel, llenándolos sólo hasta las 3/4 partes. ◆ Colocar en el microondas en *"Hornear", Nivel de potencia 60,* durante 4 minutos. ◆ En la mitad de la cocción, pasar los mantecados del centro a los bordes, cambiando la ubicación. ◆ Servirlos decorados con un copete de dulce de leche y un trozo de nuez.

CÓMO CONGELAR: tibios en recipiente rígido.
TIEMPO DE CONSERVACIÓN: 3 a 4 meses
COMO DESCOGELAR: a temperatura ambiente o en microondas en *"Descongelar".*

LO QUE USTED NO PUEDE DEJAR DE SABER

Los panes, tortas, bizcochuelos o masas, en general conservan más su humedad cuando se congelan todavía tibios.

Empanaditas árabes de nuez

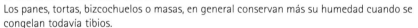

24 A 30 EMPANADITAS	TIEMPO DE PREPARACIÓN: 20´	TIEMPO DE COCCIÓN: 8´

INGREDIENTES
Harina, *500 g*
Manteca, *150 g*
Azúcar, *100 g*
Ralladura de limón,
1/2 cucharada
Leche tibia,
cantidad necesaria
Nueces molidas,
200 g
Azúcar, *5 cucharadas*
Agua de azahar o de
rosas, *1 cucharada*
Azúcar impalpable,
cantidad necesaria

◆ Formar una masa mezclando la harina, la manteca a temperatura ambiente, el azúcar y la ralladura de limón, añadir por cucharadas la leche tibia hasta obtener una masa de consistencia suave pero que no se pegue en las manos. ◆ Aparte, mezclar las nueces con el azúcar y el agua de azahar o de rosas. ◆ Estirar la masa hasta que alcance 1/2 cm de espesor, cortar discos con ayuda de un cortapasta de 6 a 8 cm de diámetro, distribuir sobre cada disco de masa 1 cucharadita de nueces molidas, pincelar el reborde con huevo y cerrar como una empanada. ◆ Calentar la bandeja doradora en *"Máximo", Nivel de potencia 100,* durante 8', rociarla con spray vegetal de manteca y acomodar en círculo las empanadas. ◆ Cocinar en "Hornear", *Nivel de potencia 60,* durante 8´, moviendo las del centro hacia los bordes en la mitad de la cocción. ◆ Espolvorearlas con azúcar impalpable y un toque de macís o nuez moscada.

CÓMO CONGELAR: tibias, en recipiente rígido, separar cada capa de empanadas con papel manteca.
TIEMPO DE CONSERVACIÓN: 3 meses
CÓMO DESCONGELAR: a temperatura ambiente.

LO QUE USTED NO PUEDE DEJAR DE SABER

Estas empanaditas no deben dorarse, pero sí formar piso. Por ese motivo, se cocinan sobre bandeja doradora pero no se utiliza el grill.
También se pueden cocinar por convección, calentando la cocina a 220°C y luego cocinar las empanadas a 180°C de 15 a 18´.

Mantecados de Leicaj

PORCIONES: 20 A 24   TIEMPO DE PREPARACIÓN: 15´   TIEMPO DE COCCIÓN: 7´

INGREDIENTES

Huevos, *3*
Azúcar, *1 taza*
Miel, *1 taza*
Aceite neutro,
1/2 de taza
Té bien cargado,
1/2 de taza
Ralladura de piel de
limón, *2 cucharadas*
Harina 0000, *450 g*
Polvo para hornear,
2 cucharaditas
Bicarbonato,
1/2 cucharadita
Nueces molidas,
200 g

◆ Batir ligeramente los huevos con el azúcar y la miel, agregar el aceite, el té y la ralladura de piel de limón. ◆ Cernir la harina con el polvo de hornear y el bicarbonato. ◆ Incorporar sobre la harina la mezcla de huevos a medida que se revuelve con cuchara de madera, agregar las nueces. ◆ Distribuir la preparación en pirotines de papel de 6 cm de diámetro, llenándolos solamente hasta las 3/4 partes. Acomodarlos en forma circular sobre la rejilla baja. ◆ Cocinar en *"Hornear", Nivel de potencia 60,* con grill durante 4´, cambiar la ubicación pasando los mantecados del centro hacia los bordes y cocinar 3 minutos más. ◆ Dejar reposar y servir espolvoreados con 2 cucharadas de azúcar impalpable mezclada con 1 cucharada de café instantáneo.

CÓMO CONGELAR: tibios en recipiente rígido.
TIEMPO DE CONSERVACIÓN: 3 meses
CÓMO DESCONGELAR: en *"Descongelar"* o a temperatura ambiente.

 LO QUE USTED NO PUEDE DEJAR DE SABER
Para que los mantecados no se deformen, utilizar dos o tres pirotines juntos, así pueden contener la masa sin inconvenientes. Una vez cocidos, se puede dejar el pirotín adherido a la masa y retirar los otros.

Manzanas rellenas en microondas

PORCIONES: 4   TIEMPO DE PREPARACIÓN: 8´   TIEMPO DE COCCIÓN: 16´

INGREDIENTES

Manzanas Rome, *4*
Amaretti molidos,
1/2 taza
Mermelada ácida,
2 cucharadas
Manteca, *20 g*
Azúcar, *100 g*
Vino dulce, *1/2 vaso*

◆ Ahuecar las manzanas con una cucharita o con el aparato de papas *noisette*. ◆ Mezclar los *amaretti* con la mermelada y distribuir dentro de las manzanas, pinchar ligeramente toda la superficie de las manzanas, acomodarlas en un recipiente, bien juntas una a otra y untarlas con manteca. ◆ Diluir el azúcar en el vino, rociarlas y tapar. ◆ Colocar en el microondas en *"Máximo", Nivel de potencia 100,* durante 10´. ◆ Mover las manzanas 2 veces durante la cocción. ◆ Proseguir la cocción en el microondas en *"Hornear", Nivel de potencia 60,* durante 6´ más. ◆ Dejar reposar 5´.

Cómo congelar: envolverlas individualmente en papel film y luego embolsarlas.
Tiempo de conservación: 3 a 4 meses
Cómo descongelar: envueltas en papel film en microondas en *"Calentar".*

Chessecake con coulis de frutas rojas

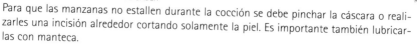

Porciones: 6   **Tiempo de preparación:** 12´   **Tiempo de cocción:** 8´

Ingredientes

Queso crema
o ricota, *450 g*
Yemas, *4*
Ralladura de piel de
limón, *1 cucharadita*
Esencia de vainilla,
2 cucharaditas
Azúcar, *160 g*
Harina,
1 cucharada colmada
Sal, *una pizca*
Crema de leche,
200 cc
Claras, *4*

◆ Mezclar el queso crema o la ricota con las yemas, perfumar con la ralladura y la esencia, agregar las 3/4 partes del azúcar mezclada con la harina y la sal. ◆ Añadir la crema y las claras batidas a nieve con la cuarta parte restante del azúcar. ◆ Enmantecar 6 moldes térmicos individuales, espolvorearlos con azúcar o bizcochos molidos. Distribuir la preparación llenando sólo hasta las 3/4 partes del molde, para que no rebase al cocinar. ◆ Acomodar los moldes sobre la rejilla baja, tapar y cocinar en *"Baño de María"*, Nivel de poten-cia 40, durante 6´ y en *"Máximo"*, Nivel de potencia 100, durante 2´. ◆ Dejar reposar 5´ y desmoldar.

Cómo congelar: en congelación abierta hasta que estén bien firmes, desmoldar y guardar en recipiente rígido.
Tiempo de conservación: 2 meses
Cómo descongelar: en *"Descongelar"* y a temperatura ambiente o pasar a la heladera el día anterior.

Pastel austríaco de manzanas

PORCIONES: 8 A 10   TIEMPO DE PREPARACIÓN: 20´   TIEMPO DE COCCIÓN: 15 A 16´

INGREDIENTES

Manteca, *100 g*
Azúcar, *200 g*
Huevos, *2*
Ralladura de limón,
2 cucharadas
Jugo de limón o
leche, *2 cucharadas*
Harina leudante,
175 g
Manzanas Rome,
1/2 kilo
Pasas rubias, *50 g*
Canela, *1 cucharadita*
Cardamomo,
1/4 de cucharadita
Clavo de olor,
1/2 de cucharadita
By biscuit molidos,
5 cucharadas
Chaucha de vainilla, *1*
Almendras, *50 g*

◆ Desmigar la manteca con 100 g del azúcar. ◆ Separar las yemas de las claras, reservar las claras, incorporar las yemas a la preparación, perfumar con 1 cucharada de ralladura de limón y 2 cucharadas de jugo de limón o leche, agregar la harina, tomar la masa sin amasar. ◆ Dejar descansar tapada en la heladera por lo menos 20 minutos, luego estirarla y tapizar con ella una tartera térmica de 24 cm de diámetro, enmantecada y espolvoreada con bizcochos dulces molidos. Colocar en el freezer 5´. ◆ Luego, pinchar la base de la tarta y cocinarla en *"Hornear", Nivel de potencia 60,* durante 6´. ◆ Pelar las manzanas y cortarlas en rodajas finas, mezclarlas con las pasas, la canela, el cardamomo y el clavo, espolvorear con los *by biscuit* molidos, 50 g del azúcar y 1 cucharada de ralladura de limón. Colocar dentro de la tarta, tapar y cocinar en *"Hornear", Nivel de potencia 60,* durante 7´. ◆ Batir las claras reservadas hasta que comiencen a espumar, agregar los restantes 50 g de azúcar batiendo hasta obtener un merengue firme, perfumarlo con las semillas de la chaucha de vainilla. Distribuir sobre las manzanas y cocinar en *"Hornear", Nivel de potencia 60* y grill hasta dorar el merengue. Espolvorear con las almendras fileteadas y tostadas.

CÓMO CONGELAR: llevar a congelación abierta hasta que esté bien firme, envolver en papel metalizado sin ajustar el papel al merengue.
TIEMPO DE CONSERVACIÓN: 3 meses
CÓMO DESCONGELAR: pasando el pastel a la heladera y finalizar a temperatura ambiente.

 LO QUE USTED NO PUEDE DEJAR DE SABER
Las masas de tartas se deben precocinar sin relleno para secar la masa; el punto de cocción se alcanza cuando se despega de los bordes y toma un aspecto opaco. Luego, se la rellena y se prosigue la cocción. Si la tarta se rellena con la masa totalmente cruda, la humedad de los rellenos no permite cocinar la base de la masa.

Peras al vino tinto con frambuesas

PORCIONES: 4   TIEMPO DE PREPARACIÓN: 15´   TIEMPO DE COCCIÓN: 17´

INGREDIENTES

Peras firmes, 4
Limón, 1
Vino borgoña
o similiar, 250 cc
Canela en rama,
un trozo
Jengibre, *un trozo*
Azúcar, *150 g*
Frambuesas, *200 g*
Remolacha cocida, 1

◆ Pelar las peras y, con ayuda de un sacabocado, retirar el centro y las semillas, rociarlas con el jugo de limón. ◆ Colocar en un recipiente el vino con la canela, el jengibre y el azúcar, colocar tapado en el microondas en *"Máximo"*, *Nivel de potencia 100*, durante 3´ y luego en *"Hervir lento"*, *Nivel de potencia 50*, durante 3´ más. ◆ Filtrar por un colador y licuar o procesar las frambuesas con la remolacha pelada y cortada en trozos y 150 cc de agua. ◆ Colocar en el recipiente y acomodar las peras, tapar y cocinar en *"Máximo"*, *Nivel de potencia 100*, durante 3´ y en *"Hervir lento"*, *Nivel de potencia 50*, de 6 a 8´, moviendo las peras 2 veces durante la cocción. ◆ Dejar reposar 5´. Servir con salsa inglesa (véase pág. 185).

Nota

Las peras se pueden cortar por la mitad, retirarles el centro y las semillas y cocinarlas 5 a 6´. Deben resultar tiernas pero no deshacerse.

CÓMO CONGELAR: en recipiente rígido.
TIEMPO DE CONSERVACIÓN: 2 meses
CÓMO DESCONGELAR: en *"Descongelar".*

LO QUE USTED NO PUEDE DEJAR DE SABER

Los tiempos de cocción en microondas son siempre estimativos ya que pueden alterarse, por ejemplo, por la potencia de electricidad o la madurez de la fruta (como en este caso); por lo tanto aconsejo abrir la puerta de la cocina tantas veces como se crea necesario, ya que esto no incide sobre los alimentos y se puede calcular mejor los tiempos de cocción.

Sacher Torte

PORCIONES: 10   TIEMPO DE PREPARACIÓN: 20'   TIEMPO DE COCCIÓN: 20'

INGREDIENTES

Manteca, *200 g*
Azúcar impalpable,
200 g
Chocolate de taza,
4 barritas
Huevos, *5*
Pan rallado,
1 taza bien colmada
Harina 0000,
4 cucharadas
Polvo para hornear,
1 cucharadita colmada
Sal, *1 pizca*
Canela,
1 cucharadita
Jengibre,
1/2 cucharadita
Ralladura de piel de
limón, *1 cucharadita*
Varios: almíbar al ron,
crema chantillí,
mermelada de
frambuesas, chocolate

◆ Batir la manteca a temperatura ambiente con el azúcar impalpable hasta obtener una crema. ◆ Cortar el chocolate en trocitos, colocarlo en una taza con 3 cucharadas de agua, derretirlo a *"Baño de María"*, *Nivel de potencia 40,* durante 3', revolviendo al minuto y medio, agregarlo al batido de manteca. ◆ Separar las yemas de las claras, incorporar las yemas la preparación de una a una batiendo cada vez. ◆ Cernir el pan rallado con la harina, el polvo para hornear, la sal, la canela y el jengibre, añadir al batido alternando con las claras batidas a nieve. Perfumar con la ralladura y mezclar suavemente y en forma envolvente. ◆ Enmantecar y espolvorear con pan rallado un molde de 22 cm de diámetro. Tapizar el fondo del molde con un disco de papel manteca, acomodar la preparación y cocinar en *"Hornear"*, *Nivel de potencia 60,* de 16 a 18'. ◆ Dejar reposar 5'. ◆ Desmoldar, dejar enfriar, abrir la torta por la mitad, humedecerla con almíbar al ron y untarla con 3 cucharadas de mermelada de frambuesas y 200 g de crema chantillí. ◆ Derretir 4 barritas de chocolate de taza con 3 cucharadas de café en *"Baño de María"*, *Nivel de potencia 40,* durante 3', revolviendo en la mitad de la cocción. Agregar 30 g de manteca, mezclar, verter sobre la torta y extender con una espátula.

CÓMO CONGELAR: colocar la torta descubierta en el freezer hasta que esté bien dura. Envolverla en papel metalizado sin ajustar el papel a la torta. Etiquetar y guardar.

TIEMPO DE CONSERVACIÓN: 2 meses

CÓMO DESCONGELAR: pasar a la heladera el día anterior y luego a temperatura ambiente.

 LO QUE USTED NO PUEDE DEJAR DE SABER

Si desea congelar la torta sin rellenar ni cubrir con la salsa de chocolate, después de desmoldarla y cuando todavía esté tibia, envolverla en papel metalizado, en este caso ajustando el papel a la torta. Las tortas que se congelan tibias mantienen la humedad. Para descongelarla, en *"Descongelar"* o simplemente a temperatura ambiente, abrirla por la mitad, rellenarla y salsearla con el chocolate.

Risotto dulce con especias y frutas

PORCIONES: 5 A 6   TIEMPO DE PREPARACIÓN: 15´   TIEMPO DE COCCIÓN: 18 A 20´

INGREDIENTES

Arroz arborio, *200 g*
Leche, *750 cc*
Cáscara de limón,
un trozo
Canela en rama,
un trozo
Clavo de olor, *1*
Azúcar, *150 g*
Miel, *2 cucharadas*
Pasas rubias, *50 g*
Frutas secas, *100 g*
Azafrán,
1 cucharadita
Crema, *200 cc*
Canela en polvo,
1 cucharadita

◆ Lavar el arroz. ◆ Colocar la mitad de la leche con la cáscara de limón, la canela y el clavo de olor, tapar y cocinar la leche en *"Hervir lento", Nivel de potencia 50,* de 6 a 7´. ◆ Filtrar la leche, agregar el resto de leche fría y el arroz, mezclar, cubrir con papel film, pinchar en 2 o 3 partes para que salga el vapor y cocinar 8´ en *"Máximo", Nivel de potencia 100.* ◆ Agregar el azúcar, la miel, las pasas, las frutas secas picadas gruesas y el azafrán diluido en la crema. Tapar, volver a pinchar el papel y cocinar en *"Guisar", Nivel de potencia 70,* de 10 a 12´ más. ◆ Dejar reposar tapado durante 8 a 10´. Espolvorear con canela.

CÓMO CONGELAR: en recipiente rígido. Si se prepara directamente para congelarlo, cocinar el arroz 15´ en total.
TIEMPO DE CONSERVACIÓN: 2 meses
CÓMO DESCONGELAR: en *"Descongelar".*

 LO QUE USTED NO PUEDE DEJAR DE SABER

Siempre que se cocinan preparaciones guisadas, es decir un elemento sólido en líquido, se debe dejar una pequeña abertura o chimenea para que el vapor pueda expandirse.
Cuando se cocina arroz hay que recordar que, cumplido el tiempo de cocción indicado en la receta, la preparación dará la impresión de estar muy líquida, pero durante el tiempo de reposo el arroz absorberá el líquido y se convertirá en un plato bien cremoso.

Scones

PORCIONES: 20 A 22   TIEMPO DE PREPARACIÓN: 12´   TIEMPO DE COCCIÓN: 6´

INGREDIENTES
Manteca, *150 g*
Azúcar, *100 g*
Yema, *1*
Huevo, *1*
Harina 0000, *500 g*
Polvo para hornear,
1 cucharada
Sal, *1 pizca*
Leche,
3 o 4 cucharadas

◆ Batir la manteca con el azúcar, agregar la yema y el huevo. ◆ Añadir la harina cernida con el polvo de hornear y la sal, tomar la masa sin amasar incorporando, si fuera necesario, la leche. Colocar en bolsa y llevar al freezer 10 a 12´. ◆ Luego, estirar la masa hasta que alcance un espesor de 2 a 3 cm y cortar medallones con cortapasta de 4 a 5 cm de diámetro. ◆ Calentar la bandeja doradora en *"Máximo", Nivel de potencia 100,* durante 8´. ◆ Acomodar los *scones* en forma circular y pincelarlos con huevo o yema mezclada con leche y cocinar en grill y *"Hornear", Nivel de potencia 60,* durante 6´, moviéndolos en la mitad de la cocción. ◆ Es aconsejable cocinar de 7 a 8 *scones* por vez.

CÓMO CONGELAR: acomodarlos tibios en recipiente rígido separando cada capa con papel.
TIEMPO DE CONSERVACIÓN: 3 a 4 meses
CÓMO DESCONGELAR: en *"Calentar".*

LO QUE USTED NO PUEDE DEJAR DE SABER
La masa de *scones* cruda no debe guardarse demasiado tiempo en freezer o heladera porque los leudantes pierden el gas.

Suspiro limeño

PORCIONES: 8   TIEMPO DE PREPARACIÓN: 12´   TIEMPO DE COCCIÓN: 10´

INGREDIENTES
Leche condensada,
1 lata
Leche evaporada,
1 lata
Yemas, *5*
Esencia de vainilla,
1 cucharadita
Azúcar, *250 g*
Oporto, *100 cc*
Claras, *3*
Canela, *a gusto*

◆ Colocar en un bol la leche condensada con la leche evaporada, cocinar en *"Máximo", Nivel de potencia 100,* de 5 a 6´, revolviendo cada 1 y 1/2 minuto hasta que espese y tome consistencia parecida a la del dulce de leche. ◆ Dejar pasar el calor fuerte y mezclar con las yemas y la esencia, colocar en una fuente. ◆ Aparte, cubrir el azúcar con el oporto, colocar en *"Máximo", Nivel de potencia 100,* durante 4´. Verter lentamente sobre las claras batidas a nieve, seguir batiendo hasta enfriar el merengue, acomodar sobre la crema y espolvorear con la canela.

CÓMO CONGELAR: el suspiro limeño no se puede congelar.
TIEMPO DE CONSERVACIÓN: 3 días en la heladera.

Plumcake Paulina con peras

PORCIONES: 8	TIEMPO DE PREPARACIÓN: 20´	TIEMPO DE COCCIÓN: 22 A 24´

INGREDIENTES

Peras, 3
Limón, 1
Azúcar para caramelo, 100 g
Manteca, 150 g
Azúcar, 120 g
Huevos, 3
Harina leudante, 200 g
Almidón de maíz, 2 cucharadas colmadas
Sal, 1 pizca
Esencia de vainilla, 1 cucharadita

◆ Pelar las peras, desechar el centro y las semillas y cortarlas en cubos, rociarlas con 1/2 limón. ◆ Colocar el azúcar en un recipiente, rociar con el jugo de la otra mitad del limón y 2 cucharadas de agua, colocar en microondas en *"Máximo", Nivel de potencia 100,* de 4 a 5´, revolviendo 2 o 3 veces durante la cocción hasta formar un caramelo claro. ◆ Agregar pequeños chorritos de agua hirviente, a medida que se va revolviendo con cuchara de madera hasta obtener una salsa y que el caramelo se haya disuelto totalmente. Agregar las peras con todo su jugo, tapar y cocinar en *"Máximo", Nivel de potencia 100,* durante 2´. Dejar enfriar. ◆ Batir la manteca a temperatura ambiente con el azúcar, agregar los huevos uno a uno batiendo cada vez. Cernir la harina con el almidón y la sal, agregar a la preparación, perfumar con la esencia. ◆ Agregar las peras con su jugo al batido. Colocar en un molde térmico de 20 a 22 cm de diámetro enmantecado y espolvoreado con bizcochos molidos, cubrir la base del molde con papel manteca enmantecado. ◆ Colocar la preparación, espolvorear con azúcar y cocinar en *"Hornear", Nivel de potencia 60,* durante 14 a 15´. Dejar reposar de 4 a 5´ y desmoldar.

Nota

Si desea dorar la cubierta del plumcake, cocinar los últimos 5 a 7´ conectando el grill.

CÓMO CONGELAR: tibia, envuelta en papel film y luego en papel de aluminio.
TIEMPO DE CONSERVACIÓN: 3 a 4 meses
CÓMO DESCONGELAR: envuelta en el papel film en *"Descongelar"* y terminar a temperatura ambiente.

Timbal de manzanas Laura con frutas rojas

PORCIONES: 6 A 8   TIEMPO DE PREPARACIÓN: 25'   TIEMPO DE COCCIÓN: 12'

INGREDIENTES

Manzanas Rome,
1/2 kilo
Azúcar, 200 g
Canela, 1 cucharada
Jengibre, 1 cucharada
Gelatina sin sabor, 14 g
Manteca, 30 g
Casis, arándanos y
berries, 400 g
Claras, 3
Crema de leche, 250 g

◆ Pelar las manzanas, retirar el centro con un sacabocado y cortarlas en rodajas finas. ◆ Cubrir la base de un molde de 22 cm de diámetro con papel manteca. Rociar el molde con spray vegetal, acomodar las manzanas en capas, espolvorear cada capa con 75 g de azúcar, la canela, el jengibre y la mitad de la gelatina, distribuir sobre las manzanas la manteca cortada en trocitos, tapar y cocinar en "Máximo", Nivel de potencia 100, durante 6'. ◆ Dejar reposar 8 minutos. ◆ Luego, desmoldar cuando esté bien frío. ◆ Aparte, lavar las frutas rojas, dejar 4 cucharadas reservadas para decorar y procesar ligeramente el resto. ◆ Cubrir los 125 g de azúcar restantes con 60 cc de agua, mezclar y cocinar en "Máximo", Nivel de potencia 100, de 3 o 4 minutos, hasta que el almíbar al hervir forme burbujas gruesas. Verter entonces lentamente sobre las claras batidas a nieve. ◆ Diluir el resto de gelatina en 3 o 4 cucharadas de agua o jugo de naranja, colocar 2' en "Máximo", Nivel de potencia 100, mezclar y agregar al batido de claras, incorporar las frutas procesadas. ◆ Batir la crema a medio punto e incorporarla a la preparación, colocar en la heladera o sobre otro bol con hielo para realizar un baño de María inverso y remover hasta conseguir una preparación espesa. ◆ Verter sobre el timbal de manzanas, decorar alrededor con las frutas enteras reservadas.

Nota

Las frutas rojas se pueden reeemplazar por frutillas o frambuesas.

CÓMO CONGELAR: en congelación abierta, cuando esté bien firme, envolver en papel film y luego en papel metalizado.
TIEMPO DE CONSERVACIÓN: 2 meses
CÓMO DESCONGELAR: pasar a la heladera.

 LO QUE USTED NO PUEDE DEJAR DE SABER
La gelatina en polvo se hidrata con el jugo de las manzanas y al enfriarse el timbal actúa como agente compactador y hace que las rodajas de manzana se adhieran unas con otras sin desarmarse.

Tarta Tatin

PORCIONES: 6 A 8   TIEMPO DE PREPARACIÓN: 12´   TIEMPO DE COCCIÓN: 22´

INGREDIENTES

Manzanas Granny
Smith, *1/2 kilo*
Limón, *1*
Azúcar, *250 g*
Harina leudante,
200 g
Manteca, *125 g*
Azúcar, *2 cucharadas*
Sal, *1 pizca*
Canela, *1 cucharadita*
Yemas, *2*

◆ Pelar las manzanas y cortarlas en rodajas finas, rociarlas con el jugo de limón. ◆ Colocar el azúcar en una tartera de 22 a 24 cm de diámetro. Humedecer el azúcar con 3 o 4 cucharadas de agua y 1 cucharada de jugo de limón. ◆ Cocinar al *"Máximo"*, *Nivel de potencia 100*, de 4 a 5 minutos hasta que se forme un caramelo claro. ◆ Distribuir encima las manzanas, tapar y cocinar en "Hornear", *Nivel de potencia 60*, durante 6´. ◆ Aparte, desmigar la harina con la manteca, el azúcar, la sal y la canela. ◆ Agregar las yemas, 1 cucharada de ralladura de piel de limón y, si fuera necesario, 1 o 2 cucharadas de agua o leche. Tomar la masa y distribuirla sobre las manzanas. ◆ Cocinar en *"Hornear"*, *Nivel de potencia 60*, durante 12´. ◆ Debe reposar 3 minutos antes de desmoldarse.

Nota

La tarta Tatin fue creada por dos hermanas de la región de Sologne en Francia.

CÓMO CONGELAR: envuelta en papel film y papel metalizado.
TIEMPO DE CONSERVACIÓN: 3 meses
CÓMO DESCONGELAR: en *"Descongelar"* con el papel film.

 LO QUE USTED NO PUEDE DEJAR DE SABER

El caramelo se puede suplantar untando la tartera con abundante manteca y espolvoreando con 1 taza de azúcar rubia o negra, cocinar al máximo durante 2´ hasta que el azúcar se disuelva. Luego, acomodar las manzanas, tapar y seguir las instrucciones de la receta.

Torta negra de ciruelas

INGREDIENTES

Ciruelas pasas
sin carozo, *18*
Agua hirviendo,
1 taza
Manteca, *100 g*
Azúcar, *200 g*
Huevos, *2*
Esencia de vainilla,
2 cucharaditas
Harina leudante,
225 g
Cardamomo,
1/2 cucharadita
Bizcochos molidos,
4 cucharadas

◆ Remojar las ciruelas en el agua hirviendo. ◆ Batir la manteca a temperatura ambiente con el azúcar, agregar los huevos uno a uno batiendo cada vez. ◆ Perfumar con la esencia, agregar la harina cernida con el cardamomo alternando con las ciruelas cortadas en trocitos y la mitad del agua de remojo. ◆ Enmantecar un molde térmico de 22 cm de diámetro. ◆ Colocar en la base del molde un disco de papel manteca enmantecado, espolvorear con los bizcochos molidos, colocar la preparación en *"Hornear", Nivel de potencia 60*, de 14 a 15'. ◆ Dejar reposar de 7 a 8 minutos y desmoldar.

CÓMO CONGELAR: envolverla tibia en papel film y luego en papel metalizado, etiquetar y guardar.

TIEMPO DE CONSERVACIÓN: 4 a 5 meses

CÓMO DESCONGELAR: a temperatura ambiente con el papel o en microondas envuelta en el papel film en *"Descongelar".*

 LO QUE USTED NO PUEDE DEJAR DE SABER

Los moldes no deben sobrepasar los 22 cm de diámetro para conseguir que el centro de la torta se cocine parejo.

Para no tener problemas al desmoldar, se debe colocar en la base del molde un disco de papel manteca del mismo diámetro. Enmantecar el molde con manteca fundida y espolvorear con bizcochos molidos o pan rallado saborizado con ralladura de frutas y especias o avena superfina.

Torta de especias sin huevos

INGREDIENTES
Azúcar negra
o rubia, *250 g*
Manteca, *150 g*
Agua, *300 cc*
Harina leudante,
400 g
Canela,
2 cucharaditas
Sal, *una pizca*
Nuez moscada,
1/4 de cucharadita
Jengibre,
1/4 de cucharadita
Nueces y pasas
rubias, *150 g*

◆ Colocar en un bol el azúcar negra o rubia, la manteca y el agua, revolver y tapar. Colocar en *"Máximo", Nivel de potencia 100*, durante 4' hasta que la manteca y el azúcar estén fundidos. Dejar enfriar. ◆ Aparte, cernir la harina, la canela, la sal, la nuez moscada y el jengibre. ◆ Verter lentamente la preparación líquida sobre la harina revolviendo con cucharada de madera, agregar las nueces picadas y las pasas espolvoreadas con harina. ◆ Enmantecar y espolvorear con bizcochos molidos un molde savarin, es decir con tubo central de 22 cm de diámetro. ◆ Cocinar en *"Hornear", Nivel de potencia 100,* durante 13'. ◆ Dejar reposar 6 minutos y desmoldar.

CÓMO CONGELAR: envolverla tibia en papel film y luego en papel metalizado.
TIEMPO DE CONSERVACIÓN: 4 a 5 meses
CÓMO DESCONGELAR: a temperatura ambiente envuelta o en microondas solamente con el papel film en *"Descongelar", Nivel de potencia 30.*

LO QUE USTED NO PUEDE DEJAR DE SABER
Para realizar una buena torta, es importante que la manteca esté a temperatura ambiente. Si recién se sacó de la heladera, colocar en el microondas en *"Derretir", Nivel de potencia 20,* de 1 a 2' cada 200 g de manteca.

Panes y facturas

PANES Y FACTURAS

Sorprender a la familia con pan o facturas recién horneados parece difícil o casi imposible y sin embargo está al alcance de nuestras manos ya que los tiempos de leudado y de cocción se acortan notablemente o, siguiendo los consejos de este libro, podemos descongelar y calentar piezas para que vuelvan a tener el aroma y la textura de recién hechos.

✳ Colocar el bollo de masa para leudar en un bol tapado con papel film en *"Entibiar", Nivel de potencia 10*, durante 3´, esto hace que la levadura comience antes su proceso de fermentación. Luego, dejarla tapada hasta que aumente el doble de su volumen.

✳ El paso anterior rige también en el proceso de punteado, es decir cuando ya están formadas las piezas y debemos dejar que crezcan antes de cocinarlas; para esto, colocarlas en *"Entibiar", Nivel de potencia 10*, de 2 a 3´, tapadas.

✳ Debido a que la cocción en microondas se produce por calor húmedo, las masas no forman corteza y crecen hasta su tamaño máximo; de esa forma se obtiene una miga muy aireada.

✳ En las cocinas convencionales, la masa crece sólo hasta que se forma la corteza.

✳ Para conseguir corteza en panes y facturas se debe finalizar la cocción utilizando el grill o directamente cocinar en convección o microondas y convección.

Factura danesa

INGREDIENTES

MASA

Harina 0000, *500 g*

Azúcar, *50 g*

Levadura de cerveza, *25 g*

Huevos, *3*

Leche fría, *150 cc*

Sal, *1 cucharadita*

EMPASTE

Manteca fría, *200 g*

Harina, *2 cucharadas*

◆ Formar una masa a mano o en procesadora, uniendo la harina con el azúcar, la levadura de cerveza, los huevos, la leche y la sal. Amasar y dejarla reposar tapada 20´. ◆ Desmigar la manteca fría con la harina, estirarla dentro de 2 papeles film dándole forma rectangular, llevarla al congelador 15´. ◆ Estirar el bollo de masa, dándole forma rectangular y un espesor de 2 cm, colocar el empaste de manteca en el centro y cerrar la masa en 3 partes. ◆ Colocar los 3 dobleces hacia el frente del que amasa, estirando hacia delante y hacia atrás y volver a doblar en 3 partes. ◆ Dejarla reposar tapada en la heladera 20 minutos. Repetir el paso anterior dos veces más, estirando y doblando en tres partes. ◆ Por último dejarla reposar en la heladera por lo menos durante 2 horas.

MEDIALUNAS

◆ Estirar un trozo de masa dándole forma rectangular y un espesor de 1/2 cm, cortar triángulos y arrollarlos desde la base hacia el vértice, luego doblar los extremos hacia adentro formando las medialunas. Acomodarlas en tartera enmantecada, tapar y dejar que puntee en lugar tibio. Cuando hayan aumentado su volumen, pincelarlas con huevo. ◆ Calentar la cocina a 250°C, cocinar las medialunas en convección a 220°C de 12 a 14´. Para que tengan brillo, pincelarlas en caliente con almíbar.

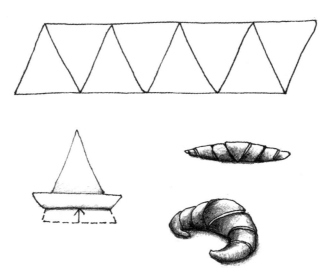

MOLINETES

◆ Estirar un trozo de masa y cortar cuadrados de 12 cm de lado, realizar 4 cortes en cada vértice sin llegar al centro, levantar 4 extremos, dejando 1 por medio sin levantar y ajustarlos en el centro. Acomodar en el medio un copete de crema pastelera (véase pág. 185) o dulce de membrillo.

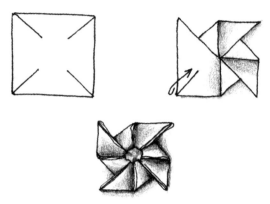

PAÑUELITOS

◆ Estirar un trozo de masa y cortar cuadrados de 6 a 7 cm de lado, colocar en el centro dulce de batata pisado con nueces o dulce de membrillo o chocolate de taza fileteado mezclado con crema pastelera. Doblar por la mitad en diagonal formando un triángulo.

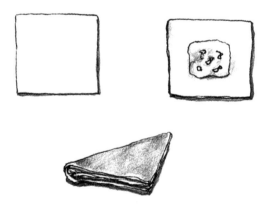

CÓMO CONGELAR: tibios en recipiente rígido, separados con papel de aluminio.
TIEMPO DE CONSERVACIÓN: 3 meses
CÓMO DESCONGELAR: en *"Descongelar"* y luego en *"Calentar"*, o en convección.

 LO QUE USTED NO PUEDE DEJAR DE SABER

La factura se puede cocinar también en microondas y grill en *"Hornear"*, *Nivel de potencia 60*, durante 8'.
Los molinetes y pañuelitos tienen el mismo tiempo de cocción que las medialunas.

Pan de nuez y naranja

| 1 PAN GRANDE | TIEMPO DE PREPARACIÓN: 25´ | TIEMPO DE COCCIÓN: 12 A 14´ |

INGREDIENTES

FERMENTO

Levadura de cerveza, *35 g*

Azúcar, *2 cucharadas*

Agua tibia, *50 cc*

Harina, *1 cucharada colmada*

MASA

Huevos, *2*

Jugo de naranja, *100 cc*

Ralladura de piel de naranja, *1 cucharada*

Manteca, *75 g*

Harina 000, *550 g*

Nueces molidas, *150 g*

Sal, *1 cucharadita*

◆ Diluir la levadura con el azúcar, el agua tibia y la harina, dejar fermentar tapado en lugar tibio. ◆ Aparte, batir ligeramente los huevos con el jugo de naranja, la ralladura y la manteca a temperatura ambiente, añadir el fermento y por cucharadas la harina mezclada previamente con las nueces y la sal. ◆ Amasar hasta conseguir una masa bien lisa y homogénea, debe resultar tierna pero que no se pegue en las manos. Colocar la masa en un bol ligeramente enmantecado, tapar y llevar a microondas en *"Entibiar"*, *Nivel de potencia 10*, de 3 a 4´. ◆ Luego, mantener en lugar tibio hasta que la masa haya aumentado el doble de su volumen. ◆ Amasar nuevamente para desgasificar la masa, darle forma de cilindro y acomodarla en un molde térmico de budín inglés enmantecado y espolvoreado con bizcochos molidos. ◆ Tapar y colocar nuevamente en *"Entibiar"*, *Nivel de potencia 10*, de 3 a 4´. ◆ Dejar en lugar tibio hasta que la masa llegue al borde del molde. ◆ Pincelar con huevo, espolvorear, si se desea, con nueces picadas, acomodar en la rejilla baja y cocinar en *"Hornear"*, *Nivel de potencia 60*, y grill de 12 a 14´. ◆ Dejar reposar de 4 a 5´.

CÓMO CONGELAR: tibio, para que conserve su humedad, envuelto en papel film y luego en papel metalizado o embolsado.

TIEMPO DE CONSERVACIÓN: 3 meses

CÓMO DESCONGELAR: en *"Descongelar"* envuelto en el papel film y terminar a temperatura ambiente o después de descongelado, cortar en rodajas y servir tostado en el grill.

LO QUE USTED NO PUEDE DEJAR DE SABER

Las masas de levadura necesitan siempre un tiempo de fermentación, para que la levadura actúe y forme gas aumentando al doble el volumen de la masa. Al colocar el fermento o la masa a leudar tapada en el microondas en *"Entibiar"*, *Nivel de potencia 10*, se consigue acortar los tiempos de fermentación pero igual la masa debe terminar su leudado tapada a temperatura ambiente.

Pan de cebolla, orégano y aceitunas

1 Pan grande   Tiempo de preparación: 20´   Tiempo de cocción: en convección: 18 a 20´; en microondas y grill: 12 a 14´

Ingredientes

Cebolla mediana, *1*
Azúcar, *1 cucharadita*
Leche tibia, *150 cc*
Levadura
de cerveza, *40 g*
Aceite de oliva,
1 cucharada
Manteca, *50 g*
Harina 000, *500 g*
Sal, *1 cucharadita*
Orégano,
1 cucharada colmada
Aceitunas verdes y
negras, *100 g*

◆ Procesar o licuar la cebolla cortada en trozos, el azúcar, la leche tibia y la levadura, dejar espumar tapado en lugar tibio. ◆ Mezclar el aceite con la manteca a temperatura ambiente. ◆ Colocar la harina con la sal y la mitad del orégano en forma de corona, en el centro acomodar el licuado de la cebolla, el aceite y la manteca, tomar los ingredientes centrales incorporando la harina, amasar muy bien. ◆ Colocar el bollo de masa en un bol enmantecado, tapar con papel film y llevar a microondas en *"Entibiar", Nivel de potencia 10,* durante 3´. ◆ Luego, dejar en la cocina en lugar tibio hasta que la masa aumente al doble de su volumen. ◆ Amasarla nuevamente para desgasificarla y agregar las aceitunas fileteadas en tiritas finas, cuando se hayan distribuido en toda la masa en forma pareja, volver a colocarla en el bol y éste, tapado, en *"Entibiar", Nivel de potencia 10,* otros 2 o 3 minutos. ◆ Luego, dejar que la masa aumente al doble su volumen. ◆ Por último desgasificarla nuevamente, darle forma de pan y colocarla en un molde térmico de budín inglés o una tartera para conseguir un pan redondo. ◆ Pincelar con huevo o leche, espolvorear con el resto de orégano, dejar puntear, es decir que aumente el volumen y cocinar en convección; precalentar la cocina a 200 o 210°C y cocinar el pan a 180°C de 18 a 20´. ◆ También se puede cocinar en microondas y grill en la rejilla baja en *"Hornear", Nivel de potencia 60,* de 12 a 14´.

Cómo congelar: tibio, envuelto en papel film; luego embolsar o envolver en papel metalizado. Etiquetar.

Tiempo de conservación: 3 meses

Cómo descongelar: envuelto en el papel film en *"Descongelar".*

LO QUE USTED NO PUEDE DEJAR DE SABER

La levadura se presenta de tres maneras, fresca, seca o seca instantánea.
La primera es húmeda y de olor agradable, debe conservarse en lugar fresco y para diluirla, como es un hongo, es decir un ser vivo, no soporta una temperatura mayor de 30 a 35°C.
El azúcar, que siempre se agrega a la levadura con el medio líquido tibio, ayuda a la levadura a transformar el gas carbónico. Así, la masa leuda, es decir aumenta su volumen.
Para tener una idea de proporciones: 15 g de levadura seca equivalen a 30/35 g de levadura fresca y 30 g de levadura instantánea equivalen a 80/100 g de levadura fresca.

Pan de banana y avena

Ingredientes

Huevos, *3*
Azúcar, *200 g*
Aceite neutro, *5 cucharadas*
Esencia de vainilla, *2 cucharaditas*
Bananas maduras, *4*
Limón, *1*
Harina, *250 g*
Polvo para hornear, *1 cucharadita*
Bicarbonato, *1 cucharadita*
Canela, *1 cucharadita*
Avena de cocimiento rápido, *50 g*
Leche, *200 cc*
Nueces molidas, *50 g*

◆ Batir los huevos con el azúcar hasta que tomen punto cinta, agregar el aceite, la esencia y las bananas pisadas con el jugo de limón. ◆ Cernir la harina con el polvo para hornear, el bicarbonato y la canela, mezclar con la avena y agregar al batido, alternando con la leche. Por último, añadir las nueces. ◆ Tapizar la base de un molde térmico con papel manteca, enmantecar todo el molde y espolvorear con bizcochos o nueces molidos. ◆ Colocar la preparación y cocinar en *"Hornear", Nivel de potencia 60*, de 14 a 15´. ◆ Dejar reposar 5´. ◆ Espolvorear con bizcochos molidos y desmoldar.

Cómo congelar: tibio envuelto en papel film y luego en papel metalizado.
Tiempo de conservación: 3 meses
Cómo descongelar: en *"Descongelar"*, y terminar de descongelar a temperatura ambiente.

 Lo que usted no puede dejar de saber
Para cocinar el pan de bananas por convección precalentar el horno a 200°C y cocinar a 180°C durante 18 a 20´.

Pan dulce de maíz en convección

1 Pan grande	Tiempo de preparación: 20´	Tiempo de cocción: 18 a 20´

Ingredientes

Levadura
de cerveza, *50 g*
Azúcar, *75 g*
Agua tibia, *100 cc*
Harina 000, *400 g*
Harina de maíz, *100 g*
Sal, *1/2 cucharadita*
Esencia de vainilla,
1 cucharadita
Ralladura de piel
de limón,
1/2 cucharadita
Manteca, *100 g*
Huevos, *3*

◆ Diluir la levadura con el azúcar y el agua tibia, tapar y dejar espumar. ◆ Mezclar la harina 000 con la harina de maíz y la sal. ◆ Colocar en el centro de las harinas el fermento de levadura, perfumar con la esencia y ralladura, tomar parte de las harinas y agregar la manteca a temperatura ambiente y los huevos ligeramente ligados, tomar la masa y amasar muy bien. ◆ Colocar en un bol enmantecado, tapar y colocar en el microondas en *"Entibiar"*, *Nivel de potencia 10*, de 3 a 4´, retirar y dejar en lugar tibio hasta que la masa aumente el doble de su volumen. ◆ Luego, desgasificar amasando nuevamente, darle forma de cilindro y acomodar en un molde de pan enmantecado, tapar y dejar leudar hasta que la masa llegue al borde del molde, pincelar con huevo y espolvorear con 2 cucharadas colmadas de azúcar. ◆ Precalentar la cocina a 220°C, colocar el molde en la rejilla baja y cocinar en convección a 200°C de 18 a 20´.◆ Dejar entibiar y desmoldar.

Cómo congelar: tibio, envuelto en papel adherente y luego en bolsa, cerrar sin aire, etiquetar y guardar.

Tiempo de conservación: 3 meses

Cómo descongelar: envuelto en papel film en *"Descongelar"* y finalizar a temperatura ambiente.

Lo que usted no puede dejar de saber
Cuando se cocina por convección hay que precalentar la cocina a 200°C o más y luego cocinar a 180/200°C. Pero si no se dispone de convección, los panes se pueden cocinar perfectamente en grill y microondas y se obtiene una maravillosa miga ya que el leudado no se detiene porque no se forma corteza.

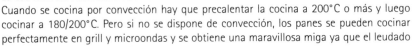
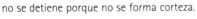

Pan Madrileño

1 Pan grande   Tiempo de preparación: 20´   Tiempo de cocción: en convección: 17 a 18´; en microondas y grill: 12´

Ingredientes

Levadura fresca, *30 g*
Leche, *100 cc*
Azúcar, *40 g*
Harina, *350 g*
Sal, *una pizca*
Huevos, *2*
Manteca, *50 g*
Esencia de vainilla, *1 cucharadita*
Ralladura de limón, *1/2 cucharada*

Cubierta

Crema pastelera *(véase pág.185),* 1 taza de coco

◆ Mezclar la levadura con la leche tibia y el azúcar, dejar espumar tapada en lugar tibio. ◆ Agregar en forma alternada a medida que se va batiendo la harina con la sal, los huevos, la manteca a temperatura ambiente, la esencia y la ralladura. ◆ Amasar bien hasta obtener una masa tierna que no se pegue en las manos. Colocar en un bol enmantecado, tapar con papel film, llevar al microondas en *"Entibiar", Nivel de potencia 10,* de 2 a 3´, retirar del microondas y dejar a temperatura ambiente hasta que aumente el doble de su volumen. ◆ Amasarla para desgasificarla y volver a colocarla en el bol, tapada, hasta que vuelva a aumentar el doble de su volumen. ◆ Por último, darle forma de pan redondo o alargado. ◆ Pincelar la superficie con huevo y distribuir encima la crema pastelera mezclada con el coco, colocar el pan en una fuente térmica enmantecada. ◆ Dejarla puntear unos minutos tapada en lugar tibio. ◆ Cocinar el pan en convección precalentando la cocina a 200/210°C y cocinar a 180°C durante 17 a 18´ o cocinar en microondas y grill en la rejilla baja en *"Hornear", Nivel de potencia 60,* durante 12´. ◆ Dejar reposar 8´.

Cómo congelar: igual que los otros panes.
Tiempo de conservación: 3 meses
Cómo descongelar: envuelto en papel film en *"Descongelar"* y finalizar a temperatura ambiente.

LO QUE USTED NO PUEDE DEJAR DE SABER
Cocinar por convección es conseguir una circulación de aire a muy alta temperatura que se mueve dentro del microondas y que da como resultado panes, pizzas y empanadas dorados y cocidos como en el horno convencional.

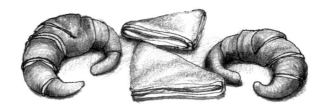

Pan rústico con aceitunas

INGREDIENTES

Azúcar,
1/2 cucharadita
Levadura
de cerveza, *30 g*
Agua tibia, *250 cc*
Harina, *750 g*
Sal, *1 cucharada*
Aceite de oliva,
5 cucharadas
Leche, *200 cc*
Aceitunas negras
y verdes, *300 g*

◆ Colocar en un bol el azúcar con la levadura, el agua y 250 gramos de la harina, mezclar muy bien, tapar y colocar 2´ en *"Entibiar"*, *Nivel de potencia 10*. Luego, mantener en lugar tibio hasta que el fermento forme burbujas. ◆ Colocar el resto de la harina con la sal en corona, acomodar en el centro el fermento y el aceite, incorporar de a poco la harina añadiendo, cuando se vea que resulta necesario, la leche tibia. Se debe obtener una masa tierna pero que no se pegue demasiado en las manos. ◆ Dejarla leudar tapada en lugar tibio; cuando haya aumentado al doble de su volumen agregar las aceitunas descarozadas y partidas por la mitad. ◆ Amasar muy bien para distribuir las aceitunas en forma pareja, cortar la masa por la mitad y formar 2 panes, pincelarlos con aceite y espolvorearlos ligeramente con harina, acomodar en una placa pincelada con aceite y dejar puntear. ◆ Calentar la cocina en convección en 250°C y cocinar los panes de 20´ a 22´ en 220°C.

CÓMO CONGELAR: tibio envuelto en papel film y luego embolsado.
TIEMPO DE CONSERVACIÓN: 2 meses
CÓMO DESCONGELAR: en *"Descongelar"* y en *"Calentar".*

 LO QUE USTED NO PUEDE DEJAR DE SABER

Este pan es ideal para preparar *focaccia*. Para esto, cortar el pan congelado en rodajas, dejar a temperatura ambiente y luego apoyar sobre la bandeja doradora precalentada tostándolo de ambos lados o tostarlos en el grill.

Pancitos integrales con cubierta de almendras

18 PANCITOS   TIEMPO DE PREPARACIÓN: 25'   TIEMPO DE COCCIÓN: EN CONVECCIÓN: 14 A 15';
en MICROONDAS Y GRILL: 7 A 8'

INGREDIENTES

Levadura de cerveza, *30 g*
Azúcar, *30 g*
Leche tibia, *100 cc*
Agua tibia, *100 cc*
Manteca, *40 g*
Harina integral, *150 g*
Harina 000, *250 g*
Azúcar rubia, *1 cucharada*
Sal, *1 cucharadita*

CUBIERTA

Crema de leche, *50 cc*
Almendras, *100 g*
Miel, *1 cucharada*
Azúcar, *1 cucharada*
Esencia de vainilla, *1 cucharadita*

◆ Diluir la levadura con el azúcar y la leche tibia. Dejar tapada hasta que espume, es decir hasta que forme burbujas. ◆ Aparte, mezclar el agua tibia con la manteca a temperatura ambiente. Mezclar la harina integral con la harina 000, el azúcar rubia y la sal, agregar a las harinas el fermento y la manteca con el agua. ◆ Tomar la masa, amasar bien y dejar leudar tapado en un bol en un lugar tibio hasta que aumente al doble de su volumen; si se desea aligerar el tiempo de leudado, colocar primero en el microondas 3' en *"Entibiar", Nivel de potencia 10.* ◆ Cuando se haya conseguido una masa esponjosa, cortar en 18 porciones, bollar los pancitos y acomodarlos en forma circular sobre la bandeja enmantecada. Tener la precaución de colocarlos separados de 3 a 5 cm uno de otro. ◆ Dejarlos puntear y luego aplanarlos ligeramente. ◆ Aparte, colocar en un recipiente la crema con las almendras sin la piel oscura y fileteadas, la miel, el azúcar y la esencia de vainilla, colocar en el microondas en *"Hervir lento", Nivel de potencia 50,* destapado, de 5 a 6'. ◆ Dejar enfriar y distribuir sobre los pancitos. ◆ Cocinar en convección precalentando la cocina a 220°C y cocinar los pancitos a 190°C de 10 a 12', o en microondas y grill en *"Hornear", Nivel de potencia 60,* de 7 a 8', en la mitad del tiempo de cocción mover los pancitos del centro hacia el borde y viceversa.

CÓMO CONGELAR: tibios, tapados, hasta que endurezcan, luego embolsarlos sin aire.
TIEMPO DE CONSERVACIÓN: 3 meses
CÓMO DESCONGELAR: en *"Descongelar"* y en *"Calentar"* para servirlos tibios.

LO QUE USTED NO PUEDE DEJAR DE SABER
Se puede suprimir la cubierta de almendras. En ese caso, pincelar los pancitos con huevo y espolvorearlos con harina integral. Dejarlos puntear y cocinarlos como indica la receta.

Índice por capítulos

Palabras de la Autora 7

▼ INTRODUCCIÓN

Cocción de alimentos en microondas 11
Recipientes para utilizar en microondas 11
Cocción en bandeja doradora....................................11
Limpieza y mantenimiento de la cocina microondas 12
Sensor de temperatura..12
Tabla de equivalencias de niveles de cocción o potencia....12
Un aliado: el freezer 12
La elección del freezer..13
Envases...13
El último paso: etiquetar 14

▼ SOPAS

Borscht 18
Bouillabaise express 29
Sopa austríaca de remolacha 22
Sopa crema de apio...24
Sopa crema de arroz a la griega 20
Sopa crema de papas y arvejas 21
Sopa crema de zapallo 20
Sopa de cebollas vascofrancesa 23
Sopa de verdura 25
Sopa en calabaza de Paul Bocuse................................19
Sopa griega campesina 26
Sopa paraguaya 27
Sopa pavesa 26
Vichyssoise 28

▼ PASTAS, ARROZ Y POLENTA

Arroz a la financiera 34
Arroz con *pepperoni* y *zucchini*................................35
Celentano o tirabuzones a la sorrentina 36
Emparedados de maíz con hierbas...............................37
Farfalle alla fontana con arvejas 39
Lasañas a la boloñesa 38
Malfatti de espinaca..40
Medallones de maíz a la *puttanesca* 42
Ñoquis de sémola 41
Porciones de milhojas de polenta al queso 43

Risotto alla milanesa 45

Risotto con espinaca 44

Spaghetti con salsa tapenade 46

▼ TARTAS, PIZZAS Y EMPANADAS

Brusquetta di Carmela 51

Calzone napolitano 50

Empanadas cretenses de espinaca 52

Empanadas Ezequiel de masa como la comprada 53

Empanadas federales 54

Empanadas jugosas de carne 56

Empanaditas napolitanas 55

Fainá en convección 58

Focaccia de panceta, ajos y queso 57

Pizza de espinaca a los cuatro quesos 60

Pizza de rúcula y jamón crudo 59

Tarta a la crema de queso azul 61

Tarta cremosa de zapallitos 64

Tarta de hongos del bosque 62

Tarta de la Toscana 63

Tarta de zanahorias y arvejas 65

▼ VEGETALES

Tabla de blanqueado y congelado de vegetales 69

Budín agridulce de zanahorias 74

Caponata 73

Cazuela de lentejas a la vizcaína 75

Emparedados de berenjenas 76

Flan florentino 77

Gratín de humita *superexpress* 78

Musaka de berenjenas 82

Papas a la crema de roquefort 85

Papas a la crema 80

Pastel de papas, hongos y tomates secos 79

Pudding de berenjenas 87

Ragout de Bruselas, puerros y panceta 83

Rösti 81

Terrina de espárragos 84

Tortilla de papas a la española 86

▼ Carnes

Tabla de cocción de carnes por tiempo 91
Tabla de cocción de carnes con sensor............................91
Tabla de congelación de carnes crudas............................91
Bifes a la criolla...93
Biskmark rellenos 94
Boeuf a la Bourgignonne 95
Carbonada criolla 96
Cazuela de mondongo 100
Cerdo con salsa de uvas 98
Chop Suey..97
Chorizos a la *pomarolla* 102
Cordero a la chilindrón 99
Cordero paquistaní con tandori 104
Cuadril a las tres pimientas con vegetales de la huerta 101
Entrecôte a la fermière 105
Goulash con arroz 103
Hamburguesas a la napolitana 106
Lengua a la vasca con chocolate 114
Lomo emperador...107
Lomo en *croûte* de queso, pan y hierbas 108
Lomo Strogonoff..109
Matambre a la crema de orégano y queso....................111
Matambre a la crema 110
Matambre a la *pizzaiola*...112
Ojo de bife asado con compota de cebolla al romero........113
Pastel de papas a la criolla.......................................116
Peceto a la crema de choclo 115
Polpettone al verdeo..118
Tripes a la mode de Caen 117

▼ Aves y conejo

Tablas de cocción de aves y conejo por tiempos.............121
Pautas de cocción del pollo.......................................121
Pautas de congelación de aves 121
Cazuela cremosa de pollo...122
Chicken pie 123
Conejo estofado a la suiza 124
Coq au vin..125
Fricassé de conejo 126
Pollo a la Kiev 127
Pollo a la *scarpetta* 128

Pollo con arroz al *curry*...129
Pollo con salsa de cebolla 132
Pollo en pepitoria con yemas.....................................131
Pollo Haiti 130
Supremas de pollo asadas con guarnición *glacé*.............134
Tacos con guacamole de pollo 133

▼ PESCADOS

Tabla de cocción de pescados por tiempos.....................137
Pautas de congelación de pescados 137
Pautas para descongelar pescados 137
Abadejo a la bahiana 138
Abadejo gratinado con hongos 139
Besugo a la calabresa...140
Cazuela de brótola a la vizcaína 142
Filet de trucha patagónica con langostinos...................141
Flan de atún con salsa de morrones 143
Lenguados rellenos con muselina de camarones 144
Merluza al roquefort..148
Mero asado sobre espinaca a la crema 145
Paupiettes de merluza *express* 147
Pizza de merluza 149
Postas de corvina a la andaluza 146
Terrina de dos salmones...151
Zarzuela levantina 150

▼ GUARNICIONES

Conservación de huevos...155
Conservación de lácteos 155
Budín de coliflor y brócoli a la manteca de ajo 165
Budincitos de espárragos..158
Chauchas al verdeo 161
Couscous..160
Ensalada agridulce de repollo rojo y salchichas 159
Ensalada de zapallitos...157
Ensalada tibia de cebolla y granadina.........................160
Ensalada tibia de hinojos 164
Juliana de vegetales a la manteca y oliva 162
Panqueques de arroz..170
Puré de batata a la crema de nuez................................167
Repollitos de Bruselas a la manteca 163
Tomates a la provenzal 166

Yorkshire *pudding*...166
Zanahorias a la crema con jengibre............................168
Zanahorias y batatas glaseadas 169
Morrones en aceite 99

▼ SALSAS Y CREMAS SALADAS Y DULCES
Pautas de cocción de salsas y cremas.............................173
Saladas
Beurre Manie 95
Crema a las hierbas y al limón 40
Manteca clarificada 181
Salsa al oporto 174
Salsa All´Alfredo 174
Salsa bechamel 175
Salsa boloñesa 181
Salsa chupín...177
Salsa Cumberland 179
Salsa de morrones al verdeo con estragón 180
Salsa de tomate a la albahaca 178
Salsa de tomate 77
Salsa española..178
Salsa estofada con cuadril 181
Salsa holandesa..176
Salsa maltesa 180
Salsa Mornay..176
Salsa muselina 176
Salsa o fondo oscuro 182
Salsa *puttanesca* 42
Salsa *Soubise*..176
Salsa *velouté* 183
Salsa *velouté* para salsear aves 183
Salsa *velouté* para salsear pescado............................184
Salsa *veoluté* para salsear carnes...............................184
Dulces
Crema pastelera (para rellenos) 185
Salsa o crema inglesa 185

▼ DULCES Y MERMELADAS
Pautas de cocción de los dulces.................................189
Pautas de congelación de los dulces 189
Métodos para conservar frutas 189
Tabla de congelación de frutas.................................189

Dulce de membrillo rallado 192
Dulce de tomate *superexpress* 193
Dulce especial de damascos 193
Mermelada de duraznos 194
Mermelada de frutillas con frutillas enteras 194
Mermelada *express* de frutillas......................195
Mermelada inglesa en microondas.............................196

▼ POSTRES, TORTAS Y BUDINES

Alfajores morenos 201
Arroz con leche como lo hacía mi abuela 200
Bizcochuelo de almendras con crema de papaya..............202
Brownies con cubierta de frambuesas...........................207
Brownies 203
Budín armenio......................................204
Budín de pan.......................................206
Cheesecake con *coulis* de frutas rojas 215
Claufouti..209
Crema catalana.....................................205
Crema pastelera para utilizar como postre 204
Empanaditas árabes de nuez 213
Flan de coco y naranja Claudia María.........................212
Florentinos..211
Linzer torte de damascos..............................208
Mantecado de chocolate............................212
Mantecados de Leicaj..............................214
Manzanas rellenas en microondas...........................214
Panna cotta con salsa de frutas rojas 210
Pastel austríaco de manzanas 216
Peras al vino tinto con frambuesas...........................217
Plumcake Paulina con peras 221
Risotto dulce con especias y frutas..............................219
Sacher torte 218
Scones 220
Suspiro limeño.....................................220
Tarta Tatin..223
Timbal de manzanas Laura con frutas rojas...................222
Torta de especias sin huevos........................225
Torta negra de ciruelas 224

▼ Panes y facturas

Factura danesa 230

Pan de banana y avena..234

Pan de cebolla, orégano y aceitunas............................233

Pan de nuez y naranja 232

Pan dulce de maíz en convección...............................235

Pan madrileño 236

Pan rústico con aceitunas 237

Pancitos integrales con cubierta de almendras 238

Índice alfabético

Abadejo a la bahiana 138

Abadejo gratinado con hongos 139

Alfajores morenos 201

Arroz a la financiera..34

Arroz con leche como lo hacía mi abuela 200

Arroz con *pepperoni* y *zucchini*................................35

Aves y conejo 119

Besugo a la calabresa..140

Beurre Manie 95

Bifes a la criolla..93

Biskmark rellenos 94

Bizcochuelo de almendras con crema de papaya.............202

Boeuf a la Bourgignonne 95

Borscht 18

Bouillabaise express 29

Brownies con cubierta de frambuesas 207

Brownies 203

Brusquetta di Carmela...51

Budín agridulce de zanahorias 74

Budín armenio...204

Budín de coliflor y brócolli a la manteca de ajo 165

Budín de pan...206

Budincitos de espárragos 158

Calzone napolitano..50

Caponata 73

Carbonada criolla 96

Carnes 89

Cazuela cremosa de pollo...122

Cazuela de brótola a la vizcaína 142

Cazuela de lentejas a la vizcaína 75

Cazuela de mondongo 100

Celentano o tirabuzones a la sorrentina.......................36

Cerdo con salsa de uvas 98

Chauchas al verdeo 161

Cheesecake con coulis de frutas rojas 215

Chicken pie 123

Chop Suey...97

Chorizos a la *pomarolla* 102

Claufouti 209

Cocción de alimentos en microondas 11

Cocción en bandeja doradora........................11

Conejo estofado a la suiza 124

Conservación de huevos............................155

Conservación de lácteos...........................155

Coq au vin..125

Cordero a la chilindrón 99

Cordero paquistaní con tandori 104

Couscous..160

Crema a las hierbas y al limón 40

Crema catalana....................................205

Crema pastelera (para rellenos) 185

Crema pastelera para utilizar como postre 204

Cuadril a las tres pimientas con vegetales de la huerta 101

Dulce de membrillo rallado 192

Dulce de tomate superexpress 193

Dulce especial de damascos........................193

Dulces y mermeladas..............................187

El último paso: etiquetar 14

Empanadas cretenses de espinaca...................52

Empanadas Ezequiel de masa como la comprada.............53

Empanadas federales...............................54

Empanadas jugosas de carne........................56

Empanaditas árabes de nuez 213

Empanaditas napolitanas...........................55

Emparedados de berenjenas 76

Emparedados de maíz con hierbas 37

Ensalada agridulce de repollo rojo y salchichas 159

Ensalada de zapallitos............................157

Ensalada tibia de cebolla y granadina.............160

Ensalada tibia de hinojos 164

Entrecôte a la fermière 105

Envases..13

Factura danesa 230

Faina en convección 58

Farfalle alla fontana con arvejas.................39

Filet de trucha patagónica con langostinos......141

Flan de atún con salsa de morrones 143

Flan de coco y naranja Claudia María 212

Flan florentino 77

Florentinos......................................211

Focaccia de panceta, ajos y queso 57

Fricassé de conejo...............................126

Goulash con arroz 103

Gratín de humita *superexpress* 78

Guarniciones...153

Hamburguesas a la napolitana 106

Juliana de vegetales a la manteca y oliva 162

La elección del freezer 13

Lasañas a la boloñesa..38

Lengua a la vasca con chocolate 114

Lenguados rellenos con muselina de camarones 144

Limpieza y mantenimiento de la cocina microondas.........12

Linzer torte de damascos.................................208

Lomo emperador 107

Lomo en *croûte* de queso, pan y hierbas 108

Lomo Strogonoff...109

Malfatti de espinaca.......................................40

Manteca clarificada 181

Mantecado de chocolate...................................212

Mantecados de Leicaj.......................................214

Manzanas rellenas en microondas.....................214

Matambre a la crema de orégano y queso...........111

Matambre a la crema 110

Matambre a la *pizzaiola*...................................112

Medallones de maíz a la *puttanesca*.................42

Merluza al roquefort..148

Mermelada de duraznos 194

Mermelada de frutillas con frutillas enteras 194

Mermelada *express* de frutillas.......................195

Mermelada inglesa en microondas....................196

Mero asado sobre espinaca a la crema 145

Métodos para conservar frutas 189

Morrones en aceite 99

Musaka de berenjenas......................................82

Ñoquis de sémola...41

Ojo de bife asado con compota de cebolla al romero........113

Pan de banana y avena....................................234

Pan de cebolla, orégano y aceitunas.................233

Pan de nuez y naranja 232

Pan dulce de maíz en convección 235

Pan madrileño 236

Pan rústico con aceitunas 237

Pancitos integrales con cubierta de almendras 238

Panes y facturas..227

Panna cotta con salsa de frutas rojas 210

Panqueques de arroz..170

Papas a la crema de roquefort......................................85

Papas a la crema 80

Pastas, arroz y polenta...31

Pastel austríaco de manzanas 216

Pastel de papas, hongos y tomates secos 79

Pastel de papas a la criolla...116

Paupiettes de merluza *express* 147

Pautas de cocción de los dulces....................................189

Pautas de cocción de salsas y cremas............................173

Pautas de congelación de aves 121

Pautas de cocción del pollo 121

Pautas de congelación de los dulces 189

Pautas para congelar pescados......................................137

Pautas de descongelación de pescados 137

Peceto a la crema de choclo 115

Peras al vino tinto con frambuesas................................217

Pescados 135

Pizza de espinaca a los cuatro quesos 60

Pizza de merluza 149

Pizza de rúcula y jamón crudo 59

Plumcake Paulina con peras 221

Pollo a la Kiev 127

Pollo a la *scarpetta* 128

Pollo con arroz al *curry*...129

Pollo con salsa de cebolla 132

Pollo en pepitoria con yemas..131

Pollo Haiti 130

Polpettone al verdeo...118

Porciones de milhojas de polenta al queso 43

Postas de corvina a la andaluza 146

Postres, tortas y budines...197

Pudding de berenjenas...87

Puré de batata a la crema de nuez.................................167

Ragout de Bruselas, puerros y panceta 83

Recipientes para utilizar en microondas 11

Repollitos de Bruselas a la manteca 167

Risotto alla milanesa...45

Risotto con espinaca 44

Risotto dulce con especias y frutas................................219

Rösti 81

Sacher torte 218

Salsa al oporto 174

Salsa All´Alfredo 174

Salsa bechamel 175

Salsa boloñesa 181

Salsa chupín..177

Salsa Cumberland 179

Salsa de morrones al verdeo con estragón 180

Salsa de tomate a la albahaca 178

Salsa de tomate 77

Salsa española..178

Salsa estofada con cuadril 181

Salsa holandesa..176

Salsa malteza 180

Salsa Mornay...176

Salsa muselina 176

Salsa o crema inglesa 185

Salsa o fondo oscuro 182

Salsa *puttanesca* 42

Salsa *Soubise*..176

Salsa *veolutè* 183

Salsa *veolutè* para salsear aves 183

Salsa *veolutè* para salsear pescado.................................184

Salsa *veolutè* para salsear carnes....................................184

Salsas y cremas saladas y dulces.....................................171

Scones 220

Sensor de temperatura 12

Sopa austríaca de remolacha 22

Sopa crema de apio 24

Sopa crema de arroz a la griega.......................................20

Sopa crema de papas y arvejas...21

Sopa crema de zapallo..20

Sopa de cebollas vascofrancesa..23

Sopa de verdura..25

Sopa en calabaza de Paul Bocuse 19

Sopa griega campesina 26

Sopa paraguaya...27

Sopa pavesa..26

Sopas..15

Spaghetti con salsa tapenade 46

Supremas de pollo asadas con guarnición glasé 134

Suspiro limeño...220

Tabla de blanqueado y congelado de vegetales 69
Tabla de cocción de carnes con sensor...........................91
Tabla de cocción de carnes por tiempo 91
Tabla de cocción de pescados por tiempos......................137
Tabla de congelación de carnes crudas...........................91
Tabla de congelación de frutas 189
Tabla de equivalencia de niveles de cocción o potencia.....12
Tablas de cocción de aves y conejo por tiempos..............121
Tacos con guacamole de pollo 133
Tarta a la crema de queso azul 61
Tarta cremosa de zapallitos 64
Tarta de hongos del bosque...62
Tarta de la Toscana 63
Tarta de zanahorias y arvejas.......................................65
Tarta Tatin...223
Tartas, pizzas y empanadas 47
Terrina de dos salmones...151
Terrina de espárragos...84
Timbal de manzanas Laura con frutas rojas....................222
Tomates a la provenzal 166
Torta de especias sin huevos.......................................225
Torta negra de ciruelas 224
Tortilla de papas a la española......................................86
Tripes a la mode de Caen..117
Un aliado: el freezer 12
Vegetales...67
Vichyssoise 28
Yorkshire pudding..166
Zanahorias a la crema con jengibre..............................168
Zanahorias y batatas glaseadas 169
Zarzuela levantina 150